Indien – Die größte Demokratie der Welt?

Für Gisela-Maria und Valerie

Dominik Müller

Indien – Die größte Demokratie der Welt?

Marktmacht · Hindunationalismus · Widerstand

Herausgegeben in Zusammenarbeit
mit Recherche International e.V.

Assoziation A

Gefördert durch:
Jakob Moneta Stiftung, Rosa Luxemburg Stiftung, Stiftung Umwelt und Entwicklung NRW, Stiftung Menschenwürde und Arbeitswelt, Gefördert aus Mitteln des Kirchlichen Entwicklungsdienstes durch Brot für die Welt-Evangelischer Entwicklungsdienst

Assoziation A
Gneisenaustr. 2a
D-10961 Berlin
Tel.: + 49 3069582971
www.assoziation-a.de
berlin@assoziation-a.de
hamburg@assoziation-a.de

ISBN 978-3-86241-433-8
Umschlaggestaltung: kv
Satz: gi
Druck: cpi

ROSA LUXEMBURG STIFTUNG

STIFTUNG UMWELT
UND ENTWICKLUNG
NORDRHEIN-WESTFALEN

STIFTUNG
MENSCHENWÜRDE
UND ARBEITSWELT

»Indisches Jahrhundert«

Indien strahlt

Die Handelsinvasoren kommen

Totengräber der Demokratie

»Wo sollen wir denn hin?«

GHA-
STAN
JAMMU UND
KASHMIR
HIMACHAL PRADESH
PAKISTAN
PUNJAB
UTTARA-
KHAND
CHINA
HARY-
ANA
Gorakhpur
Muzaffarnagar
Neu Delhi
NEPAL
SIKKIM
ARUNACHAL
PRADESH
BHUTAN
RAJASTHAN
Ayodhya
Gorakhpur
Naxalbari
ASSAM
NAGALAND
UTTAR PRADESH
BIHAR
MEGHALAYA
MANIPUR
BANGLA-
DESCH
GUJARAT
Ahmadabad
MADHYA PRADESH
JHARK-
HAND
WEST-
BENGA-
LEN
Kalkutta
TRIPURA
MIZORAM
CHHAT-
TIS-
GARH
Nagpur
ORISSA
MYANMAR
MAHARASHTRA
umbai (Bombay)
Haiderabad
Jaitapur
KARNATKA
ANDHRA
PRADESH
GOA
Karnataka
(Bangalore)
Chennai (Madras)
TAMIL-
NADU
KERALA
SRI
LANKA

»Indisches Jahrhundert«

»Ich bin davon überzeugt, dass es sich mit dem Fortschritt eines jeden Landes proportional umgekehrt zum Anteil der Menschen verhält, die mit der Produktion oder dem Sammeln von Nahrungsmitteln beschäftigt sind. D.h. je mehr Leute in der Agrarwirtschaft tätig sind, umso rückständiger ist ein Land. Westeuropa ist ein gutes Beispiel, ebenso Nordamerika. Das sind entwickelte Regionen. Dort arbeiten nur noch drei Prozent in der Landwirtschaft. Der Rest arbeitet in anderen Sektoren: Industrie, Transport, Dienstleistungen.«

Mangina Venkateswara Rao, Doktor der Agrarwissenschaften, Hyderabad, Indien[1]

»Die oberflächliche Zurschaustellung von Toleranz und Multikulturalismus unter dem Dach einer einzigen, alles überwölbenden und überaus unpluralen Wirtschaftsideologie kann [...] blitzschnell in Rassismus, rabiaten Nationalismus, ethnischen Chauvinismus oder kriegslüsterne Islamophobie umschlagen.«

Arundhati Roy, indische Schriftstellerin und Essayistin, 2012[2]

Indien, ein Land von gigantischen Dimensionen: 1,2 Milliarden Menschen leben dort, mehr als doppelt so viele wie in der Europäischen Union – das entspricht einem Sechstel der Weltbevölkerung. Die soziale und politische Situation ist äußerst angespannt – und allein wegen der Größe der Bevölkerung nicht ohne Auswirkungen auf den Rest der Welt. Und auch aus ökologischem Blickwinkel ist die Frage entscheidend, ob Indien das westliche Entwicklungsmodell kopieren oder einen anderen Weg einschlagen wird.

Um die gesellschaftspolitischen Konflikte verstehen zu können, ist eine kurze Einführung in die sozialen und ökonomischen Rahmenbedingungen Indiens unerlässlich.

In der veröffentlichten Meinung, aber auch im Selbstverständnis eines großen Teils der Mittel- und Oberschicht auf dem Subkontinent, hat Indien den Sprung von einem Entwicklungsland der Dritten Welt zum Global Player geschafft. Der indische Tiger nimmt es mit dem chinesischen Drachen auf:

1 »Zurück aufs Land«. WDR, SWR, SR, 11.3.2009

2 Roy 2012b:71

Raumfahrtprogramm, Bollywood, Softwarespezialisten, High-Tech-Jongleure und Großkonzerne wie TATA, Reliance, Mittal, Jindal und Essar gelten als Symbole des indischen Siegeszugs.

»Das 21.Jahrhundert werden wir zum indischen Jahrhundert machen«, kündigte Manmohan Singh an, als er 2004 das Amt des Premierministers in Neu-Delhi antrat. »Wir werden der Welt und unserem Volk ein Modell der wirtschaftlichen Entwicklung vorlegen, das den Armen und Unterdrückten neue Möglichkeiten der Teilnahme eröffnet«.[3]

Die ökonomischen Eckdaten scheinen Singh Recht zu geben. Vom Wirtschaftswachstum Indiens in den vergangenen Jahren können die alten Industrienationen nur träumen: 900 Milliarden US-Dollar, 800 Dollar pro Kopf betrug das Bruttosozialprodukt (BIP) im Jahr 2006. Innerhalb von nicht einmal zehn Jahren hat es sich auf 1.750 Milliarden fast verdoppelt, das entspricht 1.400 US-Dollar pro Kopf in 2013.

Auch der Amtsvorgänger Singhs und seine Partei, die Indische Volkspartei BJP, hatten auch auf den wirtschaftlichen Erfolg gesetzt, ihre Wahlkampagne »Shining India – leuchtendes Indien« aber ausschließlich an den Bedürfnissen der Mittel- und Oberschicht ausgerichtet. Sie steckten 2004 eine herbe Niederlage ein.

Das hatte einen guten Grund: Die Bedeutung der indischen Mittelschicht ist auch in der internationalen Wahrnehmung völlig überbewertet und muss deutlich relativiert werden. 200 bis 300 Millionen Inderinnen und Inder gehören zur konsumfreudigen Mittelklasse. Das ist allerdings nur in absoluten Zahlen viel. Ein riesiger Markt, der bei den Konzernen und auf den Finanzmärkten Begehrlichkeiten weckt, von der Allianz-Versichungsgesellschaft bis zu Porsche und Mercedes, von Coca-Cola bis Nokia. Aber insgesamt handelt es sich nur um ein knappes Viertel der indischen Bevölkerung.

Indien, die »größte Demokratie der Welt«, wirtschaftlich prosperierend, kulturell vielfältig – das ist auch das Bild, das die amtierende Regierung in Indien gerne zeichnet und das viele Medien in Europa bereitwillig übernehmen. Hunger, Elend und Ausbeutung kommen bisweilen auch zur Sprache. Aber sie gelten in der Regel nicht als Preis, der für den wirtschaftlichen Erfolg bezahlt wird. Sie werden nicht in Verbindung gebracht mit dem exorbitanten Reichtum, den westliche Investoren bzw. indische Global Player auf Kosten der dortigen Bevölkerung generieren. Allein die hundert reichsten Inder verfügen über ein Vermögen im Gegenwert von einem Viertel des indischen BIP. Das Kapital ist in Indien stärker konzentriert als in den USA.[4]

Wirtschaftliche und politische Macht wird dabei völlig unverblümt zur Schau gestellt: Symbol dafür ist z.B. der »Tempel« – eigentlich ein Wohnhaus – den sich der indische Großindustrielle Mukesh Ambani 2011 in Mumbai (bis 1996 Bombay) gebaut hat, ausgerechnet in der Stadt, die auch als »Hauptstadt der Slums« in Südasien bezeichnet wird. Ambani, dem zusammen mit seinem Bruder der Reliance-Konzern gehört, hat sich dort ein 27-stöckiges Hochhaus errichten lassen, mit drei Hubschrauberlandeplätzen, neun Aufzügen, 600 Dienstboten und allein vier Stockwerken, in denen seine Autosammlung steht.

Bei den »Armen und Unterdrückten« ist vom Wirtschaftswachtum nichts angekommen: Immer noch gelten 800 Millionen Inderinnen und Inder als arm, ein Drittel der Bevölkerung sogar als chronisch unterernährt. Daran hat sich trotz der salbungsvollen Worte von Manmohan Singh zu Beginn seiner Amtszeit nichts geändert. Im Gegenteil: Unter Singh hat die private Anhäufung von Vermögen und die Korruption ungeahnte Höhen erreicht.[5] Obwohl Indien als Schwellenland bezeichnet wird, ist es nach wie vor geprägt durch die für ein »Drittweltland« typische Aufteilung der Arbeitswelt: Weniger als zehn Prozent der arbeitenden Bevölkerung in Indien sind im formellen Sektor beschäftigt. Absolut genommen ist er sehr groß und hat einige Superlative zu bieten, zum Beispiel die noch staatliche indische Eisenbahn. Sie ist mit 1,3 Millionen Beschäftigten einer der größten Betriebe der Welt.

Etwa 92 Prozent der arbeitenden Bevölkerung sind im informellen Sektor beschäftigt, also ohne Kranken-, Renten- oder Unfallversicherung – als Müllsammler, Straßenhändler, Dienstboten, Hilfsarbeiter auf Baustellen oder in Schwitzbuden, in denen Kleider genäht, Schuhe produziert oder Elektroschrott aus Japan, Europa und den USA entsorgt wird. Zum informellen Sektor zählen auch die vielen Millionen Landarbeiter und die meisten Kleinbauern.

Einige staatliche Programme bieten zwar verschiedene Unterstützungen, zum Beispiel sehr bescheidene Renten von umgerechnet drei Euro für Senioren und Witwen, Einmalzahlungen für Familien, wenn der Haupterwerbstätige stirbt oder direkte Lebensmittelhilfe. Diese Hilfen sind u.a. an die Bedingung geknüpft, sich in Bedürftigkeitslisten eintragen zu lassen. Diese werden oft nicht nach tatsächlicher Bedürftigkeit erstellt, sondern nach einem Sys-

3 »21st century will be India's: Manmohan«. Business Standard 20.5.2004

4 Anderson 2014:162

5 Anderson 2014:158

tem politischer Patronage. Dabei bleiben oft die Armen, die in der Regel keine Kontakte zu den einflussreichen Amtsträgern haben, außen vor. Die Planungskommission der Regierung schätzt, dass nur vierzig Prozent der Anspruchsberechtigten entsprechende Leistungen erhalten.[6]

Als größte sozialpolitische Errungenschaft gilt das Gesetz NREGA (National Rural Employment Guarantee Act), das jedem ländlichen Haushalt hundert Tage aus öffentlichen Mitteln bezahlte Arbeit zum gesetzlichen Mindestlohn verspricht. Das Gesetz, das ein Drittel der Stellen für Frauen reserviert, wurde 2005 verabschiedet, als die Kongresspartei für ihre Mehrheit noch die Stimmen der Kommunistischen Partei brauchte. Da die Anwendung den einzelnen indischen Bundesstaaten überlassen bleibt, wird NREGA sehr ungleichmäßig und unvollständig umgesetzt. Mit 40 Millionen Haushalten, die es erreicht, gilt es als das größte Hilfsprogramm der Welt. Dennoch ist das nur ein Viertel der ländlichen Haushalte – also weit weniger als die Anzahl derer, die bedürftig sind.[7]

Agrargesellschaft Indien

Indien ist im Wesentlichen immer noch eine Agrargesellschaft. Etwa die Hälfte der Bevölkerung lebt vom primären Sektor: von der Landwirtschaft, der Fischerei oder dem Sammeln von Nahrungsmitteln. Sechzig Prozent der 116 Millionen landwirtschaftlichen Haushalte sind kleinbäuerlich im sprichwörtlichen Sinne: Sie bewirtschaften weniger als einen Hektar Land, weitere 18 Prozent weniger als zwei Hektar. Nur sieben Prozent besitzen mehr als vier Hektar, was aber zusammen vierzig Prozent der gesamten Nutzfläche ausmacht. Und nur ein Drittel der Äcker wird künstlich bewässert.

Aus diesen Zahlen lassen sich wichtige Rückschlüsse ziehen: Die Landverteilung ist stark konzentriert, die Landwirtschaft (glücklicherweise) noch nicht überall industrialisiert und für viele Inderinnen und Inder spielt der Anbau für den Eigenbedarf eine wichtige, häufig existenzielle Rolle. Letzterer fließt nicht in die Berechung des Bruttosozialprodukts mit ein, ebensowenig wie die nach wie vor verbreitete Tauschwirtschaft. Das dürfte mit dazu beitragen, dass die Landwirtschaft, die, obwohl sie so viele Menschen beschäftigt, nur zwanzig Prozent des Bruttosozialprodukts ausmacht und deshalb von der Wirtschaft und Politik in Indien eher geringgeschätzt und als tendenziell »rückständig« betrachtet wird.

Die vermeintliche Lösung heißt Industrialisierung und Exportorientierung. Der erste Schritt wurde bereits vor mehr als vierzig Jahren getan – allerdings ohne die gesamte indische Landwirtschaft zu durchdringen. Die sogenannte Grüne Revolution in den 70er Jahren führte zwar zu einer Ertragssteigerung, aber sie erzeugte auch neue Abhängigkeiten. Bauern müssen seitdem Geld aufbringen, um Hybridsaatgut, Kunstdünger, Insektizide, Herbizide und Pestizide aus industrieller Fabrikation zu kaufen. Die meisten kommerziellen Sorten sind auf künstliche Bewässerung angewiesen – was Folgekosten und neue Probleme verursacht.

Die langfristigen ökologischen Folgen sind mittlerweile in vielen Regionen Indiens sichtbar: durch Monokulturen geht die Sortenvielfalt zurück; viele Pflanzen haben Resistenzen entwickelt und sind anfälliger für Schädlinge und Krankheiten geworden; der Grundwasserspiegel sinkt; viele Böden sind versalzen. Vor allem aber haben sich viele Kleinbauern für die Produkte der »Grünen Revolution« verschuldet.

»Die Konzerne, die in Indien ihr Saatgut, ihre Pestizide und ihren Kunstdünger verkauften, haben Profite gemacht, indem sie die Bauern auspressten«, schilderte mir der Agrarwissenschaftler Devinder Sharma 2007, der mit Kolleginnen und Kollegen den Geldfluss untersucht hatte. »Aus einem Dorf mit etwa 400 Hektar Land sind auf diese Weise jedes Jahr zwischen 12.000 und 120.000 Euro an die Konzerne geflossen – abhängig von der Region, in der sich das Dorf befindet.«[8]

Anfangs wurden die ökonomischen Auswirkungen noch durch staatliche Unterstützungszahlungen abgefedert. Die Verschuldung der Bauern hielt sich noch in Grenzen. Doch mit der Marktöffnung Anfang der 90er Jahre und dem späteren Beitritt zur Welthandelsorganisation sind viele landwirtschaftliche Hilfsfonds radikal gekürzt und zusammengestrichen worden. In der Logik des freien Welthandels werden sie als »Wettbewerbsverzerrung« gebrandmarkt.

Der Wegfall und die Reduktion von Zöllen setzte die Bauern zudem der Konkurrenz des Weltmarktes und dessen Preisschwankungen aus. Oft deckten die Erlöse nicht mehr die Kosten der Produktion, viele Bauern überschuldeten sich. In der Folge kam es seit Mitte der 90er Jahre zu regelrechten Suizidwellen, etwa in den Baumwollregionen der Bundesstaaten Andhra Pradesh und Maharasthra, also vor allem in den Regionen, in denen viele

6 Sapra 2013:410
7 Anderson 2014:164f
8 »Zurück aufs Land«. WDR, SWR, SR, 11.3.2009

Bauern auf Cash-Crops – Feldfrüchte für den Verkauf – umgestiegen sind. In Andhra Pradesh – wo Mikrokredite die Verschuldungsspirale weiter angetrieben haben – sind mehr als 80 Prozent der bäuerlichen Haushalte verschuldet. Das »exportgetriebene Wachstum« hat einen hohen Preis: Seit der Marktöffnung nahmen sich in Indien knapp 200.000 Bauern das Leben, und das ist nur die offizielle Zahl. Nicht mit eingerechnet sind die zahllosen Selbstmorde von Bäuerinnen, die nicht unter diese Kategorie fallen. Denn die Männer sind in der Regel Inhaber der Landtitel – und nur sie werden als Bauern betrachtet. »So werden die Zahlen künstlich niedrig gehalten«, schlussfolgert der Agrarexperte und Buchautor Palagummi Sainath. »Die größte Selbstmordwelle« in der Geschichte Indiens bezeichnet er auch als »neoliberalen Terrorismus«.[9]

Statt auf effiziente traditionelle Anbaumethoden zurückzugreifen, für die sich kritische Agrarexperten und viele Kleinbauernorganisationen stark machen, und die in vielen Regionen Indiens ihr Funktionieren unter Beweis gestellt haben, setzt die indische Politik auf die weitere Industrialisierung der Landwirtschaft. Die soll unter anderem mit Hilfe der »Zweiten Grünen Revolution«, die sich auf gentechnisch manipuliertes Saatgut großer Weltkonzerne wie Monsanto bezieht, bewerkstelligt werden.

Großen Einfluss auf diese Entwicklung haben die USA, die vielen indischen Wissenschaftlern und Politikern ein Vorbild sind. »Wir wollen den Agrarhandel mit Indien ausbauen. Davon könnten beide Seiten profitieren, das setzt allerdings den Umbau der indischen Landwirtschaft voraus«, forderte 2007 der US-Botschafter in Delhi, David Mulford. Zwei Jahre zuvor hatten Indien und die USA bereits ein Abkommen über agrarwissenschaftliche Zusammenarbeit verabredet. Im gemeinsamen Verwaltungsrat sitzen auch Vertreter des Saatgut-Multis Monsanto und des Einzelhandelskonzerns Walmart. Unter anderem soll der gemeinsame Agrarrat den Einsatz der Gentechnik in der Landwirtschaft fördern, um angeblich höhere Erträge zu erzielen.[10]

Der bis heute verbreiteteten Begeisterung in Indien für jede Art von Technik, die noch bessere Ernten verspricht, liegt ein nationales Trauma zu Grunde: Die große Hungersnot in Bengalen Ende des zweiten Weltkriegs, als weder Reis noch Getreide ausreichend zur Verfügung standen, forderte drei Millionen Tote. Die indischen Anhänger der »Grünen Revolution« trachteten deshalb nach einer massiven Produktionssteigerung, um solche Mangelsituationen auszuschließen. Dabei hat der Wirtschaftswissenschaftler und Nobelpreisträger Amartya Sen in seinem Buch »Poverty and Famines« (Armut und Hungersnöte) 1981 nachgewiesen, dass in Bengalen ausreichend Nahrungsmittel vorhanden gewesen waren. Jedoch waren sie für die Armen nicht verfügbar, weil sie von Großgrundbesitzern und Händlern gehortet und einträglich an die Briten verkauft wurden.

Aber nicht nur die Industrialisierung und die Exportorientierung der Landwirtschaft bedrohen die kleinbäuerlichen Existenzen. Auch der Klimawandel wird aller Voraussicht nach zu einem deutlichen Rückgang der landwirtschaftlichen Produktivität in Südasien führen. Steigt die Temperatur um mehr als zwei Grad an, so die Prognose des Weltklimarates, wird die Getreideernte bis zum Ende des Jahrhunderts um mindestens 4–10 Prozent geringer ausfallen.[11]

Industrialisierung, Enteignung, Vertreibung

Das Wirtschaftswachstum Indiens beruht zu über 50 Prozent auf dem Dienstleistungssektor – Informationstechnologie, Telekommunikation, Finanzen und Immobilien – und weniger auf der nicht in gleicher Weise krisenanfälligen industriellen Produktion, wie in anderen ostasiatischen Staaten.

In den vergangenen Jahren versuchte deshalb die indische Regierung, die produzierende Industrie zu fördern. Viele der derzeit 173 Sonderwirtschaftszonen bieten eine entsprechende Infrastruktur.[12] Besonders ausländische Investoren sollen dorthin gelockt werden, u.a. mit Steuernachlässen, günstiger Infrastruktur und reduzierten Import- und Exportzöllen. Einige sind schon gekommen, darunter zahlreiche Auto- und Chemiekonzerne aus Europa, Japan und den USA. Die Zonen sind mehrere 100 bis mehrere 1.000 Hektar groß. Reliance plant im Bundesstaat Haryana die größte Sonderwirtschaftszone Indiens mit einer Fläche von mehr als 10.000 Hektar. Insgesamt haben die Behörden bereits über 500 Sonderwirtschaftszonen genehmigt.[13]

9 »Neo-Liberal Terrorism in India. The largest Wave of Suicides in History«. Counterpunch 12.2.2009

10 »Wal-Mart and Monsanto on Indo-U.S. Agriculture Initiative board«. The Hindu 10.2.2006

11 »Assessment Report Asia«. IPCC 2007, S. 480

12 »List of operational SEZ«. Government of India http://www.sezindia.nic.in/about-osi.asp (Zugriff 31.1.2014)

13 »List of Formal Approvals granted under the SEZ Act, 2005«. Government of India http://www.sezindia.nic.in/writereaddata/pdf/ListofFormalapprovals.pdf (Zugriff 31.1.2014)

Das gigantischste Industrieprojekte ist der Delhi-Mumbai-Industriekorridor, ein Gemeinschaftsprojekt der indischen und japanischen Regierung, das 2040 fertiggestellt sein soll: 1.500 Kilometer lang, 300 Kilometer breit. Geplant sind 24 neue Städte, mehrere Kraftwerke, neun Industriezentren, vielspurige Schnellstraßen, sechs neue Flug- und drei neue Seehäfen. Drei Millionen neue Arbeitsplätze sollen entstehen.[14] Andererseits sollen »180 Millionen Menschen [...] durch die Entwicklung des Korridors betroffen sein«, heißt es auf der Internetseite des Projekts. Was das genau bedeutet, wird dort nicht ausgeführt.[15]

Für dieses Urbanisierungs- und Industrialisierungsprojekt ist nicht nur viel Land nötig, sondern auch Wasser. Erste Studien weisen darauf hin, dass der Industriekorridor zwei Drittel seines Wasserbedarfs aus Flüssen und ein Drittel aus Grundwasserquellenent nehmen wird, »die schon jetzt verschmutzt und überstrapaziert sind«. Die Forscher warnen vor »irreparablen Schäden, die schließlich zum Versiegen der Flüsse führen werden«. Wasser sei ebenso wie Land eine endliche Ressource und der Industriekorridor stehe in unmittelbarer Konkurrenz zu den in der Region ansässigen Bauern. Das Projekt könne nicht funktionieren, »ohne das Wasser zu usurpieren, das die Bauern brauchen, um ihre Feldfrüchte anzubauen«. Eine solche Aneignung von Wasser und Land werde auf jeden Fall zu Konflikten führen, prognostizieren die Wissenschaftler.[16]

Ein Fünftel der indischen Landfläche, vor allem in Zentral- und Ostindien, ist noch bewaldet. Dort leben die meisten der etwa 90 Millionen Adivasi, Angehörige der indischen Stammesvölker, viele von ihnen als Jäger und Sammler. Bergbaukonzerne wissen um die reichen Bodenschätze, die dort lagern. Eisenerz, Bauxit, Kohle und Kupfer sind begehrt. Mineralische Rohstoffe zählen zu Indiens Hauptexportartikeln. Zwar existieren für die Adivasi und die Umwelt Schutzgesetze – allerdings nur auf dem Papier. In der Regel werden sie übergangen.[17] Schätzungsweise 30–40 Millionen Adivasi sind in den vergangenen Jahrzehnten von ihren angestammten Gebieten vertrieben und damit ihrer Existenzgrundlage beraubt worden. Nicht zufällig sind diese Regionen Hochburgen der Naxaliten. Die maoistisch orientierten Organisationen wie die Communist Party of India (Maoist) setzen auf den bewaffneten Kampf, um die Rechte der Ureinwohner gegen die Interessen der Konzerne zu verteidigen und rekrutieren ihre Anhänger unter den Adivasi.[18]

Sehr gut dokumentiert ist die Geschichte eines der frühen Industrieprojekte im Bundesstaat Odisha.[19] Rourkela war bis Mitte der 1950er Jahre ein kleines Dorf, bis dort mit massiver Finanzhilfe der deutschen Kreditanstalt für Wiederaufbau (KfW) ein Stahlwerk errichtet wurde. Staatliche Behörden sorgten für die Zwangsumsiedlung der Bewohner mehrerer Dörfer und Siedlungen. Als die Adivasi-Koordination in Deutschland e.V. 2006 eine Konferenz zu diesem Projekt der »Entwicklungshilfe« organisierte, trafen Finanziers, Opfer und Beobachter aufeinander. Die Zwangsumgesiedelten, so das bittere Resümee, seien »in schlimmer Weise betrogen und der Grundlagen ihrer Existenz beraubt worden« und hätten keine angemessenen Entschädigungszahlungen erhalten. »Die Mehrzahl der Adivasi-Bevölkerung hat am wirtschaftlichen Aufschwung der Region keinen Anteil« und »lebt von der Hand in den Mund« in »wirtschaftlichem Elend«.[20] Ganz anders bewertet ein leitender Mitarbeiter der KfW das Stahlwerk. »Die 50 Jahre alte Beziehung zwischen Rourkela und deutscher Entwicklungszusammenarbeit war eindeutig für beide Seiten nutzbringend«. Das Werk sei »heute ein im Weltmarkt wettbewerbsfähiges Unternehmen und bedarf keiner Unterstützung durch Entwicklungszusammenarbeit mehr.«[21] Betriebswirtschaftliche Kennzahlen sind für die meisten Evaluationen entwicklungspolitischer Projekte ausschlaggebend – nicht ihre sozialen oder ökologischen Auswirkungen. Die Adivasi-Koordination betrachtet Rourkela deshalb als »exemplarischen Fall« und fordert eine »umfassende Neubewertung [...] auch von deutscher Seite«, die mitverantwortlich sei »für die wirtschaftlichen, sozialen und kulturellen Auswirkungen.«[22]

2013 kam es in Indien zu einer Neuauflage des Gesetzes über den Landerwerb – eine Reaktion auf den gesellschaftlichen Druck, der sich nach jahrzehntelangen Protesten in vielen Regionen Indiens aufgestaut hatte. Das ursprüngliche Gesetz ging noch auf die britische Konlonialherrschaft zurück, das »öffentliche Interesse« konnte sehr weit interpretiert werden und

14 »The Delhi Mumbai Industrial Corridor: Salient Features and Recent Developments«. ISAS Special Report 8.7.2013

15 http://delhimumbaiindustrialcorridor.com/ (Zugriff 31.1.2014)

16 Khosla, Soni 2012:16f

17 »Permanenter Konflikt«. Entwicklung + Zusammenarbeit 18.5.2012

18 »Of Land and Livelihoods«. Economic and Political Weekly, 4.1.2014

19 Bis 2011 hieß der Bundesstaat »Orissa«

20 Adivasi-Koordination 2007:65f

21 Adivasi-Koordination 2007:27

22 Adivasi-Koordination 2011:110

so Zwangsenteignungen rechtfertigen. Fast jedes Projekt, das vermeintlich dem Wirtschaftswachstum oder der Industrialisierung diente, galt als »öffentliches Interesse«. Zwar sind jetzt Entschädigungszahlungen und Wiederansiedlungen besser geregelt, aber zahlreiche Ausnahmeregeln sorgen dafür, dass Land für Sonderwirtschaftszonen, Industriekorridore, Atom-, Öl-, Kohle-, Strom- und Bergbaukonzerne nach wie vor auch gegen den Willen der ursprünglichen Landbesitzer enteignet werden kann. Das Angebot einer alternativen Existenzgrundlage – eine bezahlte Lohnarbeit oder ein Stück Land andernorts – ist nicht verpflichtend vorgesehen. »Das koloniale Vermächtnis der Zwangsenteignung wird also fortgesetzt«, so das Resümee des renommierten Politikmagazins »Economic and Political Weekly« aus Mumbai.[23] Dieses Gesetz, auf das so viele Kleinbauern gehofft hatten und das ihnen nun so wenig Schutz bietet, ist nur ein weiterer Beleg für die enge Verflechtung der Institutionen der bürgerlich-repräsentativen Demokratie in Indien mit Banken und Konzernen. Das freilich ist kein indisches Alleinstellungsmerkmal, sondern ein globaler Trend.

Nicht nur mit unmittelbaren Zwangsmitteln werden Bauern enteignet. Im Kontext ihrer Verschuldung müssen sie oft ihre Äcker verpfänden. Vor allem im indischen Bundesstaat Andhra Pradesh spielt dabei auch die Vergabe von Mikrokrediten eine unrühmliche Rolle.[24] Dahinter steckt Kalkül: Mit Hilfe der Mikrokredite sollen die Ressourcen der Armen in Wert gesetzt und der Privatwirtschaft zugänglich gemacht werden.[25]

Die Enteignung der Bauern hat in den letzten drei Jahrhunderten eine wichtige Rolle für die Akkumulation des Kapitals gespielt.[26] Mit neoliberalen Handelsverträgen und der damit einhergehenden Marktöffnung für hochsubventionierte Produkte aus dem Westen haben in den vergangenen Jahrzehnten viele Länder die Fähigkeit verloren, sich selbst zu versorgen. Sie sind heute abhängig von Nahrungsmittelimporten.[27] Ein Schicksal, dass in Zukunft auch Indien blühen könnte.

Ein immer größerer Teil der enteigneten Landbevölkerung flieht mangels Alternative in die indischen Großstädte. Dort finden sie bestenfalls Arbeit im informellen Sektor, als Müllsammler, Rikscha-Fahrer, Straßenhändler oder Hilfsarbeiter auf dem Bau und leben in den überbordenenden Slums an den Rändern der Stadt. Sie stellen ein unerschöpfliches Reservoir an Arbeitskräften dar.

Die Mittelschicht profitiert unmittelbar von der Konkurrenz unter den Armen. Es gibt kaum einen Haushalt, der keine billigen Dienstboten eingestellt hätte. Sie befreien die Mittelschicht von den Arbeiten, die diese an der Ausübung ihrer Büro- und Laborjobs hindern könnte. Formal sind es acht Stunden an sechs Tagen die Woche, die im boomenden Privatsektor gearbeitet werden – unbezahlte Überstunden sind jedoch die Regel.

Ohne die vielen Millionen Dienstboten würde die indische Mittelschicht nicht einen Tag existieren können. Sie waschen, kochen, putzen, kaufen ein, hüten die Kinder, verrichten kleine Handwerksarbeiten, leeren den Müll, chauffieren – kurzum: Sie sind für all das zuständig, was ihre Sahibs und Memsahibs – ihre Dienstherren und Dienstfrauen – wegen ihrer Jobs nicht mehr zu leisten im Stande sind oder als »unwürdige Arbeit« erachten. Die gewöhnlichen Arbeitsbedingungen von Dienstboten, die im Haushalt ihrer Sahibs leben – eine sieben Tage-Woche bei Kost und Logis plus umgerechnet 10 bis 30 Euro – erinnern dabei nicht selten an ein Sklavendasein.

Die Mehrheit der Mittelschicht begrüßt die Marktöffnung Indiens und die neuen Konsummöglichkeiten. Den exorbitante Reichtum, den Konzerne wie Tata und Reliance akkumuliert haben, bewundern viele und problematisieren wenige. Diese Haltung drückte sich u.a. 2011 in der frühen Anti-Korruptions-Bewegung eines Anna Hazare aus, die von der Mittelschicht getragen wurde. Anders als die Aam Aadmi Partei eines Arvind Kejriwal, die 2012 aus der Anti-Korruptions-Bewegung entstanden ist, kritisierte Anna Hazare nur die eine Hälfte der Korruption, nämlich die Politiker, nicht aber die Konzerne, die sich mit Hilfe von Bestechungsgeldern Vorteile verschaffen.[28] Im Unterschied zur Occupy-Bewegung »hörte man von Anna Hazare kein kritisches Wort über Privatisierung, Konzernmacht oder Wirtschafts-Reformen«, beobachtete die politische Essayistin Arundhati Roy. Kein Wunder, dass Hazare dafür von der Weltbank, der Sittenwächterin über neoliberale Politik, gelobt wurde.[29]

Heute genießen nur wenige Politiker innerhalb der Mittelschicht und besonders unter den jüngeren Wählerinnen und Wählern ein Ansehen wie Narendra Modi von der Indischen Volkspartei BJP, der 2001 in seinem Bundes-

23 »Of Land and Livelihoods«. Economic and Political Weekly 2.1.2014

24 Klas / Mader 2014:27

25 Klas / Mader 2014:26

26 Magdoff 2013:2

27 Magdoff 2013:6f

28 »I'd rather not be Anna«. Arundhati Roy, The Hindu 21.8.2011

29 Roy 2012b:69

staat Gujarat ein Massaker an der muslimischen Minderheit geschehen ließ, rechtfertigte und möglicherweise anheizte. Er steht für eine radikale Marktpolitik und hat ein autoritäres Saubermann-Image, attackiert die korrupte Kongress-Partei und ihre Spitzenpolitiker. Seine Partei, die BJP, hat bis zur Marktöffnung Anfang der 90er Jahre politisch kaum eine Rolle gespielt. Mittlerweile ist sie zusammen mit der Kongress-Partei, die aus der Unabhängigkeitsbewegung hervorgegangen ist, die wichtigste Partei in Indien. Mehrere Faktoren, die im Kapitel 4 ausführlicher beleuchtet werden, sind für die aktuelle Popularität der BJP verantwortlich. Zwei seien an dieser Stelle schon genannt: Die Imagekampagne des Narendra Modi, bei der er auf die Unterstützung eines großen Teils der indischen Eliten zählen kann. Diese wollen einen starken Mann, der ihre Interessen durchsetzt. Und eine immer weiter um sich greifende Akzeptanz für eine Politik, die religiöse Identitäten in den Vordergrund rückt.

»Demokratische Oberflächendüngung«

»Demokratie in Indien«, warnte Bhimrao Ramji Ambedkar, der wichtigste Autor der indischen Verfassung und Anführer der Dalits, der sogenannten »Unberührbaren«, »ist nur eine Oberflächendüngung auf einem indischen Boden, der im Prinzip undemokratisch ist.«[30] Leicht variiert, formuliert es der US-Politologe Ashutosh Varshney: »Indiens Demokratie drückt sich in der großen Wahlbeteiligung aus, [...] was aber zwischen den Wahlen passiert, da macht die indische Demokratie keine gute Figur«. Immerhin, so betont er, sei Indien das einzige Land, in dem die (Wahl-) Demokratie trotz niedrigster Pro-Kopf-Einkommen so lange durchgehalten habe.[31]

In der politischen Theorie sind Wahlen die erste Grundvoraussetzung für die schwächste Form der Demokratie in ihrer repräsentativen Variante. Weiter gehen etwa die Vorstellungen in basis- und rätedemokratischen Systemen, die etwa mit Hilfe von partizipativen Elementen auch die Wirtschaft einer demokratischen Kontrolle unterwerfen wollen. Davon ist Indien ebenso weit entfernt wie andere kapitalistische Staaten – vielleicht mit Ausnahme des indischen Bundesstaates Kerala, in dem es starke Genossenschaften, Gewerkschaften, soziale Bewegungen und staatseigene Wirtschaftsbetriebe gibt.[32]

Um das Kriterium einer Demokratie zu erfüllen, halten aber selbst Anhänger der repräsentativen Variante eines für unerlässlich: Die Akzeptanz grundlegender Menschenrechte. In Kaschmir, der Grenzregion zwischen Pakistan und Indien, und in einigen der kleinen nordöstlichen Bundesstaaten ist seit Jahrzehnten der militärische Notstand ausgerufen. Viele Grundrechte sind außer Kraft gesetzt, Polizei und Militär können völlig willkürlich foltern und töten, ohne dafür jemals zur Rechenschaft gezogen zu werden. Es scheint, als hätten sich fast alle daran gewöhnt – jedenfalls sind diese gravierenden Menschenrechtsverletzungen kein Thema bei Staatsbesuchen westlicher Politiker.

Aber um die Notstandsgebiete soll es in diesem Buch nicht gehen. Es beschäftigt sich vielmehr mit der autoritären Politik, die überall in Indien vermehrt zur Anwendung kommt. Nicht nur in Europa und den USA ist der autoritäre Kapitalismus auf dem Vormarsch. Auch in der »größten Demokratie der Welt« steht es zunehmend schlechter für diejenigen, die es wagen, den Reichen und Mächtigen mit Nachdruck zu widersprechen oder gar zu rebellieren. In diesem Buch kann ich nur versuchen an mehreren Beispielen exemplarisch aufzuzeigen, vor welchen Herausforderungen Indien steht: Wie Indien als Mitbegründerin der Bewegung der Blockfreien Staaten zu einem Partner des Westens geworden ist, wie der Hunger nach Energie neue Abhängigkeiten schafft, wie die Macht der Märkte die Instiutionen der bürgerlich-repräsentativen Demokratie untergräbt, die Existenzgrundlagen von Millionen Menschen zerstört und dem Hindunationalismus den Weg bereitet.

Die internationale Kohorte, die ohne Rücksicht auf Verluste ihre Interessen in Indien durchsetzt, nutzt die Mechanismen bi- und multilateraler Verhandlungsmacht und setzt auf die autoritäre Politik der Hindunationalisten. Zu dieser Kohorte, die in diesem Buch u.a. zu Wort kommt, gehören Diplomaten, Minister, Handelsexperten, Präsidenten und Konzernvertreter wie bspw. von Siemens und Marktanalytiker von Goldman Sachs.

Die Komplexität solcher Mechanismen – etwa des geplanten Freihandelsabkommens zwischen der EU und Indien – und ihrer Auswirkungen können nicht in Gänze dargestellt werden. Es gibt zahlreiche umstrittene Felder, angefangen vom »Investorenschutz« bis hin zum »öffentlichen Beschaffungswesen«, die hier nicht behandelt werden. Anhand einiger sektorenspezifischer Beispiele – Zollsenkungen für Agrarprodukte und Marktöffnung für ausländische Einzelhandelsketten – wird hingegen exemplarisch beschrieben, wie

30 Mishra 2013:3

31 »A conversation with: Political scientist Ashutosh Varshney«. New York Times 20.12.2013

32 Klas 2006:77ff

die Interessen bestimmter Bevölkerungsgruppen am Verhandlungstisch in die Waagschaale geworfen – bzw. geopfert werden.

In den einzelnen Kapiteln wird aber auch deutlich, dass es Widerspruch und Widerstand gegen diese Entwicklungen in Indien gibt. Die Gegenwehr und ihre Perspektiven werden zudem das Schlusskapitel prägen.

Unterschätzte Gefahr

Der indische Staat sieht seine Hauptfeinde in den Naxaliten – bewaffneten Maoisten, den Unabhängigkeitsbewegungen in den nordöstlichen Bundesstaaten und in den inländischen Terroristen, die in der Wahrnehmung der Regierung von Al Qaida oder islamistischen Gruppen aus Pakistan beeinflusst sind. Die Hindunationalisten, so der Politologe Achin Vanaik, »werden nicht annähernd als eine solche Bedrohung wahrgenommen«.[33] Auch die meisten internationalen Beobachter betrachten die Hindunationalisten nicht als Gefahr, sondern sehen ihren politischen Arm, die BJP, als eine Partei an, die mit konservativen Schwesterorganisationen in Europa oder den USA zu vergleichen sei.

Eine gefährliche Fehleinschätzung, denn die politische Rechtsverschiebung in Indien und die akutelle Akzeptanz für autoritäre politische Lösungen, ist wesentlich auf dem Boden des aggresiven religiösen Nationalismus gediehen, den die Hindunationalisten propagieren. »Indien den Hindus«, lautet ihre Parole, und vor allem die Minderheit der Muslime – immerhin knapp 14 Prozent der 1,2 Milliarden Inderinnen und Inder – bekommt kulturelle und soziale Diskriminierung und Ausgrenzung zu spüren, nicht selten auch brachiale Gewalt.

Seit dem Aufschwung der Hindunationalisten erfreuen sich autoritäre Führungsfiguren wie Adolf Hitler in Indien großer Beliebtheit – seine Hassschrift »Mein Kampf« ist in den vergangenen zweieinhalb Jahrzehnten ein indischer Bestseller geworden.[34]

Während solche Schriften weite Verbreitung finden, schrecken renommierte Großverlage wie Penguin India davor zurück, Bücher zu veröffentlichen, die den Hinduismus auf nichtkonventionelle Art interpretieren. Die bereits gedruckten Expemplare der »Alternativen Geschichte der Hindus« der Indologin Wendy Doniger stampfte das Tochterunternehmen des internationalen Verlages wieder ein, nachdem Hindunationalisten gegen die Veröffentlichung geklagt hatten. Das Buch, so der Vorwurf, sei »mit christlich-missionarischem Eifer geschrieben und offenbare eine verborgene Agenda, die Hindus erniedrigen und ihre Religion in einem schlechten Licht darstellen soll«. Ein Vorwurf, der von Wissenschaftlern zurückgewiesen wird. Das historisch stark ausgeprägte Bemühen indischer Gerichte, den Religionsfrieden zu wahren und deshalb die offensive Verletzung religiöser Gefühle zu ahnden, werde »zunehmend durch kulturkämpferische Deutungsansprüche« instrumentalisiert.[35] Viele indische Autorinnen und Autoren fürchten um die Meinungsfreiheit. Die politische Essayistin Arundhati Roy fragte in einem offenen Brief an Penguin, warum ein so großer Verlag sich auf eine außergerichtliche Einigung eingelassen habe, anstatt das Höchste Gericht anzurufen. Penguin India antwortete u.a., der Verlag sei »verpflichtet, seine Angestellten vor Bedrohungen zu schützen«.[36]

Auch die Errungenschaften der indischen Frauenbewegung werden durch die hindunationalistische Offensive und ihr extrem konservatives Frauenbild zurückgedrängt.[37] Unter den 200.000 Hindutva-Anhängern, die im Dezember 1992 die Babri-Moschee in Ayodhya zerstörten, waren 55.000 Frauen. »Es war das erste Mal in der Geschichte Indiens, dass sich Frauen in solcher Stärke an der Seite der politischen Rechten aktiv beteiligten«, bemerkten die Frauenforscherinnen Tanika Sarkar und Urvashi Butalia.[38] Frauen nahmen auch aktiv teil an Pogromen gegen Muslime, zum Beispiel 2002 in Gujarat. Die Frauenorganisationen der Hindunationalisten, die die Pflichten der Frau gegenüber der Familie und der Nation betonen, haben Zulauf.

Dabei ist es ihnen gelungen, Forderungen der fortschrittlichen Frauenbewegung zu vereinnahmen. In Indien gibt es eine Aufteilung von Zivil- und Persönlichkeitsrechten je nach religiöser Gemeinschaft. So sind Ehen unter Hindus (mittlerweile) auf Monogamie festgelegt, muslimische Männer können jedoch bis zu vier Frauen heiraten. »Es war ein Erfolg der Frauenbewegung, die Hindu-Ehen auf Monogamie festgelegt zu haben«, erklärt die Frauenrechtlerin Maitreyi Chatterjee. Daran anschließend, setzten sich auch die BJP und ihre Frauenorganisationen für eine einheitliche Zivilgesetzgebung ein, der alle Religionen unterworfen sein sollen. »Sie verbanden das mit hin-

33 Vanaik 2009:178

34 Siehe auch Kapitel 4, »Wo Hitler ein Hit ist«.

35 Wessler 2014:4

36 »Wendy Doniger Hindus book: Penguin India defends recall«. BBC News India 14.2.2014

37 Sarkar 1999:144

38 Sarkar, Butalia 1995:3

du-nationalistischer Propaganda, indem sie proklamierten, ein Muslim bedeutet vier Frauen, bedeutet 16 Kinder. [...] Sie schürten damit die Angst, die Zahl der Muslime würde eines Tages die der Hindus übertreffen.«[39]

Einflussreichen Organisationen der Hindutva-Bewegung, wie etwa dem Weltrat der Hindus oder dem Nationalen Freiwilligendienst RSS, können Frauen nicht beitreten. Eine Ausnahme stellt die BJP dar, in der Frauen Positionen in der zweiten Reihe besetzen dürfen.

Männliche Hindunationalisten setzen Mehrfachvergewaltigungen von Frauen religiöser Minderheiten immer wieder gezielt als Bestrafung und Rache für vermeintliche Vergehen anderer Religionsgemeinschaften ein.[40] Die indische Theologin Clemens Mendonca und andere Feministinnen machen auch die Hindutva-Ideologie entscheidend mitverantwortlich für die zunehmende Gewalt gegen Frauen in Indien.[41]

Nicht nur Frauen werden von den Anhängern der Hindunationalisten als minderwertig betrachtet. Im Dezember 2013 erklärte das Oberste Gericht in Indien Homosexualität als »illegal« und hob damit das Urteil eines untergeordneten Gerichts auf, dass dieses Strafgesetz 2009 als verfassungswidrig bezeichnet und somit außer Kraft gesetzt hatte. Der Präsident der BJP, Rajnath Singh, unterstützte den Urteilsspruch und erklärte, »unnatürliche Geschlechtsakte« seien nicht zu rechtfertigen.[42]

Auch außerhalb Indiens haben die Hindunationalisten zahlreiche Unterstützer. Tempel und Treffpunkte des Weltrates der Hindus gibt es fast überall in der indischen Diaspora. Mit Geldsammlungen werden die rechten Organisationen in Indien unterstützt.[43] Die deutsche Zentrale des Weltrates der Hindus (VHP) befindet sich in Frankfurt am Main.

Aber auch Nicht-Inder zählen zu den Anhängern. Ein wichtiges Bindeglied ist der Verlag »Voice of India« in Neu-Delhi, der unter anderem den belgischen Rechtsintellektuellen Koenraad Elst als Autor führt, der dem Vlaams Belang, der rechtspopulistischen und antiislamischen Partei Belgiens, nahesteht. Er gilt als prominentester Verfechter der Hindutva-Ideologie im Westen. Ebenso Francois Gautier, der 25 Jahre lang als Korrespondent für die französische Tageszeitung Le Figaro arbeitete.[44] Der Kreis um den auch in den USA einflussreichen Verlag verficht die Ansicht, dass die indische Zivilisation auf dem Hinduismus gründe, und teilt die Position vom »Kampf der Kulturen« des umstrittenen US-Politologen Samuel P. Huntington. Jede Zivilisation habe einen beständigen, unveränderlichen Kern, der in erster Linie durch die Religion geformt sei.[45]

Der norwegische Rechtsradikale Anders Behring Breivik, der im Sommer 2011 in Oslo 77 Jugendliche erschoss, die an einem sozialdemokratischen Zeltlager teilnahmen, und die er für »multikulturelle Kulturmarxisten« hielt, fühlte sich u.a. durch die Hindunationalisten und ihre Apologeten in Europa motiviert. In seiner auch als »Manifest« bezeichneten Schrift fordert er die Bildung einer weltweit möglichst breiten Front gegen den Islam, zu der sich die westliche Welt mit radikalen Zionisten in Israel, Hindu-Nationalisten in Indien und Buddhisten in China verbünden solle, um die »Islamisierung« Europas zu verhindern.[46]

Querverbindungen zu Europa – freilich ganz anderer Art – sind immer wieder Thema in den verschiedenen Kapiteln. Der rote Faden, der mich bei diesem Buch geleitet hat, erinnert nicht umsonst an das Leitmotiv zahlreicher Revolutionen des 20. Jahrhunderts: Land und Brot. Eine existenzsichernde Arbeit und kleinbäuerliche Selbstversorgung sind für den größten Teil der indischen Bevölkerung Garanten eines Daseins, das nicht von permanentem Elend, Armut und Hunger geprägt ist. Das westliche, vom Kapitalismus getriebene Entwicklungsmodell, mit Freihandelsabkommen, internationalen Direktinvestitionen, Sonderwirtschaftszonen und großen Industrie- und Energieprojekten, stellt deshalb eine gewaltige Bedrohung dar. Seine Umsetzung zerstört die Existenzgrundlage von Millionen Inderinnen und Indern. Streiks, Blockaden und andere Widerstandsaktionen, mit denen solche Projekte verhindert werden sollen, häufen sich. Narendra Modi und die BJP treten an, um diesen Widerstand mit harter Hand und einer religiös-nationalistischen Mobilisierung zu brechen.

39 Chatterjee in Graswurzelrevolution 2000:215f

40 Mendonca 2004:59; »Gang-rape stokes tension in Muzaffarnagar«. The Hindu 5.11.2013

41 Mendonca 2004:58; Poonchana 1993:438f; Sarkar 2002:2876f

42 »Gay sex verdict: Rajnath Singh backs SC, says BJP cannot justify unnatural acts«. The Indian Express 15.12.2013

43 »U.S. Evangelicals, Indian Expats Teamed up to Push Through Modi Visa Ban«. New York Times 5.12.2013

44 Nanda 2009:163

45 Nanda 2009:165

46 »Norway massacre: Breivik manifesto attempts to woo India's Hindu nationalists«. The Christian Science Monitor 25.7.2011

Indien strahlt

»Wir brauchen einfach mehr Energie. Von jeder Quelle. Wenn Deutschland aussteigt, ist das eine Sache. Für Entwicklungsländer ist das mit Gewissheit nicht möglich, sie können sich das nicht leisten.«

Prof. Dr. Ramamurti Rajaraman, Physiker[47]

»Die andauernden Proteste gegen das AKW in Koodankulam und das 4.000 MW Kohlekraftwerk in Cheyyur sind ein klarer Beweis dafür, dass große, zentralisierte Kraftwerke unpopulär sind, und nur durchgesetzt werden können, indem die Demokratie unterdrückt wird.«

Chennai Solidiarity Group[48]

»Unterirdische Atombombentests erfolgreich durchgeführt«, verkündete am 11. Mai 1998 der indische Premierminister Atal Bihari Vajpayee, Mitglied der hindunationalistischen Indischen Volkspartei BJP, im Fernsehen. Es war eine der ersten Amtshandlungen der gerade erst gewählten und von der BJP angeführten Regierungskoalition. Und vor allem für die Anhänger der BJP war das ein Anlass zum Feiern. Sie zogen jubelnd durch die Straßen und zündeten Feuerwerkskörper. Die Begeisterung nach den ersten indischen Atomtests 1974 war verhaltener gewesen. Die Hindunationalisten waren damals eine minoritäre politische Kraft und die Kongress-Regierung sowie die 75 am Test beteiligten Wissenschaftler operierten bis zu dessen Durchführung unter größter Geheimhaltung.

1998 waren die Atomtests dann der Stolz der Nation – zumindest für die Anhänger der Regierungspartei BJP. »Diejenigen, die sich mit uns anlegen, werden zu Staub zerfallen«, skandierten sie. Die hasserfüllte Drohung war vor allem gegen den Erzfeind Pakistan gerichtet. Zwei Wochen später wurden auch dort Atombombentests durchgeführt. 1999, nur ein Jahr später, kam es zum ersten »Heißen« Krieg der Menschheitsgeschichte zwischen zwei Atommächten: Indien und Pakistan. Ein militärischer Konflikt, der um ein Haar zum Atomkrieg eskaliert wäre.

In diesem sogenannten Kargil-Krieg, benannt nach der gleichnamigen Konfliktregion im Grenzgebiet von Kaschmir, waren pakistanische Paramilitärs auf indisches Territorium vorgedrungen. Die indische Regierung setzte 30.000 Soldaten im Krisengebiet ein und ließ zahlreiche Bombenangriffe fliegen. Nur wenigen Inderinnen und Indern war bewusst, dass sie beinahe in einen atomaren Krieg geraten wären. »Die Entwicklung von Waffen ist bedeutungslos, wenn man sie bei Bedarf nicht einsetzt«, hieß es damals aus führenden Kreisen pakistanischer Politiker. US-Geheimdienste bestätigten die Stationierung von Nuklearwaffen im Grenzgebiet Pakistans und auch Indien hatte mindestens fünf Atomsprengköpfe an die Grenze befördert. Auf Druck der USA zog sich das pakistanische Militär schließlich aus der Kargil Region zurück.

Nach dem Kargil-Krieg beschleunigte sich das nukleare Wettrüsten zwischen dem von den USA unterstützten Pakistan und Indien. Die Militärbudgets auf beiden Seiten wurden drastisch erhöht. Seitdem hat Indien seine Rüstungsausgaben mehr als verdoppelt – heute betragen sie mehr als 40 Milliarden US-Dollar jährlich, knapp dreizehn Prozent der Regierungsausgaben.[49] Nach Schätzungen des internationalen Friedensforschungsinsituts in Stockholm (SIPRI) verfügt Indien heute zwischen 90 und 110 Atomsprengköpfen.

Neue Freunde: USA

Für Indien spielt die internationale Anerkennung als Atommacht eine wichtige Rolle. Und die Regierung strebt danach, einen ständigen Sitz im UN-Sicherheitsrat zu erlangen – ihr Vergleichsmaßstab ist China. Indien, so wird argumentiert, könne wegen seiner Größe und zivilisatorischen Bedeutung einen ebensolchen Status wie China beanspruchen.

Indien hat nur wenig eigene fossile Energiequellen. Das rasante Wirtschaftswachstum hat in den vergangenen Jahren den Energiebedarf enorm gesteigert und damit die Abhängigkeit von Importen: Indien muss achtzig Prozent seines Ölbedarfs importieren, einen großen Teil aus dem Iran. Zwar verfügt Indien noch über Kohlereserven, die aber reichen langfristig nicht aus. Den Hunger nach Energie wollen die indischen Regierungen auch mit dem Ausbau der Atomtechnologie stillen. Aber hier mangelt es ebenfalls am Rohstoff, denn die heimischen Uranreserven sind knapp. Und die Beschaffung von Uran war bis vor wenigen Jahren problematisch, weil Indien den

47 »Indien strahlt – Wo die Atomkraft noch eine Zukunft hat«. DLF, SWR, WDR 23.04.2013

48 http://www.dianuke.org/experts-suggest-clean-ways-out-of-tns-electricity-shortage/ (15.12.2013)

49 »India's Defence Budget 2012-13«. Institute for Defense Studies and Analyses 20.3.2012

Atomwaffensperrvertrag nicht unterzeichnet hat. Deshalb durfte es von keinem der Atommächte mit nuklearem Material oder Technologie beliefert werden. Indien ist diesem Vertrag nie beigetreten, weil er allen Staaten die Produktion und Beschaffung von Atomwaffen verwehrt, außer denen, die sie bereits besitzen. »Indien hat das nukleare Nichtverbreitungsabkommen nicht unterzeichnet, »weil wir es – einschließlich seiner Nachfolgeverträge – als sehr diskriminierend wahrnehmen«, erklärt mir Uday Bhaskar. Seine zuvorkommende, friedfertige Art lässt kaum einen Rückschluss auf seine frühere Tätigkeit zu: Der pensionierte Flottillenadmiral war von 2005 bis 2007 Militärberater der Regierung, seine Aufgabe war die kalte und nüchterne Analyse von Militärstrategien. Seine Meinung entspricht der aller traditionellen parteipolitischen Lager Indiens.

»Es gab eine Zeit, da hatte Indien nur wenige Freunde in den Vereinigten Staaten. Professor Francine Franklin war eine der ersten in den USA, die über die Bedeutung Indiens nachgedacht hat«, stellte Lalit Mansingh, ehemaliger indischer Botschafter in Washington während der hindunationalistischen BJP-Ära, die regierungsnahe US-amerikanische Indien-Expertin Francine Frankel vor. Der Saal im Kongresszentrum des Indian International Centre im wohlhabenden Süden Neu-Delhis war übervoll, die Sitzplätze reichten nicht aus. Das Thema an diesem Novemberabend 2007: Die Beziehungen zwischen den USA und Indien. Gekommen waren Politiker, Wissenschaftler und Diplomaten, darunter viele Anhänger der Indischen Volkspartei BJP. Im Zentrum der Debatte stand das Nuklearabkommen zwischen beiden Mächten.

»Indien und die USA haben ihr wichtigstes gemeinsames Abkommen der vergangenen 60 Jahre abgeschlossen«, referierte Francine Frankel, »das zivile Nuklearabkommen steht für ein neues Vertrauensverhältnis zwischen den USA und Indien. Es ermöglicht beiden Staaten, eine neue strategische Partnerschaft aufzubauen.«

Ein Blick zurück: Bald nach der indischen Unabhängigkeit 1947 hatten sich die Wege der beiden größten repräsentativen Demokratien der Welt getrennt. Indien wurde Gründungsstaat der Bewegung der Blockfreien Staaten, zusammen mit Jugoslawien, Indonesien und Ägypten. Die USA förderten und unterstützten das muslimische Pakistan. »Die USA hatten Indien nicht ernstgenommen, nicht als wirkliche Macht wahrgenommen bis zum Mai 1998. Zweifellos haben die Nukleartests die USA gezwungen, ihre Politik in Südasien und speziell in Indien zu überdenken«, meint der ehemalige strategische Berater Uday Bhaskar. »Der Besuch von US-Präsident Clinton im März 2000 in Indien markierte den Neuanfang, einschließlich eines Dialogs über die nukleare Frage.« Seitdem, sagt Uday Bhaskar, sind große Fortschritte gemacht worden.

»Eine enge Partnerschaft mit Indien gehört zu den wichtigsten Prioritäten der zukünftigen US-Außenpolitik. Sowohl die Regierung der Indischen Kongresspartei als auch die BJP haben seit einer Dekade daran gearbeitet, Indiens Verhältnis zu den USA zu verbessern«, schreibt Nicholas Burns Ende 2007 in der US-amerikanischen Zeitschrift Foreign Affairs. Der Staatssekretär im US-Außenministerium war einer der Architekten der Annäherung der beiden Staaten. Für ihn markiert sie einen historischen Wendepunkt. Diese Entwicklung soll nach Burns »in vier strategischen Bereichen sprunghaft beschleunigt werden: Zivile Nuklearenergie, zivile Weltraumprogramme, Handel mit Hochtechnologie und Raketenabwehr.«[50]

Das Nuklearabkommen

Am 18. Juli 2005 unterzeichneten George W. Bush und der indische Präsident Manmohan Singh eine gemeinsame Erklärung, in der sie das Nuklearabkommen bereits detailliert beschreiben. Im August 2007 wurde es von beiden Regierungen unterzeichnet. Dieses Abkommen beinhaltet im Wesentlichen, dass Indien 60 Prozent seiner Reaktoren unter die Beobachtung der Internationalen Atomenergiebehörde IAEO stellt. Im Gegenzug ermöglicht es den Handel von atomarem Material und Technik zwischen den USA und anderen Nuklearstaaten mit Indien. »Am wichtigsten ist aber, dass Indien sein Atomwaffenprogramm beibehalten kann – unter der Bedingung, dass es dafür kein Material und keine Technologien verwendet, die es für die zivile nukleare Nutzung erhält«, so Uday Bashkar. Er behauptet, diese Regelung bilde »eine Art Schutzwall zwischen dem zivilen und dem militärischen Teil der nuklearen Infrastruktur Indiens«. Nur etwas mehr als die Hälfte der indischen Reaktoren sollen von der Internationalen Atomenergiebehörde IAEO überwacht werden, was in den anderen Reaktoren geschieht, entzieht sich der internationalen Kontrolle.

Bei der Debatte im Konferenzsaal des Indian International Centre wurde schnell klar, dass es beim Nuklearabkommen nicht nur um die zivile Nutzung der Nukleartechnologie geht. Die US-Indien Expertin Francine Frankel

50 »America's Strategic Opportunity With India«. Nicholas Burns, Foreign Affairs Nov./Dez. 2007

versicherte den Anwesenden, dass Indien sein Atomwaffenprogramm dank des Nuklearabkommens ganz legal ausbauen könnte, weil dann die knappen, einheimischen Uranressourcen vollständig für militärische Zwecke zur Verfügung stünden. »Angesehene Insider schätzen, dass Indien auch mit der Überwachung durch die IAEO in der Lage sein wird, waffenfähiges Plutonium für mehr als 1.000 Sprengköpfe zu produzieren«, erklärte Frankel den Zuhörern, »nicht eingerechnet die Möglichkeit, dass Indien nach wie vor das Recht hat, eigene, militärische Kapazitäten auszubauen. Das stellt doch eine bemerkenswerte nukleare Abschreckung dar!«

Nur ein Zuhörer im Indian International Centre äußerte sich skeptisch und erinnerte an die einstigen Ideale des jungen, unabhängigen Indiens, das auf die Kooperation der Länder der sogenannten Dritten Welt setzte und deshalb die Bewegung der Blockfreien Staaten mitbegründete. Die anderen Zuhörer hatten für seine Anmerkung jedoch nur Gelächter übrig. Für sie ist die neue Partnerschaft mit den USA weit mehr als nur ein Ersatz für die Bewegung der Blockfreien Staaten.

Es geht auch darum, an der Seite der USA die Rolle Chinas zu beschneiden. Das bestätigt auch Frankel. »Ich würde nicht sagen, dass wir keine Pläne haben, um China's Einfluss einzudämmen«, formuliert die US-Politikerin im gewundenen Diplomatenenglisch auf mehrfache Nachfrage. Ansonsten versucht Francine Frankel den Eindruck zu erwecken, vor allem Indien profitiere von der Partnerschaft mit den USA. Tatsächlich schlagen die USA mit dem Abkommen zwei Fliegen mit einer Klappe: Sie binden Indien als Gegengewicht zu China stärker an sich und verschaffen zugleich der eigenen Atomindustrie gewaltige Lieferaufträge.

Die Opponenten

Die indische Regierung hat das Abkommen und die Verhandlungen mit der Internationalen Atomaufsichtbehörde ohne Absprache mit dem Parlament vollzogen. Im indischen Unterhaus, der Lok Sabha, gab es keine politische Mehrheit für das Abkommen. Dafür waren zwei Parteien verantwortlich: Die hindunationalistische BJP, die größte Oppositionspartei, und die Communist Party of India (Marxist), CPIM – die größte kommunistische Partei, die drohte, ihre Tolerierung der Regierung aufzukündigen und sie damit zu stürzen, sollte diese das Abkommen umsetzen.

Frankel schätzte auf der Konferenz die Opposition folgendermaßen ein: Die CPIM sei »von ideologischen Erwägungen beeinflusst und glaubt, dass jede Art von Übereinkommen mit den USA eine Einflussnahme auf die indische Außenpolitik darstellt und Indien zu einem Erfüllungsgehilfen der USA macht.« Der BJP unterstellt sie ein taktisches Verhältnis. »Die BJP mag einige ernstzunehmende Einwände haben, aber im Grunde genommen wollte sie ein ähnliches Abkommen aushandeln, als sie an der Macht war.« Eine Einschätzung, die nicht von der Hand zu weisen ist.

Die Zentrale der BJP in der Ashoka Road in Neu-Delhi wird von bewaffneten Sicherheitsleuten bewacht. Überall hängen die grün-safranfarbenen Fahnen der Partei, auf denen eine Lotusblüte abgebildet ist. Die BJP ist der politische Arm der hindunationalistischen Sangh Parivar, einer Dachorganisation, die auch Gruppen einschließt, die immer wieder offen zur Gewalt gegen die muslimische Minderheit in Indien aufrufen. Surendra Aurora, Vorsitzender des außenpolitischen Ausschusses der Partei, trägt einen westlichen Maßanzug und gehört nicht zu den Parteimitgliedern, die marodierend durch die Straßen ziehen. Der 70-Jährige war Botschafter, unter anderem in Polen, Äthiopien, Hongkong, Iran und Portugal, und gibt sich tolerant. Seine Partei, unter deren Regierung die Atomwaffentests durchgeführt wurden, hat von 1998 bis 2004 in Neu-Delhi regiert und bereits mit den USA über ein Nuklearabkommen verhandelt. Als Oppositionspartei kritisierte die BJP das Nuklearabkommen, weil es Indien nicht explizit das Recht einräume, weiter Atomwaffen testen zu können. »Abschreckung ist wirkungslos, wenn sie nicht kontinuierlich verbessert wird. Wenn andere Länder nicht bereit sind, ihre Nukleartests einzustellen, warum sollte Indien das tun?«, fragte mich Surendra Aurora, das sei »das Problem mit dem Nuklearabkommen in der aktuellen Fassung.« Letztlich aber bestätigte er die These Frankels: »Grundsätzlich sind wir natürlich nicht gegen ein Nuklearabkommen mit den USA.«

Die Bewegung der Blockfreien Staaten hat für die BJP nie eine große Rolle gespielt. Wäre es nach ihr gegangen, hätte sich Indien schon viel früher den USA angenähert, anstatt enge Beziehungen mit sozialistischen Ländern zu pflegen, erläutert Aurora.

Anders argumentierten die kommunistischen Gegner des Nuklearabkommens. Das Gebäude A. K. Gopalan Bhawan im Zentrum von Neu-Delhi, benannt nach dem gleichnamigen Mitbegründer der Partei, beherbert die Zentrale der CPIM, der mit 800.000 Mitgliedern größten kommunistischen Partei Indiens. Das Eingangsportal zieren Büsten von Marx und Lenin, die Einrichtung ist spartanisch. »Wir sind der festen Überzeugung, dass Indien in die Rolle eines Erfüllungsgehilfen der USA gedrängt wird. Das ist schädlich für Indiens Position in der internationalen Gemeinschaft und schädlich für unsere eigenen Interessen, besonders für die Zusammenarbeit mit unseren Nachbarn«, erklärte mir Sitaram Yechuri, Mitglied des Zentralkomitees und internationaler Sprecher der Partei. Indien sei heute von Staaten umringt, die Henry Kissinger als »gescheiterte Staaten« bezeichnen würde: Bhutan, Nepal, Bangladesh, Burma, Sri Lanka, Pakistan und Afghanistan. »Es liegt in Indiens Interesse, dass in diesen Ländern Friede und Stabilität herrscht, denn die Situation dort hat unmittelbare Auswirkungen auf uns«, so Yechuri.

»Indiens Möglichkeiten, die Beziehungen zu diesen Ländern auszubauen und zu stärken werden erschwert, wenn wir uns zum Erfüllungsgehilfen der USA machen.« Sitaram Yechuri findet es falsch, dass die Bewegung der Blockfreien Staaten heute von vielen als anachronistisch betrachtet wird. »Viele denken, dass die Blockfreienbewegung ein Produkt des Kalten Krieges gewesen ist. Seit der vorbei sei, gebe es keine Notwendigkeit mehr, blockfrei zu sein«. Eine völlig falsche Einschätzung, meint Yechuri, denn »das wichtige Element der Bewegung der Blockfreien Staaten war die Solidarität der Entwicklungsländer im Widerstand gegen den Norden. Und dieser Aspekt hat heute mehr Bedeutung bekommen als damals.«

In Indien lebt nach Indonesien und Pakistan die drittgrößte muslimische Gemeinde. Die US-amerikanischen Militäroffensiven der letzten Jahre in Afghanistan und Pakistan haben auch bei ihr Spuren hinterlassen.

Im Norden Delhis, direkt neben dem Polizeipräsidium, befindet sich die Zentrale der Jamiat Ulama I Hind. Mit mehr als zehn Millionen Mitgliedern ist sie die größte muslimische Organisation in Indien. Sie hat sich dem säkularen Vermächtnis der indischen Unabhängigkeit verpflichtet und strebt – anders als die Organisationen des politischen Islam in vielen arabischen Ländern – nicht nach der Macht im Staat, sondern befürwortet die Trennung von Staat und Religion. Während des indischen Unabhängigkeitskampfes war sie eng dem Indian National Congress verbunden und lehnte die Teilung des Subkontinents entlang religiöser Grenzziehungen ab. Die Mitglieder der Jamiat Ulama I Hind sind Sunniten. So auch ihr Sprecher Abdul Hameed Noumani.

Als ich ihn Ende 2007 traf, war er in eine weiße Kurta, ein knielanges Baumwollkleid, gehüllt. Er trug einen langen, dunkelbraunen Bart und eine weiße, gehäkelte Gebetskappe auf dem Kopf. Er wehrte sich dagegen, die Mehrheit der Muslime als Fundamentalisten zu betrachten. »Egal wo man hinschaut, ob nach Afghanistan, in den Iran oder den Irak, die westlichen Mächte sind doch vor allem besessen von den natürlichen Ressourcen in diesen Regionen, deshalb gibt es dort überall Gewalt«, argumentierte er. Mit Religion habe das nichts zu tun.

Mit »Bush go back« mobilisierte die Jamiat Ulama-I-Hind ihre Mitglieder gegen den Besuch des US-amerikanischen Präsidenten am 1. März 2006. Mit ihnen demonstrierten viele hunderttausend Menschen, unter anderem die Anhänger der CPIM und die vieler anderer Parteien und Organisationen. Am Tag darauf feierten Bush und der indische Premier Manmohan Singh öffentlich den Abschluss des Nuklearabkommens. Abdul Hameed Noumani, der immer wieder betonte, dass in Indien nicht nur Muslime gegen eine enge Partnerschaft mit den USA seien, würde es ebenso wie die CPIM begrüßen, wenn die indische Regierung die Bewegung der Blockfreien als politische Option betrachten würde. »Nehmen wir z. B. die sogenannte Friedenspipeline, die vom Iran über Pakistan nach Indien Gas transportieren soll«, beschrieb Noumani einen konkreten Fall, »die USA wollen sie nicht haben, und jetzt ist die indische Regierung von ihren ursprünglichen Plänen zurückgetreten, lässt das Projekt schleifen.« Amerika wolle lediglich seine nukleare und wirtschaftliche Dominanz aufrechterhalten. »Wenn die indische Regierung ihre Politik also nach den USA richtet, beschädigt sie den Ansatz der Bewegung der blockfreien Staaten. Alle Mitgliedsstaaten der Blockfreien Bewegung – nicht nur die muslimischen – lehnen diese Annäherung zwischen den USA und Indien ab. Sie sagen, dass Indien sich damit selbst etwas vormacht.«

Tanweer Fazel ist wissenschaftlicher Mitarbeiter am Nelson Mandela Institut an der staatlichen Jamia Millia Universität in Neu-Delhi. Der Soziologe hat sich darauf spezialisiert, die Situation der Muslime in Indien zu erforschen und hat unter anderem am Regierungsreport zum Thema mitgearbeitet. »In allen großen Städten gab es Demonstrationen gegen Bush und seine imperialistische Politik. Die Linken und verschiedene muslimische Organisationen wie Jamiat Ulama organisierten in Delhi riesige Kundgebungen, zu denen auch Intellektuelle, Studenten und Leute aus den verschiedenen indischen Bundesstaaten anreisten«, berichtete mir Tanweer Fazel. Den Umgang der Regierung mit diesen Protesten hielt er für gefährlich: »Unser Premierminister Manmohan Singh hat diese Proteste bedauerlicherweise als Proteste der Muslime beschrieben. Diese Idee wurde von den staatlichen Agenturen und den Medien aufgegriffen. In den Editorials der Zeitungen hieß es, dass alle Gegner der indischen Außenpolitik entweder Muslims seien oder solche, die auf ihre Wählerstimmen hoffen. Aber das stimmt nicht. Alle möglichen Gruppen und Milieus der Gesellschaft sind gegen diese Politik.«[51]

Bei der Abstimmung im indischen Parlament über das Nuklearabkommen sollen vier Abgeordnete mit jeweils 1,59 Millionen Euro gekauft worden sein. Das geht aus Dokumenten hervor, die von Wikileaks veröffentlicht wurden.[52]

»Bewahrt die Religion vor denen, die machthungrig sind«, heißt es in einem Protestsong der indischen Anti-Kriegsbewegung. Einer ihrer prominenten Vertreter ist Achin Vanaik. Er ist als Diplomatensohn viel in der Welt herumgekommen. Während der 68er Jahre studierte er in Großbritannien und war Aktivist der Studentenbewegung. Mitte der 70er kehrte er nach Indien zurück und gehört dort heute zu den Wortführern der Antikriegsbewegung. Ende 2007 wurde der studierte Ökonom zum Leiter der Fakultät für internationale Politik an der Universität Delhi ernannt. Sie ist mit 300.000 Studierenden die größte Universität Indiens.

Der mittlerweile emeritierte Achin Vanaik wies darauf hin, dass beide Staaten bereits einen Monat vor der Unterzeichnung der Erklärung zum Nuklearabkommen, also im Juni 2005, ein Abkommen über die militärische Kooperation verabschiedet hatten. Verabredet wurden u.a. gemeinsame Luftwaffen- und Marinemanöver. Seitdem exerziert die indische Marine z. B. immer wieder Manöver im Golf von Bengalen, zusammen mit U-Booten, Flugzeugträgern und Zerstörern aus Japan, Australien und den USA. Dort befindet sich die Straße von Malacca, über die 60 Prozent des weltweiten Energietransports zu Wasser abgewickelt werden.

Indien und die USA schicken auch ihr militärisches Führungspersonal ins jeweils andere Land, um Militärtechnik- und Strategie einander anzupassen. »Interoperabilität«, heißt das im militärischen Fachjargon. Das gilt auch für die ballistischen Abwehrsysteme. Damit werde, so befürchtete Achin Vanaik, auch ohne das Nuklearabkommen ein Wettrüsten in der Region forciert. »Die ballistischen Abwehrsysteme sind der reine Wahnsinn«, so der Wissenschaftler, »sie sind ohne Frage gegen China und Russland gerichtet und werden zu einer Militarisierung des Weltraums führen, einschließlich nuklearer Sprengköpfe«. Man könne nicht behaupten, diese Systeme würden gegen Terroristen eingesetzt. »Terroristen haben keine ballistischen Interkontinentalraketen, nur Staaten sind zu deren Einsatz in der Lage.« Er hält es für ausgemacht, dass so ein nukleares Wettrüsten angeheizt wird: »Die

Chinesen beunruhigt das, also werden sie ihre nuklearen Kapazitäten ausbauen, mit immer größeren und besseren Raketen. Wenn aber die Chinesen aufrüsten, werden auch die Inder ihr nukleares Arsenal aufstocken. Dann wird Pakistan aufschreien: Mein Gott, die Inder rüsten auf, also müssen wir dasselbe tun.«

Achin Vanaik ist eines der Gründungsmitglieder der Koalition für Nukleare Abrüstung und Frieden in Indien, kurz CNDP. Die CNDP setzt sich für eine nuklearwaffenfreie Zone in Südasien ein. Keine der Parteien im indischen Parlament hat die Forderung der Friedensbewegung nach einer atomwaffenfreien Zone in Südasien bisher aufgegriffen. »Unsere Bewegung kann die indische Regierung nicht dazu zwingen, ihre nukleare Bewaffnung aufzugeben«, schätzt Vanaik, »aber wir wollen die Legitimität für die Nuklearpolitik untergraben. [...] Wir sprechen mit Schülern, Studenten und vielen anderen. Auch wenn wir nicht stark genug sind, diese Politik zu verändern, können wir den politischen Rückhalt in der Bevölkerung für ihre Nuklearprogramme unterminieren.« Doch man müsse sich auch klarmachen, dass man nicht an den USA vorbeikomme, wenn man auf globaler Ebene eine nukleare Abrüstung erreichen wolle. »Wir müssen die USA konfrontieren, denn sie tragen die größte Schuld an der nuklearen Aufrüstung.«

Atomenergie = Grüne Energie

Viele ländliche Regionen liegen sprichwörtlich im Dunkeln, weil immer noch vierzig Prozent der indischen Haushalte nicht ans Stromnetz angeschlossen sind. Dafür ist Indien unüberhörbar: Im Straßenverkehr kommen Hupen mindestens so häufig zum Einsatz wie Bremsen. Und die Qualität einer Feier misst sich unter anderem daran, mit welcher Lautstärke die China-Böller detonieren und wie kräfig die Holz- und Blechbläser aufspielen. In einem geläufigen indisches Sprichwort heißt es deshalb: »Wenn man auf dem Mond sitzt, kann man Europa und die USA auf der Erdoberfläche sehen. Indien aber ist dunkel. Doch man kann es laut und deutlich hören.«

Völlig aufgeregt präsentierte am 31. Juli 2012 die Fernsehsprecherin die Neuigkeiten: »Das ist **die** Nachricht von heute: Zum zweiten Mal innerhalb von 24 Stunden ist das Stromnetz zusammengebrochen. Während wir das berichten, ist die Hälfte Indiens ohne Energieversorgung.«

51 Siehe auch Karat 2007: 43

52 »Bestechung soll Indiens Atomprogramm vorangetrieben haben«. FAZ 28.3.2011

Wie schon am Vortag kam es zu einem der größten Stromausfälle in Indien – und das in der heißesten Jahreszeit, in der das Thermometer auf über 40 Grad im Schatten klettert. Klimaanlagen und Ventilatoren kühlten nicht mehr, hunderte Züge blieben liegen, die U-Bahn in Delhi steckte im Tunnel, in den Operationssäalen mussten Ärzte mit Hilfe von Notstromaggregaten arbeiten und die Leuchtreklamen in den Großstädten fielen aus. 500 Millionen Menschen in Nord- und Ostindien waren ohne Strom.

Die Netze in den bevölkerungsreichen Bundesstaaten brachen zusammen, weil sie durch eine zu hohe Nachfrage überlastet waren. Ausfälle wegen Engpässen in der Versorgung und dem maroden Leitungsnetz sind keine Seltenheit. In vielen ländlichen Regionen und Kleinstädten gibt es Strom nur zu bestimmten Tageszeiten, vierzig Prozent der Haushalte sind gar nicht ans Stromnetz angeschlossen. Gleichzeitig wächst der Energiebedarf dramatisch, vor allem bei der am westlichen Konsummodell orientierten Mittelschicht.

Siebzig Prozent des Bedarfs deckt Indien aus Erdöl, Kohle und Gas und ist dabei in hohem Maße abhängig: 80 Prozent des Rohöls muss das Land importieren. Deshalb will die Regierung bis zur Mitte des 21. Jahrhunderts die heimische Energieproduktion deutlich erhöhen, und die Nuklearenergie soll dabei eine wichtige Rolle spielen: Derzeit stammen 5.000 Megawatt aus Atomkraftwerken, rund drei Prozent der gesamten Stromproduktion.

Allein bis 2020 soll die Menge vervierfacht werden. Weitere 20 Jahre später soll die Produktion 131.000 Megawatt betragen. Es bestehen jedoch erhebliche Zweifel, dass diese Zielvorgabe tatsächlich erreicht werden kann.[53] Dass die indische Regierung darauf hinarbeiten und die Kapazitäten sukzessive erhöhen wird, steht jedoch außer Frage.[54]

Der Traum von der zivilen Atomenergie ist bereits viele Jahrzehnte alt. Schon bald nach der Unabhängigkeit wurden die Weichen dafür gestellt. »Im unabhängigen Indien umrankte die Nuklearwissenschaft ein glorreicher Mythos, ihr wurde viel Respekt entgegengebracht«, erklärt mir Kumar Sundaram, einer der Koordinatoren der indischen Anti-AKW-Bewegung. Kumar Sundaram ist Politologe und arbeitet für die Vereinigung für Nukleare Abrüstung und Frieden (CNDP) in Neu-Delhi, die sich auch mit den Auswirkungen der zivilen Nukleartechnologie beschäftigt. Das an einer Hauptstraße gelegene Büro teilt er sich mit knapp einem Dutzend anderer Initiativen. Sein Schreibtisch, von dem aus er eine der gefragtesten Internetseiten der Anti-AKW-Bewegung in Indien betreibt,[55] liegt voller Magazine, Bücher, Flugblätter, ausgeschnittener Zeitungsartikel und Studien – viele davon aus dem Ausland. Er spricht fließend Japanisch, Englisch und Hindi. Seit zehn Jahren engagiert er sich gegen die zivile und militärische Nutzung der Atomkraft. »Ich habe mich entschieden, an der Seite der Bewegung zu stehen, denn es geht nicht nur darum, gegen eine spezielle Technologie zu opponieren oder das Leben und die Existenz von Menschen zu schützen, sondern es geht auch um die Menschen als Gemeinschaft, oft um traditionelle Gemeinschaften, die ihre eigenen Erfahrungen und ihr eigenes Wissen haben, mit dem sie die offizielle Wissenschaft und die offizielle Definition von Wissen herausfordern«, erklärt der Vater zweier kleiner Kinder. »Als Forscher bin ich froh, ein Teil dieser Bewegung zu sein und einen bescheidenen Beitrag dazu leisten zu können.« Eine Haltung, die Konsequenzen hat: Kumar Sundaram weiß genau, dass er es wegen seiner Aktivitäten schwer haben wird, später eine gut bezahlte Arbeit als Politologe zu bekommen.

Indien, so Sundaram, träumte nach seiner Unabhängigkeit den Traum von einer postkolonialen Gesellschaft, die sich im Namen der Entwicklung neue Technologien nutzbar macht. »Das führte zu einer Bewunderung für alles, was als wissenschaftlich daherkam und in der westlichen Welt anerkannt war«. Vor allem der erste Premierminister, Jawaharlal Nehru, war ein begeisterter Anhänger der Atomenergie.[56]

Heute wird diese Art der Energiegewinnung in Indien auch als Beitrag zum Klimaschutz gepriesen. Im Süden der Hauptstadt Neu-Delhi steht das Habitat Center, ein Bürokomplex, der in den 90er Jahren als städtisches Designprojekt erbaut wurde. Tag und Nacht bewacht von einem Sicherheitsdienst, der nur handverlesene Besucher einlässt, haben sich hier zahlreiche Organisationen und Interessenverbände niedergelassen. Besonders stark frequentiert – auch von ausländischen Gästen – ist das Institut für Energieressourcen, TERI. Zusammen mit mehr als zehn weiteren Gästen warte ich im Empfangsraum, bis ich in das Büro meines Gesprächspartners geführt werde. Rajendra Pachauri, der Direktor des Instituts, ist auch Vorsitzender des Weltklimarates. Sein

53 »Understanding Energy challenges in India – Policies, Players & Issues«. OECD/IEA 2012 http://www.iea.org/publications/freepublications/publication/India_study_FINAL_WEB.pdf

54 Sharma 2012:115

55 http://www.dianuke.org/

56 Ramana 2012:23

Institut berät den indischen Premierminister in Klimafragen. Dafür ist Prodipto Gosh zuständig, der zuvor schon für zahlreiche UN-Organisationen, die Weltbank und die Internationale Atomaufsichtsbehörde gearbeitet hat.

»Wir müssen hin zu erneuerbaren Energien und Atomstrom«, insistiert Gosh in unserem Gespräch, »denn mittlerweile ist klar, dass die Nutzung fossiler Treibstoffe wegen ihrer umweltschädlichen Wirkung begrenzt ist.«

Die Risiken der Nuklearenergie redet Gosh klein. »Das sind Auffassungen aus Deutschland und dem alten Europa, die von den Unfällen in Tschernobyl, Harrisburg und Fukushima herrühren«, erklärt mir der einflussreiche Wissenschaftler. Die Erfahrungen mit der zivilen Atomkraft seit den 1950er Jahren seien doch »insgesamt von Erfolg geprägt.« Wenn man die seitdem generierten Milliarden Megawattstunden zu den Risiken, etwa der Zahl der Unfälle, ins Verhältnis setze, komme die Nuklearenergie besser weg als jede konventionelle Form der Energieerzeugung.

Heute produzieren 20 indische Reaktoren Atomstrom. Es handelt sich fast ausschließlich um Schwerwasserreaktoren, die natürliches Uran ohne aufwändige Anreicherungsverfahren als Brennstoff nutzen. Sieben weitere Atomkraftwerde sind aktuell geplant oder befinden sich bereits im Bau – die meisten davon auf Grundlage bilateraler Nuklearabkommen mit Frankreich, den USA und Russland. Bei diesen handelt es sich um Leichtwasserreaktoren, die nur mit angereichertem Uran betrieben werden können.

Gorakhpur – eine verlorene Schlacht

Um fünf Uhr morgens, bevor die Straßen Neu-Delhis völlig verstopft sind, breche ich mit Kumar Sundaram ins 200 Kilometer entfernte Gorakhpur im benachbarten Bundesstaat Haryana auf. Vier mit Urandioxid betriebene Schwerwasser-Druckreaktoren mit einer Gesamtleistung von 2.800 Megawatt will die indische Regierung hier mit Hilfe von einheimischen Konzernen errichten. Dafür sollen drei Dörfer verschwinden und etwa 40.000 Menschen umgesiedelt werden. Das Land ist fruchtbar und die Bauern sind vergleichsweise wohlhabend. Als sie 2009 von den Plänen der Regierung erfuhren, waren sie die ersten, die protestierten. Sie hielten eine Dauermahnwache vor dem Gebäude der Bezirksverwaltung ab und weigerten sich zunächst, ihr Land zu verkaufen. Als dann im Sommer 2012 die Anhörung zum Umweltverträglichkeitsgutachten der Regierung stattfand, eskalierte die Situation.

»Zusammen mit unabhängigen Experten und Umweltaktivisten war ich auf der Anhörung zum Umweltgutachten der Regierung in Gorakhpur«, erzählt Sundaram. »Wir haben jede Behauptung der Amtsleute infrage gestellt, und sie haben immer wieder darauf bestanden, dass alles ganz sicher sei.« Die Dorfbewohner hätten alles aufmerksam mitverfolgt. Anstatt jedoch Rede und Antwort zu stehen, hätten die Regierungsleute schließlich einen Arzt aus dem Dorf präsentiert. Als Mediziner könne er allen versichern, dass dieses Atomkraftwerk sicher sei. »Diese Inszenierung war den Leuten zu viel und sie fingen an, Parolen zu rufen.« 8.000-9.000 Bauern waren da, alle aus der unmittelbaren Umgebung. Die schiere Menge und Lautstärke hat die Beamten dann dazu gebracht, die Anhörung nach nur einer halben Stunde abzubrechen. »Anschließend behaupteten sie in ihrem Bericht, das Treffen sei ein großer Erfolg gewesen, und sie hätten alle Fragen zur Zufriedenheit der Teilnehmer beantworten können, alle Bedenken seien ausgeräumt«, empört sich Sundaram. »Am nächsten Tag kamen Verwaltungsbeamte in Begleitung mehrerer Polizeieinheiten und verkündeten, dass die Bauern nun die Kompensationszahlungen für ihre Äcker abholen könnten. Sie behaupteten, dass all das nach Recht und Gesetz geschehe und im öffentlichen Interesse sei.« Die Polizei blieb noch mehrere Tage und umstellte Gorakhpur und zwei angrenzende Dörfer. Denn es war klar, dass es Proteste geben würde.

»Wir Frauen standen ganz vorne, wir hatten uns Knüppel, Hacken, Spaten und Forken geschnappt, alles was wir kriegen konnten. Wir standen vor der Polizeikette. Dann haben sie sich zurückgezogen.« Das erzählt mir Subesh Kumari, eine Bäuerin aus Gorakhpur voller Stolz. Sie hat gekämpft wie so viele andere. Aber die Beamten waren nur außer Sichtweite. Tatsächlich blieben die Siedlungen in Gorakhpur für knapp eine Woche hermetisch abgeriegelt. Die Frauen habe man vorgeschickt, erzählt man mir, um den Polizeibeamten in aller Öffentlichkeit den Einsatz brutaler Gewalt zu erschweren.

Subesh Kumari ist die Schwiegertochter von Manghal Singh. Die Großfamilie - zehn Erwachsene und mehr als doppelt so viele Kinder - teilt sich sieben Hektar Ackerland mit weiteren drei Großfamilien der Brüder von Manghal Singh. Sie bauen Mais, Weizen, Baumwolle, Zuckerrohr, Reis und Viehfutter an. »Wir leben hier seit vielen Generationen. Früher hatten wir nur Lehmhäuser, aber weil wir so viel gearbeitet haben, konnten wir uns dieses große Haus bauen«, erzählt der 62-jährige Manghal Singh.

Das Steinhaus mit Garage und Scheune fällt neben den meisten, eher bescheidenen Nachbargehöften, auf. Manghal Singh führt mich in die Scheune: Sie ist bis zur Decke mit frisch geernteter Baumwolle gefüllt. Es ist die vorletzte Ernte, nach der nächsten soll der Bau des Atomkraftwerkes beginnen.

Der hagere, von der schweren Arbeit gezeichnete Mann ist aufgewühlt und sein Sohn hilft ihm, wenn er nicht mehr weiter weiß.

»Ursprünglich wollten wir das Land behalten – egal, welche Summe uns die Regierung anbieten würde. Aber dann fingen einige an, ihr Land zu verkaufen. Viele standen unter Druck. Zuerst verkauften einige Bauern ihr Ödland. Dann veräußerten verschuldete Bauern auch gutes Ackerland. Bankangestellte sind zu ihnen gefahren und haben sie regelrecht erpresst: Wenn ihr eure Schulden nicht bezahlt, wird das Land einfach konfisziert.« Dann kommt die Stimme von Manghal Singh ins Stocken. »Immer mehr von uns haben dann verkauft, denn niemand wollte der Letzte sein, der dann vielleicht ohne Kompensation enteignet wird. Aber einige Bauern geben ihr Land noch immer nicht auf.«

Aber nur 18 der insgesamt 600 Hektar Land sind noch nicht verkauft. Manghal Singh beteuert, dass auch er nicht verkaufen wollte – doch seine drei Brüder, mit denen er das Land teilt, haben ihn überstimmt. Doch sie seien betrogen worden, sagt Manghal Singh. Statt der ursprünglich versprochenen Summe von umgerechnet 140.000 Euro pro Hektar haben sie nur 80.000 erhalten. Das ist für indische Verhältnisse immer noch eine beachtliche Summe, die allerdings durch die Anzahl der Mitglieder einer indischen Großfamilie dividiert werden muss. Und das können leicht vierzig oder mehr Personen sein. Die vielen landlosen Arbeiter, die aus Gorakhpur vertrieben wurden und werden, erhalten im Gegensatz zu den Bauern überhaupt keine Entschädigung. Aber Subesh Kumari fürchtet sich trotz der versprochenen Abfindung vor dem sozialen Abstieg: »Land ist doch das einzige, was wir haben. Wenn wir es verlieren, dann haben wir nichts mehr, um uns selbst zu versorgen. Dann sind wir irgendwann gezwungen, Tagelöhner zu werden.«

Bei unserer Abfahrt aus Gorakhpur erzählt mir Kumar Sundaram, dass in Haryana die erste Schlacht verloren sei. Land ist ein knappes Gut im dichtbesiedelten Indien, und der Widerstand gegen die Landnahme ist immer der erste Schritt, mit dem die Anti-AKW-Aktivisten versuchen, den Bau eines Atommeilers zu verhindern. Nachdem fast alle Bauern verkauft haben, gehe es vor allem darum, die Bevölkerung in den angrenzenden Regionen noch besser zu mobilisieren und über die Gefahren der Atomtechnik aufzuklären.

Wir sind unterwegs in die wenige Kilometer entfernte Stadt Fatehabad. Hier lebt Subash Punia, auch ein Bauer, der von Anfang an gegen das AKW gekämpft hat. Die Ereignisse in Gorakhpur hat er aufmerksam verfolgt:

»Etwa zehn Prozent der Dorfbewohner, viele von ihnen aus Bauernfamilien, arbeiten als Staatsbedienstete in den nahegelegenen Städten. Als ihre Familien sich weigerten, das Land zu verkaufen, wurde ihnen gedroht, sie vom Dienst zu suspendieren oder sie in eine entlegene Region weit weg von hier zu versetzen.« So sei Druck aufgebaut worden. »Einige höhere Beamte haben mir erzählt«, fährt Punia fort, »dass sie manchmal in Gesprächen einfach behauptet haben, bestimmte Bauern hätten die Kompensationszahlung längst akzeptiert. Wenn die Gesprächspartner das glaubten, beschlich sie natürlich sofort der Gedanke: Wenn wir jetzt nicht auch akzeptieren, gehen wir möglicherweise leer aus.«

An einer kleinen Brücke über den Bhakra Kanal machen wir Rast. Die Ufer sind gesäumt von Feldern und saftig-grünen Kuhweiden. Der Bhakra Kanal speist sich aus dem angestauten Wasser der gleichnamigen Talsperre am Fuße des Himalaya und ist das Wasserreservoir der Region, auch für die Bewässerung der vielen tausend Hektar Ackerland. In wenigen Jahren soll das Wasser des Kanals die ersten zwei Reaktoren des Atomkraftwerks kühlen.

»Wir wissen, dass Atomkraftwerke gefährliche Radioaktivität ausstrahlen. Und das Kühlungswasser, das anschließend wieder in den Kanal zurückgepumpt wird, führt zu einer Erwärmung des Kanalwassers und ist auch radioaktiv«, sagt Punia. »In einer solch dicht besiedelten Region wie der unseren können wir das einfach nicht zulassen.«

»Indische Atomkraftwerke sind sicher«

Indiens Premierminister Manmohan Singh wollte die Öffentlichkeit beruhigen. »In unseren Reaktoren gab es noch nie einen Zwischenfall!«, gab er sich bei öffentlichen Auftritten von der Sicherheit des indischen Atomprogramms überzeugt. »Nach Fukushima habe ich eine Prüfung aller Reaktoren angeordnet, und die Ergebnisse können alle auf der Internetseite unseres Atomkonzerns NPCIL nachlesen«, beteuerte Singh nach dem Atomunglück in Japan im indischen Unterhaus, und fügt hinzu: »Unsere Sicherheitsmaßnahmen sind ein offenes Buch.«

A. Gopalakrishnan sieht das ganz anders. Dabei gehört auch er zum »nuklearen Establishment« in Indien. Er promovierte Ende der 1960er Jahre in Berkeley, Kalifornien, über Kernenergietechnik und arbeitete anschließend für mehrere US-amerikanische Nuklearinstitute und die US-Atomenergiekommission. Nach seiner Rückkehr wurde er Direktor der indischen Atomregulierungsbehörde. Gopalakrishnan berichtet von schweren Unfällen, die sich in indischen Atomkraftwerken ereignet haben, unter anderem in Narora, das nur 130 Kilometer von Neu-Delhi entfernt liegt. Beinahe wäre es dort 1993 zur Kernschmelze gekommen. »Dann hätten mehrere zehntausend Menschen evakuiert werden müssen«, sagt Gopalakrishnan. Es gebe zwar entsprechende Pläne, aber »bei dem Zustand unserer Straßen und Eisenbahnen, wäre das auch heute noch ein schwieriges Unterfangen«.

Das war nicht der einzige, wohl aber der bisher gefährlichste Unfall in einem indischen Atomkraftwerk. Greenpeace zählt 16 Unfälle auf, bei denen schweres Wasser in die Umwelt gelangte oder es zu Bränden kam und Arbeiter verseucht wurden. Die Umweltorganisation geht zudem von einer großen Dunkelziffer aus.

Die Atomwirtschaft in Indien ist alles andere als ein »offenes Buch«, wie der indische Premierminister behauptet. Sie unterliegt größter Geheimhaltung. Und wer Probleme mit dem indischen Atomprogramm aufdeckt, schadet seiner Karriere. Kein Wunder, dass Gopalakrishnan als Vorsitzender der Atomaufsichtsbehörde 1996 nicht wie seine Vorgänger eine zweite Amtszeit zugebilligt bekam. Zu beharrlich hatte er darauf bestanden, die Sicherheitsmängel in indischen Atomanlagen zu beheben und die Studien dazu öffentlich zu machen. Bis heute habe sich an der undurchsichtigen Verwaltungsstruktur der staatlichen Atomwirtschaft nichts geändert, so der Atom-Fachmann.

Und auch die Frage der Endlagerung ist – wie überall auf der Welt – noch nicht geklärt. Der indische Brennstoffkreislauf produziert bisher zwar kleine Mengen, dafür aber hochradioaktiven Müll, der endgelagert werden muss. »Wenn wir innerhalb von zwanzig Jahren 40.000 Megawatt Atomstrom produzieren, gibt es auch mehr radioaktiven Müll«, bemerkt Gopalakrishnan. »Dann müssen wir uns deutlich mehr anstrengen und die Entwicklung unserer Müllentsorgung beschleunigen.«

Atomunfall: Wer bezahlt?

Gopalakrishnan sieht die indische Öffentlichkeit betrogen. Denn das Nuklearabkommen mit den USA sollte Indien mit Hilfe westlicher Technologie zu einer eigenen Atomindustrie verhelfen. Singh habe dem indischen Parlament versprochen, dass nach dem Deal mit den USA die Beschränkungen für den Bau moderner Wiederaufbereitungs- und Anreicherungsanlagen aufgehoben würden. Aber genau das wird nicht passieren. 2011 verabschiedete die Nuclear Suppliers Group (NSG),[57] die Gruppe der Kernmaterial- Lieferländer, ein neues Regelwerk, das den Export dieser Technologien an Länder verbietet, die keine Mitglieder der Gruppe sind. Ihr Argument: Mit dem Anreicherungsverfahren könnte auch kernwaffenfähiges Plutonium produziert werden.

Trotzdem drängten westliche Konzerne Indien, ihre Reaktoren zu kaufen, sagt Gopalakrishnan und nennt den französischen Staatskonzern Areva sowie Westinghouse und General Electric aus den USA. »Sie setzen ihre Hoffnung auf eine freundliche Regierung in Neu-Delhi und auf den indischen Markt.« Die in der NSG zusammengeschlossenen Lieferländer kalkulierten wie folgt, erklärt der Atomexperte: »Wenn wir Indien die Wiederaufbereitungs- und Anreicherungstechnologien verweigern, müssen sie zu uns kommen. Wir verkaufen ihnen unsere Leichtwasserreaktoren, die nur mit angereicherten Brennelementen funktionieren. Für deren gesamte Laufzeit muss Indien also die Kernbrennstoffe von diesen Konzernen kaufen.« Das sind konstante Milliardeneinnahmen über viele Jahrzehnte.

Aber da sind noch kleinere Hürden, die es zu überwinden gilt – zum Beispiel Haftungsfragen. Normalerweise ist das Atomgeschäft aufgeteilt: Es gibt die Betreiber – in der Regel staatliche Unternehmen – in Indien die Nuclear Power Coorporation of India Ltd. (NPCIL), und die Hersteller bzw. Ausrüster, Konzerne wie AREVA, Westinghouse, General Electric oder Rosatom. International durchgesetzt hat sich das Prinzip einer hundertprozentigen Haftung der Betreiber. Bevor die Hersteller Verträge über AKW abschließen, insistieren sie auf gleichlautende rechtliche Garantien.

In Indien verhandelte das Parlament ein solches Gesetz ausgerechnet rund um den Jahrestag des weltweit größen Chemieunfalls in Bhopal, der sich auf dem Subkontinent ins kollektive Gedächtnis gebrannt hat. Nachdem es in der schlecht gewarteten Pestizidfabrik des US-Konzerns Union Carbide im Dezember 1974 zu einer Explosion kam, die eine Giftgaswolke freisetzte, die Haut, Schleimhäute und innere Organe der Opfer verätzte, starben etwa 15.000 Menschen, 100.000 wurden verletzt und leiden zum Teil bis heute darunter. Mangelnde Haftungsregeln haben verhindert, dass die Opfer und ihre Hinterbliebenen angemessen entschädigt wurden. Auch das verseuchte Gelände ist bis heute nicht saniert worden.

Das indische Gesetz zur AKW-Haftung von 2010 sieht nun einige Regelungen vor, die nicht den internationalen Gepflogenheiten entsprechen. Der Betreiber kann den Hersteller in Regress nehmen, wenn der Schaden durch

57 46 Staaten, darunter Australien, Deutschland, Frankreich, Großbritannien, Japan, Kanada und die USA

fehlerhafte Technik innerhalb der ersten zehn Betriebsjahre entstanden ist. Allerdings liegt die Obergrenze der Haftung bei bescheidenen 250 Millionen Dollar, weniger als ein Reaktor kostet – geschweige denn die Folgen eines Atomunfalls.

Selbst diese schwachen Regressansprüche gehen den Atomkonzernen zu weit. »Das indische Gesetz ist ein Präzedenzfall, der das System der internationalen Haftung unterminieren könnte, das die westlichen Regierungen so sorgfältig gestrickt haben, um die Interessen ihrer Konzerne zu schützen«, analysieren die indischen Atomexperten M.V. Ramana und Suvrat Raju.[58] Vor seinem Besuch im September 2013 in den USA hatte der indische Premier den Generalstaatsanwalt deshalb um eine rechtliche Meinung ersucht: Könnte der indische Betreiber NPCIL nicht von seinem Recht absehen, den Hersteller zu verklagen – zum Beispiel indem er schriftlich im Vertrag festlegt, auf den Regress zu verzichten?[59] Offenbar ist eine Lösung gefunden worden: Obama und Singh begrüßten jedenfalls in einer gemeinsamen Erklärung, dass Westinghouse und die NPCIL einen Vorvertrag über eine Atomanlage mit sechs Reaktoren in Mithi Virdi, Bundesstaat Gujarat, abgeschlossen haben.[60]

Jaitapur: Das größte AKW der Welt

Frühmorgens, es fängt gerade an zu dämmern, komme ich nach einer Nachtfahrt an der Westküste Indiens, im Fischerort Sakhri Nate an. Hinunter ins Dorf führt ein staubiger Weg, von dem aus die von saftig-grün bewachsenen Hängen umrahmte Bucht zu sehen ist. Laut hallt der Morgenruf des Muezzins durch die Bucht. Kleine und etwas größere Fischerboote schaukeln sanft auf dem Wasser. Der idyllische Eindruck an der Konkan-Küste im Bundesstaat Maharasthra, Distrikt Ratnagiri, täuscht: Das 10.000 Einwohner Dorf grenzt an ein Sperrgebiet. Dort liegt das Dorf Jaitapur. Sämtliche Zufahrtsstraßen dorthin sind von Polizeiposten bewacht, für Auswärtige gibt es kein Durchkommen. Hier soll das größte Atomkraftwerk der Welt entstehen.

Die Region zwischen der Wirtschaftsmetropole Mumbai und dem Hippieparadies Goa ist bekannt für ihren Artenreichtum in der Pflanzen- und Tierwelt. Allein 325 gefährdete Spezies, die auf der roten Liste der weltweit gefährdeten Arten stehen, sind hier beheimatet. Genau in diesem Gebiet will der französische Atomkonzern Areva für den indischen Staatskonzern NPCIL sechs Leichtwasserreaktoren des Typs EPR mit einer Leistung von insgesamt 10.000 MW bauen. Das Gelände befindet sich zudem in einer seismologisch kritischen Zone. Seit 1985 erschütterten mehrere Dutzend Erdbeben unterschiedlicher Stärke die Region. 1993, bei einem Erdbeben der Stärke 6,3 kamen 9.000 Menschen ums Leben, 2009 stürzte, durch ein Beben verursacht, eine Brücke ein.

Sakhri Nate ist der größte Ort in der Nachbarschaft des geplanten Atomkraftwerks. In der Teebude am Dorfplatz hängen Anschläge, auf denen in der Regionalsprache Marathi und mit abschreckenden Bildern von mutierten Säuglingen die schlimmsten Auswirkungen der Atomstrahlung dokumentiert sind. Der Wirt trägt ein gelbes T-Shirt, auf dem Rücken das Warnzeichen für Radioaktivität, eingearbeitet eine geballte Faust. Auf der Vorderseite steht auf Englisch: »Nie mehr Tschernobyl, nie mehr Fukushima – gebt Jaitapur auf.«

Amjad Borkar lebt in Sakhri Nate, er ist Präsident der Fischervereinigung. »Das ganze Dorf ist gegen dieses Kraftwerk«, erzählt er bei unserem Hafenrundgang. Am Rand des Weges sitzen Frauen, die den frischen Fang in Salz einlegen. Die Meerestiere und Fische aus Sakhri Nate werden im ganzen Bundesstaat Maharasthra verkauft. Das gesamte Dorf lebt vom Fischfang.

400 Fischerboote, die meisten motorisiert, stechen jeden Tag auf See.

Die Folgen, die der Betrieb des Atomkraftwerkes auf die Lebensgrundlage der Einwohner haben wird, blieben in der Umweltverträglichkeitsprüfung unberücksichtigt. Greenpeace weist darauf hin, dass der Bericht zahlreiche Lücken enthält: Es gibt keinen Plan zur Stillegung der Reaktoren, der Umgang mit dem enstehenden Atommüll ist nicht geklärt, der Bericht bringt nicht die Radioaktivität, die beim Normalbetrieb oder bei einem Unfall austreten kann, zur Sprache – ebensowenig deren Auswirkungen auf die Ökosysteme.

»Im Umweltverträglichkeitsbericht stand geschrieben, dass sie ungeheuer viel Meereswasser brauchen, um die Reaktoren zu kühlen: Täglich 52 Milliarden Liter«, sagt Borkar. Anschließend, um fünf bis zehn Grad wärmer, werde es wieder zurückgeleitet. »Das wird das Meeresleben stark beeinflussen«, davon ist der Präsident der Fischervereinigung überzeugt.

58 »The Impasse Over Liability Clause in Indo-U.S. Nuclear Deal«. New York Times 15.10.2013

59 Ebd.

60 »US-India joint statement«. Weißes Haus 27.9.2013

61 »Jaitapur critics have foreign help«. Times of India 23.1.2011

Amjad Borkar zeigt mir die Werft, auf der die Boote der Fischer seit Jahrhunderten auf dieselbe traditionelle Weise gebaut werden. Knapp ein Jahr brauchen die Zimmermänner für ein 17 Meter langes Schiff, das sie mit Holzplanken, Teer und Nägeln zusammenbauen. Der Fischerpräsident kommt ins Schwärmen: In nur zwei Stunden könnten zehn bis fünfzehn Tonnen Fisch gefangen werden. Hier gäbe es die besten Fischgründe Indiens. Das Atomkraftwerk im nahen Jaitapur würde das Ende der Fischerei in Sakhri Nate einläuten, befürchtet Amjad Borkar. Er ist wütend. »Eine wachsende Mehrheit der Bevölkerung in den USA und Europa ist gegen Atomkraftwerke«, weiß Borkar, »das ist der Grund, warum sie diese Technologie nach Indien und China verkaufen.«

Die Ereignisse des 18. April 2011 bildeten bisher den traurigen Höhepunkt im Konflikt zwischen dem indischen Staat und den Atomkraftgegnern in Sakhri Nate. Nachdem die Polizei versucht hatte, eine Anti-AKW-Demonstration zu verhindern und massenweise Demonstranten festnahm, kam es zu Auseinandersetzungen. Dorfbewohner wurden durch Schüsse teils schwer verletzt, darunter viele Jugendliche. Der 27-jährige Tabrez Sayekar wurde von drei Polizeikugeln getötet.

»Als mein Sohn hörte, dass die Polizei einige Häuser in unserem Dorf gestürmt hat und die Frauen schlug, ist er zusammen mit ein paar anderen Jungen dorthin, wie so viele aus dem Dorf«, berichtet sein Vater Latif Sayekar, der auf dem Boden sitzt und eine dunkle Sonnenbrille trägt. »Wie alle aus dem Dorf war er gegen das Atomkraftwerk«.

Das einfache Haus seiner Familie steht in einer eng bebauten, ärmlich anmutenden Siedlung in Sakhri Nate. Hier leben die Tagelöhner, die auf den Booten der Fischer arbeiten. In der Ecke des Raumes sitzt schweigend und niedergeschlagen seine Schwiegertochter. Kurz nach dem Tod ihres Mannes schrieb sie an den Ministerpräsident (Chefminister) von Maharasthra, Prithiviraj Chavan von der Kongress-Partei. Sie forderte juristische Ermittlungen und eine Bestrafung der Täter. Aber das ist nicht passiert. Latif Sayekar, der Vater, musste schon 2007 aufhören zu arbeiten, er litt unter einer Augenkrankheit. Sein Sohn wurde zum Ernährer der Familie. »Jetzt sind wir nur noch zu dritt, meine Schwiegertochter, meine Frau und ich. Wer sorgt sich jetzt um uns, wie sollen wir uns ernähren?«

Wer sich um die Bewohner des muslimischen Fischerdorfes kümmert, so empfinden das zumindest viele Bewohner in Sakhri Nate, ist ausgerechnet die traditionell anti-muslimische Regionalpartei Shiv Sena, deren Mitglieder überzeugte Hindu-Nationalisten sind und in der Vergangenheit immer wieder an Hetzjagden und Übergriffen – bis hin zum Mord an Muslimen – beteiligt waren.

Die Mehrheit, zwölf Mitglieder, des Gram Panchayat, des Dorfrates, sind mittlerweile von der Shiv Shena. Bei den Wahlen zum indischen Unterhaus 2009 hatten noch mehr als 80 Prozent der Dorfbewohner die Kongress-Partei gewählt. »Vierzig Jahre lang war ich immer für die Kongress-Partei«, erklärt Majid Golwalkar. Der gläubige Muslim wählt nicht nur die Hindunationalisten, er ist sogar zum Mitglied geworden. Abgewendet hat er sich von der Kongress-Partei, als Industrieminister Narayan Rane am 4. Februar 2011 – begleitet von unzähligen Body-Guards – nach Sakhri Nate kam, um die Bewohner aufzufordern, der Entwicklung der Region nicht im Wege zu stehen und ihre Opposition aufzugeben. Der Führer der Shiv Sena kam hingegen, um den Protest der Bewohner zu unterstützen. Ein Abgeordneter der Partei in der gesetzgebenden Versammlung Maharashtras ist bei Protesten sogar von der Polizei festgenommen worden. Mit solchen Aktionen hat die Shiv Sena die Sympahtie der Dorfbewohner gewonnen. »Jede Partei, die das Nuklarprojekt ablehnt und unsere Agitation unterstützt, ist unsere Partei – ob es sich nun um Shiv Sena handelt oder eine andere«, erklärt mir Majid Golwalkar. Er hat ein sehr pragmatisches Verhältnis zur Parteipolitik. Sollte die Shiv Sena an die Macht kommen und dann doch die Atomkraftwerke bauen lassen, »werden wir sie ganz schnell wieder verlassen«.

Kritik unerwünscht

Polizeiliche Repression beschränkt sich nicht auf Jaitapur und die unmittelbar angrenzenden Dörfer im Distrikt Ratnagiri. Auch Vaishali Patil aus dem Nachbardistrikt Raigarh hat die Willkür der Staatsmacht zu spüren bekommen. Sie ist eine prominente Sprecherin der Bewegung gegen das Atomkraftwerk in Jaitapur und steht deshalb immer wieder unter Hausarrest und Polizeibeobachtung. »Tag und Nacht saßen die Leute vor dem Fernseher und sahen sich die Katastrophe von Fukushima an«, beschreibt Patil die Entstehung der Anti-AKW-Bewegung in Jaitapur. »Sie dachten, jetzt werde die Regierung ihr Atomprogramm überdenken, sie schrieben ein Memorandum, sammelten viele tausend Unterschriften und übergaben sie dem Premierminister.« Aber passiert ist nichts. »Die Regierung will dieses Atomkraftwerk mit allen Mitteln bauen«, sagt Patil.

Vaishali Patil steht in der Küche ihrer Dreizimmerwohnung und kocht das Mittagessen für ihre schulpflichtige Tochter. Ihr fallen unzählige Aktionen des Protests und zivilen Ungehorsams ein, mit denen Atomkraftgegner sich Gehör verschaffen wollten und die nur auf taube Ohren der offiziellen Stellen gestoßen sind.

Als die Bundesstaatsregierung insistierte, dass im Schulunterricht Lehrer für die Sicherheit des Atomkraftwerkes werben, kam es zu einem Streik an mehr als neunzig Schulen. Zwanzig Dorfräte sind ungeachtet ihrer Parteizugehörigkeit zurückgetreten, weil sie ihre verfassungsgemäßen Aufgaben nicht mehr erfüllen konnten. Denn eigentlich haben sie das Recht, bei der Verwendung ihrer lokalen Ressourcen und den Planungen in ihren Dörfern mitzuwirken.

Offen drohte der Industrieminister im Bundesstaat Maharashtra, Narayan Rane, im Vorfeld einer angekündigten Demonstration vor dem Baugelände den Teilnehmerinnen und Teilnehmern: »Einige Leue wollen nicht, dass sich die Region weiter entwickelt. Diejenigen, die gegen das Projekt sind, werden möglicherweise nicht mehr in der Lage sein, nach Hause zurückzukehren. Das gilt für diese dubiosen linken Umweltschützer, die die Köpfe der lokalen Bevölkerung im Interesse ausländischer Mächte mit ihren Ideen vergiften.«[61]

Rane hat eine illustre politische Karriere hinter sich. Als junger Mann war er bereits Führungskader der hindunationalistischen Regionalpartei Shiv Sena und hatte Ende der 90er Jahre sogar das Amt des Chiefministers in Maharastra inne. Nach einem persönlichen Zerwürfniss mit einflussreichen Parteikadern wurde er ausgeschlossen und ist heute Mitglied der Kongress-Partei, die Indien gerne als »Größte Demokratie der Welt« bezeichnet.

Beim Thema Atomkraft lässt der indische Staat alle demokratischen Spielregeln außer Acht. Das bekam auch Vaishali Patil zu spüren. Zusammen mit mehr als 100 Wissenschaftlern, Schriftstellern, Richtern und einem Admiral wurde sie eingesperrt, als sie sich im April 2011 auf einem friedlichen Protestmarsch nach Jaitapur befanden.

Als am 18. April 2011 Tabrez Sayekar erschossen wurde, hatte sich schon viel Wut bei der Bevölkerung in Sakhri Nate aufgestaut, erzählt Vaishali Patil. Ja, es sei wahr: Die Leute hätten die Polizeiwache angezündet, ebenso einen Polizeibus. Sie hätten Kabel herausgerissen und Computer zerstört. »Aber das war eine Antwort auf die staatlichen Schikanen. Sie haben uns verboten, uns zu versammeln, wir durften nicht friedlich demonstrieren, die Anführer der Bewegung durften nicht nach Jaitapur kommen.« Außerdem habe der Staat Atomkraftgegner mit Klagen überhäuft, die auf falschen Anschuldigungen beruhten. »Als dann einer unserer Aktivisten erschossen wurde, ist die angestaute Wut ausgebrochen.« Seitdem residiert die Polizei außerhalb des Dorfes, in einem eigens befestigten Gebäude. Und dem Polizeichef wurde die Privatwohnung in Sakhri Nate nach dem Tod von Tabrez Sayekar umgehend gekündigt.

Nicht nur Jaitapur ist faktisch Sperrgebiet. Behörden erklären ganze Regionen dazu. Auch Koodankulam und die umliegenden Dörfer im Bundesstaat Tamil Nadu dürfen nur noch von Anwohnern betreten werden. Dort sind nach zwei Jahren heftigen Widerstandes im Juli 2013 zwei Reaktoren des russischen Atomkonzerns Rosatom ans Netz gegangen. Auch dort werden prominente Atomkraftgegner überwacht und abgehört. Der Anführer der Bewegung gegen das bereits gebaute Atomkraftwerk in Kudankulam wurde unter Dauerarrest gestellt und mehreren hundert jungen Männern die Pässe weggenommen, die sie für ihre Einreise zur Arbeit in die Golfstaaten brauchen. Mehr als 50.000 Atomkraftgegner sind wegen angeblich »aufrührerischer Aktivitäten« angeklagt, für die in Indien lebenslange Haftstrafen verhängt werden können.

Auch gegenüber kritischen Stimmen aus dem Ausland legt die indische Regierung ein äußerst autoritäres Verhalten an den Tag. Sie verweigerte einer Atomkraftgegnerin aus Fukushima, die auf mehreren Veranstaltungen in Indien zur Situation in Japan referrieren wollte, die Einreise. Die Behörden verwiesen einen deutschen Touristen des Landes, der Kontakt zur Anti-Atom-Bewegung in Tamil Nadu aufgenommen hatte. Den US-Geophysiker und Seismologen Roger Bilham, der in »Current Science«, einem indischen Wissenschaftsmagazin, die Erdbebengefahr in Jaitapur problematisiert hatte, schickten Beamte bei seiner Ankunft in Neu-Delhi trotz eines gültigen Visums wieder zurück. »Die indische Regierung hat sich entschieden, mir künftig die Einreise zu verweigern. Das ist keine Visa-Angelegenheit, sondern eine Angelegenheit von »schwarzen Listen«, beschwert sich Bilham. »Das US-Außenministerium«, so Bilham weiter, »wurde zweimal darüber informiert, dass ich auf einer Liste unerwünschter Ausländer stehe. Auf dieser Liste stehen Terroristen, Journalisten und ein weiterer Wissenschaftler, der sich mit der Unsicherheit elektronischer Wahlsysteme in Indien befasst hatte.«[62]

62 »Blacklisting, not visa violations, led to my deportation: U.S. geophysicist«. The Hindu 12.12.2012

Außerdem hat das Innenministerium Konten von mehr als 4.000 Nichtregierungsorganisationen, die Gelder aus dem Ausland erhalten, eingefroren. Viele der betroffenen Organisationen hatten sich kritisch zur Atomkraft geäußert.

Der Organisation von Vaishali Patil, Ancor Trust, die Gelder von Oxfam erhielt, wurde auch die Lizenz entzogen, und sie wurde auch einmal von einer gedungenen Schlägerbande angegriffen. Ihre beiden Töchter, sagt Vaishali Patil, hat die staatliche Repression und die massive Polizeipräsenz vor der eigenen Haustür oft geängstigt. Gebrochen ist Patils Widerstand deswegen nicht. Sie macht weiter. Notfalls tarnt sich die hinduistisch erzogene Mittvierzigerin mit einer muslimischen Burka, um unerkannt nach Sakhri Nate zu kommen. Besonderen Mut machen ihr die 2.300 Bauern in Jaitapur. »Es ist das erste Mal in der Geschichte Indiens, dass mehr als 90 Prozent der Bauern, die bereits zwangsenteignet wurden, sich weigern, die Kompensationszahlungen anzunehmen. Das Geld liegt seit mehr als sieben Jahren in den Tresoren der Regierung.«

Einer dieser Bauern war Praveen Gavankar, ein Mango-Farmer aus Jaitapur. Auf einer Kundgebung der neuen Aam Aadmi Partei (AAP), der »Partei der einfachen Leute«, die aus der Anti-Korruptionsbewegung hervorgegangen ist, hatte er Anfang Dezember 2012 einen großen Auftritt. Die Partei hatte gemeinsam mit den sozialen Bewegungen aus Maharasthra, die sich gegen die Vertreibung von Bauern, Fischern und Ureinwohnern durch industrielle Großprojekte zur Wehr setzen – dazu gehört auch das geplante Atomkraftwerk in Jaitapur – in die Provinzstadt Roha mobilisiert.

Shanhaz Hindustani von der Kampagne »Indien gegen Korruption« elektrisierte die vielen tausend Teilnehmer mit seinem Sprechgesang gegen die Regierung von Manmohan Singh und gegen den Ausverkauf Indiens. »Wofür haben denn unsere Vorfahren gekämpft?«, erinnerte er die Kundgebungsteilnehmer an das Vermächtnis der indischen Unabhängigkeit.

Rund um den Kundgebungsort hingen Anti-AKW-Plakate und solche, auf denen sich die Aam Aadmi Partei als die »erste grüne Partei Indiens« bezeichnet. Tatsächlich ist sie die einzige Partei, die Atomkraft aus grundsätzlichen Erwägungen ablehnt. Auch aus Jaitapur waren die Leute mit Bussen angereist, und überall sah man gelbe T-Shirts mit dem Logo der Bewegung.

Praveen Gawankar weigerte sich, sein Land zu verkaufen, obwohl er pro Hektar umgerechnet 40.000 Euro erhalten würde. Als der hagere, von Krankheit gezeichnete Mann ans Mikrofon trat, nahm er noch einmal all seine Kräfte zusammen. Er schimpfte auf die Regierung, die mit Hilfe eines Gesetzes, das noch aus der Kolonialzeit stammt, die Bauern enteignen wolle. Und er sprach auch für die Fischer in Sakhri Nate, mit denen er gemeinsam gegen das Atomkraftwerk kämpfe. Gawankar hatte die Behandlung seines Lungenkrebses in Mumbai unterbrochen, um zur Kundgebung zu kommen. »Ich habe Krebs und weiß nicht, wie lange ich noch leben werde«, rief er ins Mikrofon, »aber so lange ich kann, werde ich dafür kämpfen, dass Jaitapur nie ans Netz geht!«

Ein Jahr später, am 5.Dezember 2013, erlag der 60-jährige Gawankar seiner schweren Erkrankung. Nach einem Treffen mit Industrieminister Narayan Rane hatte er sich im Spätsommer schließlich doch noch entschieden, die 52 Hektar Land seiner Familie für eine Entschädigungssumme von umgerechnet 1,5 Millionen Euro abzugeben, auf die immerhin 32 Familienmitglieder Anspruch erheben. Doch auch später beteuerte er immer wieder, dass er noch gegen das AKW sei. »Sein Tod macht uns traurig, doch wir bleiben dabei: Es war falsch, was er gemacht hat – er führte unseren Protest an, hat ihn wirklich groß gemacht – und dann steigt er plötzlich aus«, so einer seiner enttäuschten Mitstreiter aus der Anti-AKW-Bewegung.[63] Einige Bauern sind Praveen Gawankar gefolgt – aber längst nicht alle. Mehr als tausend Familien weigern sich immer noch, die Kompensationszahlung zu akzeptieren.[64]

Im nördlich gelegenen Bundesstaat Gujarat scheint sich die Geschichte von Jaitapur zu wiederholen. Die US-Firma Westinghouse will in Mithivirdi mit dem indischen Staatskonzern NPCIL auf 777 Hektar Land sechs Reaktoren mit einer Gesamtleistung von 6.000 MW errichten. Fünf Dörfer sollen dafür vom Erdboden verschwinden. Als eine Firma im Auftrag der NPCIL Probebohrungen auf dem Gelände durchführen wollte, wurden sie von 5.000 AKW-Gegnern aus den umliegenden Ortschaften daran gehindert. Sie versuchen, sämtliche Vorarbeiten wie die Boden- und Wassertests bis hin zu statistischen Erhebungen über die Landwirtschaft in der Region zu stoppen. Die Behörden haben die Landenteignung genehmigt – allerdings muss sie noch durchgeführt werden. Und alle 340 Bauernfamilien haben eine eidesstattliche Erklärung abgegeben, dass sie ihr Land nicht abgeben wollen.[65]

63 »Man who once led stir against Jaitapur n-project dies of cancer«. The Indian Express 5.12.2013

64 »Talks with Areva on Jaitapur hits hurdle«. The Hindu 24.11.2013

65 »Gujarat n-plant runs into land acquisition hurdle«. The Indian Express 21.8.2012

Deutsche Bürgschaften

Ob konservativ oder »sozialistisch«, die französischen Staatspräsidenten beteuern bei jedem Indien-Besuch, dass das AKW in Jaitapur gebaut werden soll. Die deutsche Regierung äußert sich zurückhaltender. Dabei ist klar, dass auch sie sich die Türen einer Beteiligung am größten AKW der Welt offen halten will. Zwar erklärte Bundeskanzlerin Angela Merkel 2011 nach dem Atomunfall im japanischen Fukushima: »Wir werden schrittweise bis Ende 2022 vollständig auf die Kernenergie verzichten«. Aber der offizielle Verzicht gilt offensichtlich nicht für Atomanlagen im Ausland. Noch im Februar 2013 hat das Wirtschaftsministerium auf Antrag von Areva für Jaitapur »die grundsätzliche Bereitschaft der Bundesrepublik Deutschland zur Prüfung eines Antrages auf Gewährung einer Exportkreditgarantie signalisiert«.[66] Sollte Berlin den Antrag bewilligen, erhält der Atomkonzern, der in seinen deutschen Niederlassungen mehrere tausend Menschen beschäftigt, eine mit Steuergeldern gedeckte Bürgschaft für das Jaitapur-Projekt.

Das scheint die These von Ramamurti Rajaraman zu bestätigen. Er ist emeritierter Professor für theoretische Physik. Auch er hat in den USA studiert, dort und an verschiedenen indischen Universitäten gelehrt. »Wir brauchen einfach mehr Energie von jeder Quelle«, so Rajaraman, »wenn Deutschland aussteigt, ist das seine Sache. Für Entwicklungsländer ist das mit Gewißheit nicht möglich, sie können sich das nicht leisten.«

Seit einigen Jahren sitzt Ramamurti Rajaraman im Beirat des renommierten US-Magazins »Bulletin of Atomic Scientists«, dem »Mitteilungsblatt der Atomwissenschaftler«, das 1945 unter anderem von Albert Einstein gegründet worden war. Rajaraman befürwortet nukleare Abrüstung und ist gleichzeitig ein vehementer Verfechter ihrer zivilen Nutzung, auch wenn er nicht jedes Risiko abspricht. »Ja, es gibt Gefahren, und jedes Land muss abwägen, wie viel Gefahr es auf sich nehmen kann«, erkläutert mir Rajaraman und weist darauf hin, dass »die Einschätzungen, welchen Risiken die Bevölkerung ausgesetzt werden kann, von Land zu Land variieren.« Der Physiker tut sich sichtlich schwer damit, darüber zu sprechen: »Manche Leute fragen: Ist denn ein indisches Menschenleben weniger wert als das eines Europäers? All diese Fragen kann man stellen, und man kann sogar mit der Faust auf den Tisch hauen. Aber die Antwort lautet: Vielleicht ja. Das ist eine traurige Sache.«[67]

Auch Kumar Sundaram, der Anti-Atomkraft-Aktivist aus Neu-Delhi, drückt sich nicht um die Frage der Energieversorgung. Aber, sagt er, es gibt Alternativen, die auf der Hand liegen. Die Entwicklung erneuerbarer Energien werde viel weniger mit öffentlichen Mitteln gefördert als die Atomkraft, obwohl sie heute schon deutlich mehr Strom produziere.[68] »Sogar wenn man mit dem gängigen Fortschrittsmodell einverstanden ist, muss man nicht auf Atomenergie setzen«, unterstreicht Sundaram. Tatsächlich kommen schon heute zehn Prozent der Energie in Indien aus erneuerbaren Quellen. Und dieser Anteil wächst beständig. Sonnen- und Windenergie haben riesige Potentiale in Indien. »Wenn uns die Leute in der Stadt fragen, was denn die Alternative zum Atomstrom sei, dann verweise ich aus praktischen Gründen auf die Verluste durch unser marodes Leitungssystem oder eben auf die erneuerbaren Energien«, erklärt der Aktivist. Aber ihm selbst würde diese Antwort nicht ausreichen. »Es geht nicht nur darum, zwischen verschiedenen Technologien zu wählen – es geht um einen völlig anderen Lebensstil, um einen anderen Weg zu produzieren, eine andere Politik und Gesellschaft.«

Nur ein zentralisiertes System der Energieversorgung garantiert den Betreiber-Konzernen langfristige Gewinne. Kommunale Modelle der Selbstversorgung würden deren Profitaussichten über kurz oder lang schmälern. Genau darauf setzt Kumar Sundaram und erinnert an historische Erfahrungen:

»Von Gandhis Umgang mit der Umwelt können wir viel lernen: weniger konsumieren, die Produktion dezentralisieren, mehr Entscheidungskompetenzen auf die lokale Ebene verlagern und dem traditionellen Wissen mehr Respekt entgegenbringen.« Für ihn geht es »nicht so sehr um den individuellen Konsum – auch wenn ich selbst darum bemüht bin, so wenig wie möglich zu verbrauchen –, sondern als politisches Individuum sage ich, dass es dabei vor allem um den gemeinsamen Kampf mit vielen anderen Bewegungen geht – gegen diesen Wahnsinn der kapitalistischen Vetternwirtschaft.«

In vielen Regionen Indiens engagieren sich Gruppen und Initiativen für eine andere Energieversorgung, die ohne Atomkraft und fossile Quellen auskommt. Neuere Untersuchungen belegen exemplarisch – auch für andere Entwicklungsländer und -regionen, dass z.B. der indische Bundesstaat Karnataka seinen Strombedarf komplett mit erneuerbaren Energien decken

66 Antwort des Staatssekretärs Dr. Bernhard Heitzer vom 11.2.2013 auf die Anfrage der MdB Ute Koczy.

67 »Indien strahlt – Wo die Atomindustrie noch eine Zukunft hat«. Deutschlandfunk 23.4.2013

68 Siehe auch Jain 2012:159f

könnte.[69] Aber die großen Industriekonzerne haben daran kein Interesse. Eine Initiative in Tamil Nadu, die ebenfalls auf Energiesouveränität durch Windkraft, Sonne, Biomasse und kleine Wasserkraftwerke setzt, fasst ihre Erfahrungen folgendermaßen zusammen: »Große, zentralisierte Kraftwerke sind unpopulär und können nur durchgesetzt werden, indem die Demokratie unterdrückt wird.« Die andauernden Proteste in ihrem Bundesstaat gegen das AKW Koodankulam und das 4.000 MW Kohlekraftwerk in Cheyyur seien ein klarer Beweis dafür.[70]

69 Sharma 2012:229ff

70 http://www.dianuke.org/experts-suggest-clean-ways-out-of-tns-electricity-shortage/ (15.12.2013)

Die Handelsinvasoren kommen

»Bei einem System vollkommener Handelsfreiheit legt jedes Land naturgemäß sein Kapital und seine Arbeit in denjenigen Unternehmungen an, welche für es am vorteilhaftesten sind. Dieses Verfolgen des persönlichen Nutzens steht in wunderbarem Zusammenhang mit dem Wohle des Ganzen.«

David Ricardo, britischer Wirtschaftswissenschaftler, »Grundsätze der politischen Ökonomie«, 1817[71]

»Indien hat seinen Markt geöffnet, den Anschluss an die Welt gefunden ... und heute ist Indien einer der großen Handelspartner und eine der großen Investitionsdestinationen weltweit.«

Bernhard Steinrücke, Hauptgeschäftsführer der Deutsch-Indischen Handelskammer in Indien, 2013[72]

»Am Anfang der Kolonialisierung stand der Handel. Die Briten, Niederländer und Portugiesen kamen zunächst, um Handel zu treiben. Mit dem Handel begannen sie, sich die politische Macht anzueignen. Heute wird nichts anderes als ein neokolonialer Weg beschritten, um die wirtschaftliche Kontrolle über Indien wiederzuerlangen. Und der teuflische Aspekt dabei ist, dass wir heute eine Klasse in Indien haben, deren Interessen dadurch bedient werden, dass sie Teil dieser kapitalistischen Weltwirtschaft sind.«

Sagari Ramdas (indische Sozialaktivistin), »Die Handelsinvasoren kommen«, Deutschlandfunk 2013[73]

Im Süden von Neu-Delhi befindet sich das Indische Institut für Außenhandel. Es ist halb sechs Uhr Abends, die letzten Studierenden und Dozenten verlassen die staatliche Wirtschaftshochschule. Sie gilt als eine der besten in Asien

71 Der Londoner Banker und führende Vertreter der klassischen Nationalökonomie hat die bis heute immer wieder bemühte Theorie des »komparativen Kostenvorteils« entwickelt.

72 »Die Handelsinvasoren kommen – Eine Geschichte aus Indien von Gewinnern und Verlierern«. DLF, SWR 19.3.2013

73 Ebd.

– 2011 bewarben sich 55.000 Interessenten auf 220 Studienplätze. Dazu trugen auch die dort angesiedelten Denkschulen bei, unter anderem das Zentrum für WTO-Studien, das sich mit Welthandels- und Investionsfragen aller Art befasst.

Direktor Abhijit Das hat viel zu tun: Er besucht regelmäßig Konferenzen und steht in Kontakt mit einer Vielzahl von Konzernen und einigen Nichtregierungsorganisationen. Er berät die indische Regierung auf formellem und informellem Wege. Manchmal bezieht der eher zurückhaltend wirkende Handelsexperte gegenüber Ministern auch ungefragt Stellung. Zeit für ein Interview hat der Mittvierziger nur nach Feierabend.

Das Büro des Direktors ist einfach, fast spartanisch eingerichtet. Er hat nicht einmal eine Klimaanlage, die längst zum Statussymbol der Mittelschicht geworden ist. Stattdessen surrt ein Ventilator an der Decke, während Abhijit Das seine Zweifel an den Heilsversprechen des Freihandels anmeldet.

»Die allgemeine Wirtschaftstheorie legt nahe, dass umfassender Freihandel dem Gemeinwohl dient«, erklärt Das. Doch könne es, schränkt er ein, »verschiedene Bereiche geben, auf die sich Liberalisierung nachteilig auswirkt.« Diese Sektoren müssten identifiziert und zu einem gewissen Grad mit Zöllen geschützt werden. Dazu zähle eine breite Produktpalette, an erster Stelle die Agrarprodukte, und darunter ganz besonders diejenigen, die in der Europäischen Union subventioniert werden. »Wenn sie auf den indischen Markt kommen, sind die hiesigen Bauern und möglicherweise auch Fischer Risiken ausgesetzt.«

Importiert wird seit jeher, was Indien zu wenig hat: Erdgas und Öl. Westliche Chemie-, Maschinen- und Bergbaukonzerne sind schon seit vielen Jahrzehnten im Land. Geschützt vor Konkurrenz aus dem Ausland sind Teile des Agrarsektors und des Binnenhandels – trotz der Marktöffnung Indiens für viele Produkte und Investitionen Anfang der 90er Jahre. Innerhalb der Welthandelsorganisation, kurz WTO, war es vor allem Indien, das nach seinem Beitritt 1995 auf relativ hohe Zölle für Agrarprodukte insistierte. Denn nach wie vor lebt die Mehrheit der 1,2 Milliarden Inderinnen und Inder von der Landwirtschaft. Doch nachdem die WTO-Verhandlungen seit 2001 in einer Sackgasse stecken, versuchen die Industrienationen bilaterale Freihandelsverträge abzuschließen. Dabei geht es nicht nur um Handel mit Gütern, sondern die komplexen Verträge umfassen in der Regel ebenso Dienstleistungen, intellektuelle Eigentumsrechte, öffentliches Beschaffungswesen und ausländische Direktinvestitionen. So auch seit 2007 bei den Verhandlungen um ein Freihandelsabkommen zwischen der EU und Indien.

Dass Indien innerhalb der WTO so lange auf Schutzzöllen für viele Produkte beharrt hat, ist auch das Verdienst des Instituts von Abhijit Das – und vor allem der zahlreichen Bauernproteste, die sich gegen die Freihandelspolitik der WTO richten. Aber der Druck der Banken und Konzerne hat im Zuge der globalen Wirtschaftskrise enorm zugenommen, insbesondere auf Länder wie Indien. In den vergangenen zehn Jahren ist die Wirtschaft dort durchschnittlich um mehr als acht Prozent jährlich gewachsen. Zum Vergleich: In der Europäischen Union wuchs die Wirtschaft zwischen 2005-2010 durchschnittlich um weniger als ein Prozent.

Mittlerweile gehören 300 Millionen Inder und Inderinnen, etwa ein Viertel der Bevölkerung, zur konsumfreudigen Mittelschicht. Das weckt Begehrlichkeiten, auch der europäischen Supermarktketten. Sie wollen auf dem Subkontinent investieren und Filialen eröffnen.

»Aber auch hier gilt: Bei der ganzen Diskussion um die Vorzüge der ausländischen Direktinvestitionen gibt es einige Vorbehalte«, so Abhijit Das, »jede Liberalisierung schafft Gewinner und Verlierer.«

Anfang Dezember 2013 hat sich die WTO nach mehr als einem Jahrzehnt Stillstand schließlich auf ein umfassendes, multilaterales Freihandelsabkommen geeinigt. Fast wäre die Einigung jedoch am Widerstand Indiens gescheitert – beziehungsweise am Unwillen der USA und anderer Länder, Programme zur Lebensmittelversorgung mit subventionierten Nahrungsmitteln zuzulassen. Ein halbes Jahr vor den Wahlen und vor dem Hintergrund von Anti-WTO-Protesten insistierte die indische Delegation darauf, heimischen Bauern zu Festpreisen Agrarprodukte abkaufen zu können – eine wichtige Stütze für die unzähligen Kleinbauern –, um sie dann zu subventionierten, günstigen Preisen an Bedürftige weiterzuverkaufen. Und bedürftig sind in Indien viele, denn mehr als 400 Millionen gelten als chronisch unterernährt. Innerhalb des Regelwerks der WTO ist das eine unzulässige Subvention. Deshalb wurde das Ergebnis in vielen Medien als großes Zugeständniss verkauft.

In Wirklichkeit handelt es sich um einen Pyrrhussieg: Erstens ist die Regelung vorläufig, sie gilt nur bis zur 11. WTO-Konferenz, die 2017 stattfinden wird. Zweitens gilt sie nur für Reis und Getreide, andere Agrarprodukte wie Linsen oder Milch, sind davon ausgeschlossen. Und drittens gilt sie nur für schon bestehende Programme, d.h. andere Länder werden daran gehindert, ähnliche Maßnahmen zur Hungerbekämpfung zu ergreifen. Immerhin hatte die indische Delegation ihr Ziel erreicht, und die heimische Presse berichtete wohlwollend über den Erfolg. In den 70er und 80er Jahren, als Indien sich noch der Bewegung der Blockfreien Staaten verpflichtet fühlte, wäre ein solches Verhandlungsergebnis als Niederlage gewertet worden.

Streiken gegen Investitionen

Am 20. September 2012 überschlug sich die CNN-IBN Nachrichtensprecherin beinahe in den »Breaking News«: Sämtliche Händler in Neu-Delhi hatten ihre Läden geschlossen bzw. ihre Stände erst gar nicht aufgebaut, im Punjab kam es zu Straßenschlachten mit der Polizei, in Rajasthan mussten Banken nach Protestaktionen ihre Filialen schließen, in Gujarat und Jarhkhand wurde gar nicht mehr gearbeitet und die Polizei nahm Streikführer fest, in Karnataka blieben alle Schulen geschlossen und sogar in einigen IT-Büros in Bangalore kam nach Blockaden die Arbeit zum Erliegen.

Oppositionsparteien, Taxifahrer, Straßen-, Kleinhändler- und Bauernvereinigungen hatten zum Generalstreik in Indien aufgerufen, und die Abendnachrichten kündeten vom Erfolg des Aufrufs: Protestiert und gestreikt wurde fast überall im Land, und zwar gegen Dieselpreiserhöhungen und gegen den erneuten Vorstoß der Regierung, den indischen Markt für Investitionen ausländischer Supermarktketten zu öffnen. Viele Straßenhändler und Kirana-Shop-Besitzer[74] fürchten um ihre Existenz, denn schon heute können sie von bitteren Erfahrungen mit den indischen Supermarktketten berichten.

»Überall wo es irgendwie geht, werden Supermärkte gebaut«, schildert mir Animesh Haldar, der seit zwanzig Jahren Tomaten, Kartoffeln, Zwiebeln, Chillis und Okraschoten auf seinem zweirädrigen Holzkarren in Shakarpur, einem Stadtteil von Delhi, verkauft. »Und immer wieder passiert es, dass wir Straßenhändler dann vertrieben werden«, beschwert sich Haldar. Er ist einer von etwa 2.000 Straßenhändlern in Sharkapur. »Manchmal dürfen ein oder zwei von uns in der Nähe des Supermarktes bleiben – aber nur, wenn sie politische Verbindungen haben oder Bestechungsgelder zahlen. Ansonsten ist das für uns sehr schwierig.« Animesh Haldar musste wie die meisten seiner Kollegen schon oft den Standort wechseln, denn in den letzten Jahren haben in Neu-Delhi viele indische Supermarktketten ihre Filialen eröffnet. Und eins steht für ihn fest: »Wo Supermärkte sind, da ist kein Platz für Straßenhändler.«

Deshalb war er schon oft demonstrieren, nicht nur am 20. September. »Als in unserem Stadtteil eine Filiale von Reliance Fresh[75] eröffnete, haben wir die Straße blockiert, die Auslagen umgeworfen und dann die Türen des Supermarktes mit Schlössern verriegelt«, erzählt mir Animesh Haldar. Vertrieben zu werden, das gehört für den Mittvierziger zum Alltag. »Auch aus unseren Wohnstätten werden wir vertrieben. Bevor hier 2010 die Commonwealth Games stattfanden, lebte ich mit meiner Frau und den drei Kindern in einer Slumhütte.« Doch der Slum sollte für die Sportveranstaltung weichen. »Wir haben uns gewehrt, doch dann kamen die Bulldozer, unsere Hütten wurden in Brand gesetzt und ich landete im Gefängnis. Danach musste ich ganz von vorne anfangen.«

Zehn Millionen Straßenhändler gibt es in Indien, allein 200.000 in Neu-Delhi. Aber nicht einmal ein Viertel von ihnen hat eine Verkaufserlaubnis, denn die lokalen Behörden in haben Obergrenzen für die Vergabe der Lizenzen verhängt. Zusammen mit den Betreibern der Kirana-Shops – kleinen Tante-Emma-Läden – sind es knapp 40 Millionen Menschen, die im traditionellen Einzelhandel arbeiten. Nach der Landwirtschaft ist dieser Bereich die wichtigste Einkommensquelle der indischen Bevölkerung.

Am Tag nach dem Generalstreik strahlte das Fernsehen eine Ansprache des Premierministers Manmohan Singh aus. »Einige denken, ausländische Investitionen im Einzelhandel würden die Kleinhändler treffen. Das ist nicht wahr.« Mit versteinerter Miene las er seine Rede vom Teleprompter ab. »Organisierten, modernen Einzelhandel gibt es schon in unserem Land – und er wächst ständig. In all unseren großen Städten haben große Supermarktketten ihre Filialen eröffnet, besonders auch in unserer Hauptstadt Delhi.« Er widerspricht der These vom Aussterben der Kleinhändler. »In den letzten Jahren gibt es dort auch mehr kleine Läden. In einer wachsenden Wirtschaft ist also genügend Platz für Große und Kleine. Die Angst, dass Kleinhändler vernichtet werden, entbehrt jeder Grundlage.« Und natürlich fehlt

74 Vergleichbar mit den hierzulande weitgehend ausgestorbenen »Tante-Emma-Läden«.

75 »Reliance Fresh« ist die Supermarktkette des gleichnamigen Konzerns Reliance-Industries des Multimilliardärs Mukesh Ambani. Reliance gehört neben Tata zu den reichsten und mächtigsten Konglomeraten Indiens. 2006 wurde der erste Supermarkt eröffnet, im Jahr 2012 waren es bereits 650 Märkte. (»Digging Deep To Stay Fresh - Reliance Retail is fine-tuning its three value formats and plans to invest heavily in them«, Businessworld, 14.07.2012 – See more at: http://www.businessworld.in/en/storypage/-/bw/digging-deep-to-stay-fresh/r428531.0/page/0#sthash.aaMnw7fM.dpuf)

auch beim indischen Premier ein Argument nicht, das immer dann bemüht wird, wenn Investitions- und Freihandelsabkommen vor dem Abschluss stehen: »Mehr und mehr Supermärkte werden Millionen von qualitativ hochwertigen Arbeitsplätzen schaffen.«

Supermärkte verdrängen Straßenhändler

Wissenschaftliche Studien und Vertreter von Nichtregierungsorganisationen stellen diese These infrage.[76] »Alle großen indischen Konzerne sind zwischen 2004 und 2008 in den Einzelhandel eingestiegen: Reliance, Tata und Birla haben mit rasantem Tempo eine Filiale nach der anderen eröffnet und das hatte Auswirkungen auf die Kleinhändler in der Nachbarschaft«, erklärt Dharmendra Kumar, Direktor der Nichtregierungsorganisation FDI-Watch in Neu-Delhi, mit dem ich dort verschiedene Märkte abklapperte. Seit vielen Jahren arbeitet er mit Straßenhändlern zusammen. »Unsere und andere Studien haben bestätigt, dass die neuen Supermärkte die Existenz der Straßenhändler und der Kirana-Shops gefährden.« Die Situation von 400 traditionellen Einzelhändlern in den Städten Mumbai, Delhi, Bangalore, Chennai und Bhubaneswar hat er mit seinen Kollegen in einer exemplarischen Studie untersucht.

Demnach melden 85 Prozent der Straßenhändler Verluste bei Umsatz und Gewinn, mehr als die Hälfte sogar gravierende Einbußen von mehr als zwanzig Prozent. Drei Viertel der Straßenhändler beklagen, dass vor allem die besser betuchte Kundschaft wegbleibe. Als wichtigsten Grund für diese Entwicklung nannten die Befragten die Konkurrenz der neuen Supermarktketten. Besonders hart trifft es die Frucht- und Gemüsehändler.[77]

Die Ergebnisse der Untersuchungen werden auch von den Datenerhebungen staatlicher indischer Forschungsinstitute bestätigt, ebenso von Studien der Internationalen Arbeitsorganisation.[78] Wenn zudem ausländische Supermarktketten in das Geschäft einsteigen, wird der Druck auf die Straßenhändler weiter wachsen.

Der indische Einzelhandelsmarkt ist riesig und hat ein Volumen von 350 Milliarden US Dollar jährlich. Dabei würden »93 Prozent des indischen Einzelhandels heute noch immer im informellen Sektor stattfinden«, sagt Kumar Rajagoplan. Seit 2009 ist er Vorstandsvorsitzender des indischen Einzelhandelsverbandes RAI. Sein Verband vertritt die Interessen der indischen Supermarktketten. Wie kaum ein anderer kennt sich Kumar Rajagopalan in diesem jungen Markt aus. Die Marktöffnung für ausländsiche Investoren empfindet er nicht als Konkurrenz. Im Gegenteil, der junge und begeisterte Geschäftsmann will sie ermutigen, nach Indien zu kommen: »Professionelle Einzelhandelsketten, die in unser Land kommen, können Jahr für Jahr von einem 20-prozentigen Wachstum ausgehen.«

Die Vereinigung von Kumar Rajagopalan repräsentiert etwa 50.000 indische Supermarktfilialen, die in den vergangenen zehn Jahren in indischen Großstädten wie Pilze aus dem Boden geschossen sind. Im Vergleich zu den traditionellen Märkten, auf denen Verkäufer ihre Waren lauthals anpreisen, herrscht hier die Ruhe westlicher Konsumtempel. Außer dem Rascheln der Plastiktüten, dem Piepen der Scanner an der Kasse und den dosierten Ansprachen des Personals ist dort kaum etwas zu hören. In den Regalen stehen viele Produkte westlicher Firmen, die auch in deutschen Geschäften erhältlich sind: Kaltgetränke, Kaugummi, Chips, Kosmetikartikel und in Plastik verpackte Lebensmittel. Hier kauft die indische Mittelschicht ein.

Der Kontrast zu einem indischen Großmarkt könnte nicht größer sein: Zweitakter mit einer Ladefläche und LkW fahren vor, ebenso wie Fahrradrikschas und Ochsenkarren. Dazwischen schieben Männer einfache Holzkarren auf das Gelände des Großmarktes. Andere tragen prall gefüllte Säcke auf dem Kopf, verladen Gemüse und Früchte. Auf dem Gazipur Markt im Osten Neu-Delhis beginnt morgens um vier Uhr der Arbeitstag von Animesh Haldar. Kumar Rajagopalan sind diese Märkte ein Dorn im Auge.

»Das Gesetz zur Regulierung der Großmärkte ist vor vielen Jahrzehnten in allen Bundesstaaten implementiert worden, mit einigen Variationen«, so Rajagopalan, »und es muss grundlegend geändert werden.« Ihn stört, dass Einzelhändler bis auf wenige Ausnahmen gezwungen sind, dort einzukaufen. »Großen Supermarktketten sollte es erlaubt sein, ihre Produkte direkt von den Bauern zu kaufen. Bisher dürfen das nur die Zwischenhändler auf den staatlichen Großmärkten. Dann hätte ein Bauer die Wahl, entweder an einen lizensierten Großhändler auf den staatlichen Märkten oder an Einzelhandelskonzerne zu verkaufen, die zu ihnen kommen«, meint der Vorstandsvorsitzende. »Das sollte nicht von den Marktkomitees genehmigt werden müssen, wie es derzeit in allen indischen Bundesstaaten der Fall ist.«

Auf den staatlich regulierten Großmärkten werden Lizenzen an Zwischen-

76 Singh 2010:17ff

77 Janpahal/India FDI Watch 2011

78 Gosh, Sengupta, Roychoudhury 2008:34ff

händler vergeben, die es ihnen erlauben, landwirtschaftliche Produkte auf Auktionen zu ersteigern, die auf dem Gelände des Großmarktes stattfinden. Für einige Feldfrüchte wie Zwiebeln und Kartoffeln gelten dabei noch immer staatliche Mindestpreise für den Ankauf, die sie nicht unterbieten dürfen. Sie garantieren, dass die Bauern einen angemessenen Preis bekommen. Außerdem legt das Marktkomitee, das sich aus Lokalpolitikern, Landwirten und Händlern zusammensetzt, für sämtliche auf dem Markt gehandelte Waren aktuelle Höchstpreise für den Verkauf fest. Teurer dürfen die Zwischenhändler die Säcke und Kisten nicht an Einzelhändler weiterverkaufen. Dieser hohe Grad an Regulierung stört neue Wirtschaftsakteure wie Rajagopalan.

Eine Stunde braucht Animesh Haldar morgens, bis er seine Waren unter den Angeboten der etwa einhundert Zwischenhändler auf dem Gazipur Markt ausgewählt hat. Heute hat er Tomaten und Bohnen gekauft, an einem anderen Stand für 575 Rupien, umgerechnet sieben Euro, einen 50kg Sack mit Kartoffeln. Der Zwischenhändler hat dem Bauern dafür 550 Rupien bezahlt, seine Marge beträgt also etwas weniger als fünf Prozent pro Sack Kartoffeln, wovon er noch die Träger bezahlen muss. Etwa achtzig Säcke verkauft der Zwischenhändler am Tag und erzielt damit ein für indische Verhältnisse gutes Tageseinkommen. Davon kann Animesh Haldar nur träumen. Er verdient maximal zwei Euro, etwa ein Zehntel davon. Und seine Betriebskosten steigen immer mehr.

»Normalerweise komme ich mit meinem Handkarren«, erklärt er mir, »aber in letzter Zeit nehme ich immer häufiger eine Motorrikscha.« Eine dreirädrige Motorrikscha kostet Geld, ist dafür aber schneller. Seit auf der Strecke vom Großmarkt in seinen Stadtteil Shakarpur neue Flyover, auf Betonstelzen errichtete Schnellstraßen, gebaut worden sind, muss er Umwege machen. Mit seinem Handkarren braucht Animesh Haldar jetzt mehr als eine Stunde und ist empört.

»Im Namen der Entwicklung genehmigt die Regierung alles Mögliche in der Stadt: Parkplätze, Flyover, Büros, Einkaufszentren. Und wir müssen dann weichen.« Manchmal bekomme er zu hören, dass es neue Gesetze für Straßenhändler gebe, die ihre Rechte stärkten. »Aber für uns hat sich im Alltag nichts verbessert. Wenn ich um sechs Uhr morgens vom Großmarkt zurückkomme, reinige ich das Gemüse, dann verkaufe ich bis Mittags, mache eine Pause, dann geht es weiter von 4 Uhr nachmittags bis 11 Uhr nachts. Für uns ist es ein täglicher Überlebenskampf.«

Der oberste Gerichtshof erkannte 2004 den Straßenverkauf als wichtige

Lebensgrundlage vieler Inder an. Die Regierung strebte daraufhin an, den Straßenhandel besser zu schützen. Doch erst 2009 wurde daraus ein verbindliches Gesetz. Es gestattete allerdings den lokalen Behörden, die Anzahl der Lizenzen zu begrenzen. 2012 wurde das Gesetz überarbeitet. Nun soll jede Stadt ein Komitee einberufen, das alle Straßenhändler ab einem Mindestalter von 14 Jahren registriert. Den lokalen Behörden obliegt nun aber auch offiziell die Aufteilung der Städte in »unbeschränkte Verkaufszonen«, »beschränkte Verkaufszonen« und »Verkaufsverbotszonen«.

Dharmendra Kumar befürchtet, dass sich genau das als Haken erweisen wird. Zwar können nun alle eine Lizenz bekommen, aber es besteht die begründete Sorge, dass der Verkauf in den Zonen, in denen Supermarktketten ihre Filialen eröffnen, nun auch formal verboten wird.

Seine Befürchtungen fußen auf konkreten Erfahrungen. Für die Erpressbarkeit der Behörden und Regierungen durch wirtschaftlich einflussreiche Lobbygruppen gibt es jedenfalls zahlreiche Beispiele und Dharmendra Kumar kann einige davon aufzählen.

Typisch sei eine Episode, die sich 2008 im Bundesstaat Westbengalen abspielte, und über die ausführlich in indischen Medien berichtet wurde.[79] Es ging um einen Großhandelskonzern aus dem Ausland, der schon seit vielen Jahren in Indien Geschäfte macht.

»Der deutsche Metro-Konzern betrieb bereits einen Großhandelsmarkt in Kolkata,[80] als im Bundesstaat Westbengalen noch eine Linkskoalition regierte, angeführt von einer kommunistischen Partei«, so Kumar. »Das staatliche Marktkomitee verweigerte Metro die Lizenz für den An- und Verkauf von frischen Agrarprodukten.« Eine Reaktion der diplomatischen Vertretung in Kolkata ließ nicht lange auf sich warten. »Der deutsche Konsul drohte öffentlich: Sollte die Regierung den Metro-Konzern durch diesen Schritt zur Schließung zwingen, würden in Westbengalen die Totenglocken für sämtliche Investitionen aus Deutschland läuten. Metro sei ein bekannter Name in Deutschland und wenn der Konzern sein Geschäft hier nicht abwickeln könnte, würden auch andere Unternehmen dem Beispiel folgen und woanders investieren.« Die Drohung wirkte. »Noch am gleichen Abend umging der Ministerpräsident des Bundesstaates die Entscheidung des Komitees und ordnete an, die Lizenz auszustellen. Sogar die Linken duckten sich weg«,

79 »Dire warning from Germany«. The Telegraph (Calcutta) 26.9.2008

80 Neuer Name Kalkuttas

bedauert Kumar.

Straßenhändler verteilen um

Mit lauter Stimme preist Animesh Haldar am Straßenrand in Shakarpur sein Gemüse an, versucht den Verkehrslärm und die Lautstärke des Jungen, der nebenan chinesisches Plastikspielzeug verkauft, zu übertönen. Die Luft riecht nach einer Mischung aus Abgasen und scharfen Chilli-Schoten, die einige Meter weiter verkauft werden. In den gegenüberliegenden Hauseingängen liegen Hunde, einige Kühe trotten über die ruhigeren Ecken des Marktes. Es ist spät am Abend und er hofft, bald die letzten Waren loszuwerden. Dann kann er endlich heimkehren, sich waschen und das verschwitzte Hemd wechseln. Animesh Haldar lebt in einer Ein-Zimmer-Mietwohnung mit seiner Frau und den drei gemeinsamen Kindern, von denen die zwei Ältesten schon im Schulalter sind.

»Bis zum Abend halte ich meine Preise stabil, aber nach acht Uhr abends verkaufe ich die Reste besonders billig an die armen Leute«. Alles wird verwertet, nichts weggeworfen, erklärt er mir. »Die verdorbenen Waren bekommen die Tiere.« In den letzten Jahren kommen immer mehr Leute in den Abendstunden. Der Straßenverkäufer weiß auch, warum: »Weil alles – Strom, Schule, Kleidung – teurer wird. Die Leute verdienen aber nicht mehr und können sich deswegen weniger leisten.«

Einigen Kunden gibt Animesh Halder auch Kredit. Kleine Beträge zwischen zehn und fünfzig Rupien. Normalerweise bezahlen sie das Geld innerhalb weniger Tage zurück. Aber es kommt immer öfter vor, dass er Kredite abschreiben muss. Wie Animesh Haldar Anfang der 90er Jahre, kommen viele seiner Kunden vom Land, um in Delhi Geld zu verdienen, erklärt Dharmendra Kumar.

»Sie sind gezwungen in die Städte zu ziehen, um ihre Familien zu unterstützen«, so Kumar. »Wenn sie dann in Delhi landen, finden sie Arbeit im informellen Sektor, in dem immer noch 93 Prozent der Arbeitskräfte beschäftigt sind. Die meisten enden als Bauarbeiter, treten die Pedale einer Fahrradrikscha, sammeln Müll – oder werden Straßenhändler.«

Sie leben fast alle am Rand oder sogar unter der Armutsgrenze, ohne Sozialversicherungen. Es gibt keine staatlichen Transferleistungen, auf die sie bei Arbeitslosigkeit, Alter oder Krankheit zurückgreifen könnten. Animesh Haldar, der einen festen Wohnsitz hat und im Schnitt mehr als einen Euro täglich verdient, hat es noch vergleichsweise gut getroffen. Aber seine Zukunft sieht er nicht besonders rosig: Einige solventere Kunden hat er schon an den nahegelegenen Supermarkt verloren. Der 43-Jährige wird bis zu seinem Lebensende arbeiten müssen, denn eine Rente wird er nie beziehen. Sein Sohn ist die einzige Versicherung und seine Töchter werden in andere Familien einheiraten. Animesh Haldar bezweifelt, jemals eine Arbeit in einem der neuen Supermärkte finden zu können.

»Wie soll ein Straßenhändler in einem Supermarkt Arbeit finden? Im Gegensatz zu vielen meiner Kollegen kann ich zwar lesen und schreiben, aber in den Supermärkten suchen sie doch Leute, die elegant sind, ein paar Worte Englisch sprechen und in einem Bewerbungsgespräch bestehen können. Das kann ich mir überhaupt nicht vorstellen.«

»Düstere Signale«

Um die Zweifel der Kritiker zu zerstreuen und den Investoren weltweit zu signalisieren, dass es die Regierung mit den sogenannten Wirtschaftsreformen diesmal ernst meint, organisierte die regierende Kongresspartei nach den Protestaktionen gegen die Marktöffnung für die ausländischen Supermärkte eine Demonstration ihrer Mitglieder. Die Nachrichtensendungen berichteten von mehr als 50.000 Menschen, die dem Aufruf der Partei nach Neu-Delhi gefolgt seien. Sämtliche Spitzenpolitiker der Partei traten ans Rednerpult, während die Zuhörer brav Fahnen schwenkten und Transparente hochhielten. Auch einige Kollegen von Animesh Halder sind dorthin gegangen. »Ihnen wurde mit Lizenzentzug gedroht«, erzählt mir Hakim Singh Rawat, dessen Wohlfahrtsorganisation 5.000 Straßenhändler organisiert hat. »Alle Lizenzen werden mehr oder weniger nach Gutdünken von Politikern verteilt«. Straßenhändler ohne Lizenz sind Freiwild – sie können jederzeit von Polizisten oder Kommunalbeamten vertrieben werden.

Auf der Demonstration sprachen sämtliche Größen der Kongresspartei: Sonia Gandhi, die Parteichefin, Premierminister Manmohan Singh, ebenso sein designierter Nachfolger und Generalsekretär der Partei, Rahul Gandhi. Diese Ergebenheitsdemonstration hat eine Vorgeschichte: Ende 2011 hatte Manmohan Singh das neue Gesetz über die einseitige Marktöffnung für den ausländischen Einzelhandel schon einmal vorgelegt, musste es aber wegen Straßenprotesten und Opposition sogar innerhalb der Regierungskoalition vorübergehend auf Eis legen. Das sorgte in internationalen Wirtschaftskreisen für deutliche Kritik. »Selbst ein vorübergehender Rückschlag sendet düstere Signale zu einer Zeit, in der Indien ausländisches Kapital bitter nötig hat, um seine Infrastruktur auszubauen und sein immer größer werdendes

Haushaltsdefizit auszugleichen«, schrieb danach die Financial Times.[81]

Rahul Gandhi hatte 2011 noch vielsagend geschwiegen, um nicht seine Karriere als neuer großer Mann der Kongresspartei zu gefährden – jetzt stimmte er lautstark in den Chor der Befürworter mit ein. Das Lied ist immer das gleiche und Kritiker wie Dharmendra Kumar kennen es längst auswendig.

»Die Argumente für ausländische Supermärkte lauten: Sie sind modern, sie reduzieren die Kosten der Zulieferkette, sie schaffen die Zwischenhändler ab und sind deshalb zum Vorteil für beide Enden der Kette – die Bauern und Produzenten, die dann höhere Preise bekommen, sowie für die Konsumenten, die weniger bezahlen müssen«, so Kumar. Außerdem werde behauptet, es gäbe mehr Arbeitsplätze und neue Technologien.

Der langjährige Handelsexperte kritisiert zwar auch die Seilschaften von Zwischenhändlern, die einige der staatlichen Märkte kontrollieren, um sich selbst zu bereichern. Aber die Heilsversprechen, die mit einer Ausweitung des Einzelhandels nach westlichem Vorbild gemacht werden, hält er für frei erfunden. Sie gingen, so seine Prognose, vor allem auf Kosten der Kleinbauern, des traditionellen Einzelhandels und der ärmeren Konsumentenschichten.

Imponiert haben dürfte die Ergebenheitsdemonstration den ausländischen Gästen, die sich am gleichen Wochenende in einem vollklimatisierten Konferenzzentrum zum Asien-Pazifik-Gipfel der Deutschen Wirtschaft trafen. Veranstalter der Konferenz in Gurgaon, einem der Hauptstadt Neu-Delhis vorgelagerten Geschäftsviertel, war die Deutsch-Indische Handelskammer. Vertreten waren dort Größen aus der deutschen Wirtschaft – die Chemieriesen Bayer und BASF, die Deutsche Bank, der Metrokonzern – und ihre politischen Freunde aus Deutschland und Indien, darunter viele Minister.

Im Duett mit dem damaligen Vorstandsvorsitzenden von Siemens, Peter Löscher, stimmte Philip Rösler, der damalige deutsche Wirtschaftsminister, ein Loblied auf die geplanten Reformen in Indien an. »Wir brauchen offene Märkte, Freihandel und fairen[82] Wettbewerb – das ist der beste Weg zu mehr Wirtschaftswachstum«, tönte der Minister. »Wir sind zuversichtlich, dass Indien an die hohen Wachstumszahlen der vergangenen Jahre anknüpfen wird, die deutsche Wirtschaft ermutigt die indische Regierung dabei die angestrebten Reformen mutig und zügig umzusetzen«, trug der Siemens-Chef mit schwäbischem Akzent vor. Er machte sich auch explizit für das Freihandelsabkommen zwischen der EU und Indien stark. »Die weitere Integration Indiens in die Weltwirtschaft«, fuhr Löscher fort, »wird das Land voranbringen in der Weiterentwicklung dieser großartigen Demokratie«.

Genossenschaftsmilch im Shiva-Tempel

Im südindischen Andhra Pradesh steht Sri Kalahasti, einer der bekanntesten Shiva-Tempel Indiens. 40 Meter hoch ragt der einem weißen Zuckerhut ähnelnde Bau am Ufer des Suvarnamukhi empor. Benannt ist er nach den drei treu ergebenen Anhängern des Gottes Shiva aus der Hindi-Mythologie: Spinne, Schlange und Elefant. Jahr für Jahr zieht er viele Tausend Besucher an. Die Pilger und Touristen werden unter anderem mit Milchprodukten aus der benachbarten Milchkooperative versorgt. Einen kleinen Teil der gekauften Milch gießen einige Besucher während hinduistischer Opferrituale über Götterfiguren aus, der größte Teil dient als nahrhafter Durstlöscher.

Nur wenige der vielen tausend ausländischen Besucher dürften wissen, welche Bedeutung neben der Geflügelzucht die Milchproduktion in der indischen Wirtschaft hat. »Beide Sektoren«, so eine detaillierte Untersuchung zum Recht auf Nahrung, »gehören zu den wichtigsten Wirtschaftsbereichen, aus denen indische Arme ihr Einkommen erzielen«. Bei Verhandlungen um das EU-Indien-Freihandelsabkommen hätten »europäische Verhandlungsführer unermüdlich für eine Öffnung des Milch- und Geflügelmarktes gekämpft«, denn dies sei offensichtlich »von besonderem Interesse für die europäischen Produzenten«.[83]

Unsere Anreise aus der 36 Kilometer entfernten Stadt nach Sri Kalahasti dauert fast zwei Stunden. Als wir ankommen ist es Mittag. Die Verkäufer der Kooperative haben auf ihren Fahrrädern schon die morgendliche Milch in den umliegenden Dörfern abgeholt und in der Stadt verkauft. Eine der 200 Angestellten reinigt die leeren Milchkannen. Abends kommen sie erneut zum Einsatz. Die 1952 gegründet Milchkooperative, ist die älteste im Bundesstaat Andhra Pradesh. Und Muni Raja Naidu ist heute ihr Präsident. »2010 haben mich die Milchbauern gewählt«, erzählt er voller Stolz. Mehr als 4.000 Bauern zählt die Kooperative. Sie ist auch die letzte unabhängige Kooperative im Distrikt Chittoor, der noch vor 15 Jahren die Hochburg der Milchkooperativen in Andhra Pradesh mit seinen 80 Millionen Einwohnern war.

Die indische Milchproduktion ist in den 70er und 80er Jahren des ver-

81 »Singh under fire after retail plan delayed«. Financial Times 4.12.2011

82 »Unfair« in diesem Sinne meint eine Vorzugsbehandlung einheimischer Produzenten oder Dienstleister gegenüber Anbietern aus Europa.

83 Ecofair Trade Dialogue 2011:31

gangenen Jahrhunderts stark gefördert worden. Ziel der »Weißen Revolution« war es, die Bevölkerung günstig mit Protein zu versorgen und Einkommensmöglichkeiten für Kleinbauern und Landlose zu schaffen. Zentral war die Rolle der Genossenschaften, in denen sich viele Viehhalter zusammenschlossen. Wegen mangelnder Kühlmöglichkeiten wurde in der verarbeitenden Industrie hauptsächlich Milchpulver produziert. Ende der 1980er Jahre war die Genossenschaftsbewegung auf ihrem Höhepunkt: Mehr als 70.000 Milchkooperativen verkauften ihre Milch an staatliche Molkereien, die für die Versorgung der urbanen Bevölkerung zuständig waren. 2001 überflügelte die Produktion sogar die der USA, und Indien wurde zum weltweit größten Milchproduzenten – mit mehr als 140 Millionen Tonnen in 2013.

Aber Kühe geben nicht nur Milch: Ihre Exkremente werden als Dünger oder Brennstoff benutzt, ihr Urin als Reinigungsmittel. 14 Millionen Milchviehhalter gibt es in Indien, wobei 85 Prozent von ihnen weniger als vier Kühe halten. Indische Kleinbauern sehen die Tiere nicht nur als Investition, die Rendite abwerfen soll, sondern als Bestandteil der Selbstversorgung. Aber der Trend ist gegenläufig. Die Zahl der Viehhalter nimmt ab, und die Anzahl der Kühe pro Halter nimmt zu. Der größte Teil der Milch fließt heute an private Molkereien. Das bekommt auch die Kooperative in Sri Kalahasti zu spüren.

Im Erdgeschoss des Gebäudes unweit des Tempels produzieren und verkaufen die Mitarbeiter Kondensmilch, Eiskrem und Kova, eine karamelartige indische Süßigkeit. Trotzdem bleibt täglich Milch übrig. »Jeden Tag sammeln wir 9.000 Liter Milch«, erzählt Muni Raja Naidu. »Davon verkaufen die Milchmänner 5.000 bis 6.000 Liter zu 23 Rupien je Liter direkt an unsere Kunden, für die von uns produzierten Nebenprodukte brauchen wir 1.000 Liter. Die verbleibenden 2.000 verkaufen wir zu 18 Rupien an eine private Molkerei.« Damit verkauft die Genossenschaft ihre Milch unter Preis, denn die Milchbauern in der Kooperative erhalten für ihre Milch 20 Rupien pro Liter. »Das ist zwar ein Verlust von zwei Rupien pro Liter«, gesteht Naidu, »aber wir wollen die Milch nicht verderben lassen, denn wir können sie nicht aufbewahren«.

Wie lange die Kooperative die Verluste noch absorbieren kann, weiß ihr Präsident Naidu nicht. Geplant ist, eine Kühleinheit für 3.000 Liter zu kaufen, um aus diesem ungünstigen Geschäftsmodell aussteigen zu können, damit die älteste Kooperative überleben kann, und mit ihr ein Geschäftsmodell, das das Wohl der Bauern höher bewertet als den Profit.

Private Molkereien auf dem Vormarsch

Sagari Ramdas ist Veterinärmedizinerin und arbeitet seit Jahrzehnten für die Nichtregierungsorganisation Anthra in Andhra Pradesh. Die Endvierzigerin kennt viele Milchbauern und hat die Veränderungen der wirtschaftlichen Rahmenbedingungen im Milchsektor hautnah mitbekommen. Sie ist eine Fürsprecherin der Milchbauern, die auch regelmäßig als Expertin nach Europa eingeladen wird, um dort über die indischen Milchproduzenten zu berichten. Die Parallelen zum Einzel- und Großhandelssektor sind unverkennbar.

»Unser System war ein sehr reguliertes«, sagt Ramdas, »privaten Molkereien war es verboten, im Einzugsbereich einer Kooperative Milch zu kaufen, und auch in anderen Regionen war die Milchmenge begrenzt, die private Molkereien erwerben durften«. 2002 habe die Regierung diese Verbote und Begrenzungen aufgehoben, den ganzen Sektor dereguliert, erzählt sie.

Mandemvaripalle ist ein abgelegenes Dorf im Chittoor Distrikt. Hier gibt es schon lange keine Milchkooperative mehr. Es ist Abend und vorbei an der dörflichen Milchsammelstelle werden einige Kühe zurück in ihre Ställe getrieben. Frauen und Männer stehen in einer Schlange, auch einige Kinder sind mit Blechkannen gekommen, aus denen der süßliche Geruch warmer, frisch gemolkener Milch steigt. Bevor sie ihre Milch in den großen Bottich schütten dürfen, testet Adi Narayana die Milch mit einem Laktometer. Mit Hilfe des pippettenförmigen, handgroßen Glasbehälters kann die Dichte der Milch geprüft werden, um Verunreinigungen - etwa durch Wasser - auszuschließen. Adi Narayana ist Sprecher des Milchkollektivs und mit 29 Jahren deren ältestes Mitglied.

»2009, als wir angefangen haben, bin ich im Dorf herumgegangen und habe versucht, weitere Mitglieder für unser Kollektiv zu werben.« Damals, so sagt er, habe er kaum jemand überzeugen können. »Erst als sie gemerkt haben, dass wir dank unserer Zusammenarbeit einige Probleme lösen konnten, hat das andere motiviert mitzumachen.«

35 Viehhalter haben sich dem Kollektiv seitdem angeschlossen. Mehr als vier Kühe besitzt keiner. Sie versuchen, sich aus der Abhängigkeit der privaten Molkereien zu befreien – vor allem durch Selbstvermarktung.

»Wenn man allein ist und seine Milch an die Privaten verkauft, bekommt man 15-18 Rupien pro Liter – als Kollektiv können wir uns einen viel besseren Preis auszahlen, 20 bis 21 Rupien«, rechnet Narayana vor. »Aber wir müssen auch alles selber organisieren, den Kontakt zum Kunden herstellen, die

Milch ausliefern, das Geld einsammeln.«

Adi Narayana sitzt auf einem Holzschemel und melkt seine Kuh. Er gehört zu den typischen Kleinbauern in Indien. Das Kollektivmitglied besitzt ein kleines Stück Land – einen Viertel Hektar – auf dem er Gemüse für den Eigenbedarf anbaut, und ein paar Hühner liefern ihm Eier. Etwas Geld verdient er mit seinen drei Kühen, deren Milch er an das Kollektiv abgibt. Damit kann er seine fünfköpfige Familie gerade eben ernähren.

Von den Kunden, die sonst für einen Liter verpackte und pasteurisierte Milch im Laden mehr als 30 Rupien bezahlen müssen, nimmt das Kollektiv 28 Rupien. An die nahegelegene Internatsschule werden 110 Liter täglichverkauf, an Einzelkunden insgesamt 50 Liter. Die Mitglieder des Kollektivs hoffen, dass sie ihr Produktions- und Vertriebsnetz ausbauen und so noch mehr Milchbauern eine Perspektive bieten können. Auf Unterstützung von staatlicher Seite brauchen sie nicht zu hoffen. Die Kleinproduzenten sind längst aus dem Blickfeld der Regierung geraten, sagt Sagari Ramdas.

»Es gibt keinen Mechanismus mehr, in dem die Milchbauern den Preis entsprechend ihrer eigenen Produktionskosten bestimmen könnten, also ihrer Arbeitszeit und den Kosten für Futter und Medizin«, so Ramdas. »Diese Kosten erhöhen sich ständig, sie werden aber vom Literpreis, den die Molkereien ihnen zahlen, nicht mehr gedeckt.« Staatliche Festpreise zur Stützung der Kleinbauern – wie es sie für Reis oder einige Getreidesorten gibt – sind den indischen Behörden untersagt.

In Mandemvaripalle ist die Milch eingesammelt und wird in Tonnen auf einen Kleinlaster verladen. Einen großen Teil der am Abend gemolkenen Milch muss auch das Kollektiv an eine private Molkerei verkaufen. Noch reicht die Nachfrage aus dem Vertriebsnetz nicht aus und es gibt auch keine Kühlmöglichkeit, um die Milch zu lagern. Nur 16 Rupien zahlt die Molkerei pro Liter, empört sich Adi Narayana. »Die Bauern und die Konsumenten werden betrogen, die Molkerei schöpft auch noch den Rahm und das Fett ab, verpackt die Milch und verkauft sie dann für 31 Rupien.«

Aus den extrahierten Bestandteilen der Milch stellt die Molkerei weitere Produkte wie Butterfett her, die sie gewinnbringend verkauft. Die systematische Bereicherung der privaten Molkereien auf Kosten der Milchbauern und Konsumenten wird in Andhra Pradesh deutlich, da dort die Deregulierung des Milchsektors früh und gründlich umgesetzt wurde. Nutznießer war vor allem der ehemalige Ministerpräsident des Bundesstaates, Chandrababu Naidu. Im Westen galt er 2002 als Vorzeigereformer. Damals statteten ihm der britische Premierminister Tony Blair und US-Präsident Bill Clinton Besuche ab, das internationale Wirtschaftsmagazin »Business Week« feierte ihn als einen der 50 wichtigsten Reformer des Jahres 2000 und die Top-Manager auf dem Weltwirtschaftsforum in Davos nominierten ihn für ihr »Traumkabinett«.

Sagari Ramdas erinnert sich: »Chandrababu Naidu hat den Reformprozess in Andhra Pradesh eingeleitet«, erzählt die Veterinärin und Aktivistin. »So wurde zum Beispiel im Chittoor Distrikt, wo auch sein Wahlkreis ist, der staatlichen Molkerei und damit den Kooperativen der Hahn zugedreht. Sie erhielt einfach keine Unterstützung mehr, konnte weder den Bauern und deren Kooperativen die Milch bezahlen, noch ihre eigenen Arbeiter in der Molkerei und der Milchpulver-Produktion entlohnen.« Gleichzeitig sei der Markt für private Molkereien geöffnet worden. »Beinahe über Nacht war da eine neue Molkerei mit dem Namen ›Heritage‹. Was für eine Überraschung: Sie gehörte niemand anderem als Chandrababu Naidus eigener Frau. Viele seiner Familienangehörigen investierten, sie hatten ja das nötige Geld.« Heritage habe faktisch die Produktionsbasis der staatlichen Molkerei übernommen. »Den Bauern hat Heritage einfach mitgeteilt: Hallo, ihr bekommt kein Geld mehr von eurer Kooperative, wir werden jetzt eure Milch kaufen. Zu dieser Zeit gab es keine Konkurrenz und heute ist Heritage einer der größten Milchkonzerne in Indien.«

Adi Narayana und sein Kollektiv in Mandemvaripalle sind die Ausnahme. Schon im Nachbardorf ist der Versuch ein Kollektiv zu gründen schief gegangen. Dort sind viele Bauern und ihre Familien verschuldet, haben sogenannte Mikrokredite aufgenommen und Probleme mit deren Rückzahlung.[84] In Pujarivaripalle seien deshalb die meisten nur mit sich selbst beschäftigt, meint Adi Narayana. Und die neuesten Pläne der Regierung seien auch nicht förderlich. »Die Regierung fördert jetzt die Vertragslandwirtschaft«, berichtet der junge Bauer. Wer sich auf einen solchen Vertrag einläßt, muss für Konzerne oder Supermarktketten gegen einen Festpreis bestimmte Feldfrüchte anbauen. »In unserem Kollektiv haben wir darüber geredet: Wir lehnen das ab.«

»Wer sind diese Konzerne überhaupt?«

In der Wirtschaftsmetropole Mumbai sieht das Kumar Rajagopalan, der Vorstandsvorsitzende der indischen Einzelhändlervereinigung, anders. Die Büroetage seines Verbandes befindet sich in einem spiegelverglasten Hochhaus

84 Vgl. auch Klas 2011:188 ff

mit Klimaanlage, in unmittelbarer Nähe zum internationalen Flughafen. So haben es die Vertreter internationaler Einzelhandelskonzerne nicht weit, denn für sie ist Kumar Rajagopalan ein wichtiger Ansprechpartner. Gerne geht er mit seinen Gästen in das Restaurant des benachbarten Fünf-Sterne-Hotels essen, um dort mit ihnen über Geschäftsstrategien zu sprechen – bei einem Essen, dessen Preis dem Monatseinkommen eines Straßenhändlers entspricht. Bestandteil dieser Strategie ist die Vertragslandwirtschaft.

»Je stärker und größer der moderne Einzelhandel in Indien wird, umso mehr Unternehmen wollen ihre Produkte direkt von der Quelle kaufen«, doziert Rajagoplan. »Also wenden sie sich an die Bauern, mit denen sie Vorverträge abschließen wollen, damit sie einen festen Preis setzen können.« Das habe einige Vorteile. »Diese vorher festgesetzten Preise werden zur Marktnorm werden, denn sie vereinfachen vieles. Ein Einzelhändler kann zum Beispiel in ein großes Dorf gehen und den Bewohnern mitteilen: Hört zu, ich bin bereit mit euch Verträge abzuschließen, um später eure Produkte zum vereinbarten Preis zu kaufen. Das ist eine ganz große Sache.« In einigen Bundesstaaten laufe das schon. »Die Agenten sagen den Bauern: liefer mir diese Ware, und ich bezahle Dir diesen Preis. Das ist eine ganz wunderbare Art, mit den Bauern zu arbeiten.«

»Von uns ist noch niemand in diese Mühle geraten, obwohl fast täglich Zeitungen und Fernsehsendungen über die Vorteile der Vertragslandwirtschaft berichten«, gibt sich Adi Narayana erleichtert. »Wer sind diese Konzerne überhaupt, dass sie die Preise für unsere Produkte festlegen?« Er kennt die Strategien. »Vielleicht machen sie dir anfangs sogar einen guten Preis. Aber sie werden dir auch diktieren, was du anbauen sollst, mit welchem Saatgut, mit welchem Dünger und welchem Insektizid du arbeiten sollst. Wir Kleinbauern«, sagt er mit besorgter Mine, »werden dann die Kontrolle über unsere Ernährung und den Anbau verlieren.«

Am Tag zuvor seien einige Bauern aus dem Dorf in die nahegelegene Stadt Tirupathi gefahren, um dort gegen Vertragslandwirtschaft und Supermärkte zu demonstrieren. Zusammen mit anderen reiste Adi Narayna sogar die 2.000 Kilometer nach Neu-Delhi, um mit seinem Protest die Regierung zum Umlenken zu bewegen. Wenn sie nun auch noch das Freihandelsabkommen mit der Europäischen Union unterzeichnet, droht weiteres Ungemach, meint Adi Narayana. Dann wird auch das Milchbauernkollektiv in Mandemvaripalle keine Überlebenschance mehr haben.

»Ein Freihandelsabkommen mit der Europäischen Union würde uns große Probleme bereiten, denn es gibt schon jetzt so viel Milch, dass wir manchmal Mühe haben, sie überhaupt zu verkaufen. Und jetzt sollen auch noch Milchprodukte aus der EU nach Indien kommen!« Der Landwirt erinnert sich an seine Kindheit. »Dann wird mit uns das passieren, was zuvor mit den Seidenfarmern passiert ist, von denen es hier in Mandemvaripalle früher einmal viele gab: Als die billige Seide aus China kam, mussten sie aufgeben und nicht wenige sind Milchbauern geworden.« Wenn sie jetzt auch von der Milch nicht mehr leben könnten, hätten sie keine Wahl mehr. »Dann bleibt uns nur noch die Arbeit in den Städten, als Bauarbeiter, Müllsammler, Rikschafahrer oder Straßenhändler.« Narayana weiß, was ihm dann blühen wird. »Überall in Indien haben Bauern doch schon aufgegeben und sind in die Städte gewandert. Das wird uns dann auch passieren.« Und mit gesenktem Kopf fügt er hinzu: »Das Leben dort ist ziemlich erbärmlich.« Er steht nicht alleine. Das Freihandelsabkommen könnte die Fähigkeit Indiens, genügend Milch für seine Einwohner zu produzieren, infrage stellen, warnt die größte noch existierende Milchgenossenschaft AMUL aus Gujarat, die nach eigenen Angaben drei Millionen Milchbauern gehört.[85]

Nulltarif

In der EU ist – anders als in Indien – die Zustimmung des Parlaments zum Vertrag nötig. Auf viel Interesse stößt das Thema bei den Abgeordneten allerdings nicht. Als etwa am 9. Mai 2011 der EU-Handelskommissar Karel de Gucht extra nach Straßburg reiste, um Rede und Antwort zum EU-Indien Freihandelsabkommen zu stehen, dem bis dato wichtigsten Freihandelsabkommen der EU,[86] sprach er vor einem fast leeren Plenarsaal. Hier und da wird bei Plenardebatten in Strassburg und Brüssel zwar auch mal Kritik an einzelnen Details des Vertrages laut. Aber grundsätzlich begrüßt die Mehrheit ein Handelsabkommen mit Indien. Der Gastredner Karel DeGucht, federführend bei den Verhandlungen, bedankte sich dafür beim Parlament und ganz besonders beim Vorsitzenden des Handelsausschusses, Vital Moreira.

Dabei hätten auch die EU-Parlamentarier genügend Gründe, ihren Un-

85 TWN Info Service on on WTO and Trade Issues (May13/07), EU India FTA: Political Opposition Gathers Momentum in India, 16.05.2013, http://www.twnside.org.sg/title2/wto.info/2013/twninfo130507.htm

86 Das Freihandelsabkommen mit den USA steht erst seit Februar 2013 in der öffentlichen Debatte.

mut deutlich zu äußern – wenn schon nicht aus Empathie mit den indischen Kleinbauern und Straßenhändlern, so doch mit den Arbeiterinnen und Arbeitern im Textil- und Automobilsektor der Europäischen Union. Denn von der EU-Kommission in Auftrag gegebene Wirksamkeitsstudien beschreiben mögliche Lohn- und Arbeitsplatzverluste in diesen Sektoren, wenn indische Waren auf den europäischen Markt kommen.[87] Die Fragen der liberalen ALDE-Fraktion nach der Verhandlungsposition der EU-Kommission zu Zolltarifen nimmt De Gucht gerne auf: »Selbstverständlich wird es unterschiedliche Fristen geben für, nennen wir es den Weg zum Nulltarif für Indien und Europa, was nachvollziehbar ist, angesichts der unterschiedlichen Entwicklungsniveaus. Die einzige Frage ist, ob in bestimmten Bereichen der Nulltarif erreicht werden kann. Wir unterstreichen stets die Notwendigkeit, ihn in jedem Bereich zu erreichen.«

In der Presse werden in der Regel Autos, Weine und Spirituosen genannt, deren Zölle gesenkt werden sollen. Aber Ranja Sengupta vom Third-World-Network (TWN) in Indien weiß, dass es vor allem um Agrarprodukte geht. TWN ist ein globales Netz mit Hauptsitz in Malysia, das sich seit dreißig Jahren vor allem mit Fragen des internationalen Handels und der Entwicklung beschäftigt. Das Dritte-Welt-Netzwerk arbeitet mit den Regierungen des globalen Südens, mit Ökonomen und mit zivilgesellschaftlichen Organisationen zusammen und verfügt über viele Insider-Informationen. »Die Europäische Union will Zugang zum Milch- und Geflügelsektor«, sagt Sengupta, »wir haben die Wunschliste der EU gesehen, sogar Getreide wollen sie nach Indien exportieren.« Die EU habe »definitiv danach gefragt, diese Zölle zu reduzieren und wir wissen, dass die indische Regierung ernsthaft darüber nachdenkt.«[88]

Die indischen Milchbauern haben bereits 1999 entsprechende Erfahrungen sammeln können, als in Folge des Agrarabkommens in der Welthandelsorganisation billiges Milchpulver und Butterfett aus der EU nach Indien gelangten. »Indien hat damals die Mengenbeschränkungen und Zölle für Importe auf Butterfett und Milchpulver aufgehoben«, erinnert sich die Veterinärin Sagari Ramdas. Hier sei es wichtig zu verstehen, dass die verarbeitende Industrie, die den Kooperativen die Milch abnahm, Butterfett und Milchpulver wieder zu flüssiger Milch mischte, um so die Milchknappheit in der Trockenzeit zu überstehen. Dieses Verfahren wird in Indien seit Jahrzehnten alternativ zur energieintensiven Kühlung der Milch angewandt und die Marktöffnung hatte schwerwiegende Auswirkungen. »Als diese subventionierten Importe ins Land kamen, fiel der Milchpreis über Nacht ins Bodenlose«, erzählt Ramdas. »Wir haben ja noch immer einige Kooperativen, aber damit konnten sie nicht konkurrieren.« Molkereien gingen dazu über, vermehrt das billige, importierte Milchpulver zu kaufen. »Die Mitglieder der Kooperativen gingen auf die Barrikaden, machten Druck auf die Molkereien.« Schließlich musste die Regierung wieder Mengenbeschränkungen und einen Zoll von 60 Prozent einführen. »Wenn Indien dem Druck der EU nachgibt und das Abkommen unterzeichnet, dann können wir uns an diesem Präzedenzfall orientieren. Das heißt: Wenn wir die Zölle auf Null setzen, können unsere Kleinbauern ihre Produktion einstellen.«

Wenn die Milchpreise fallen, ist das gut für die städtischen Armen, argumentieren die Befürworter des Freihandels. Das ist jedoch sehr kurzsichtig. Denn erstens berücksichtigt das nicht die vernichtende Wirkung auf die Existenz vieler ländlicher Milchbauern. Und zweitens ist der internationale Milchmarkt alles andere als beständig, wie die Milch- und Nahrungsmittelkrise von 2008 gezeigt hat, als die Preise international in ungeahnte Höhen schnellten. Unter solchen Schwankungen leiden vor allem die Regionen, die sich von Importen abhängig gemacht haben.

Indiens vorauseilender Gehorsam

Im Zentrum Neu-Delhis steht das Bürohaus der mächtigen Vereinigung der indischen Industrie- und Handelskammern. Der Zugang der Eingangshalle ist mit Metalldetektoren gesichert. Neben der Rezeption hängt ein großes Porträt von Mahatma Gandhi. »Die Industrie sollte sich als Treuhänder und Diener der Armen betrachten«, steht darunter als Zitat aus seiner Rede auf der Hauptversammlung der Vereinigung im April 1931.

»Das Freihandelsabkommen zwischen Indien und der EU wird von der indischen Wirtschaft im Großen und Ganzen begrüßt«, erklärt mir Manab Majumdar. Er ist stellvertetender Generalsektretär der Vereinigung und zuständig für internationale Handelspolitik. »Wir sehen ein solches Handelsabkommen zwischen Indien und einer ihr komplementären Wirtschaft wie die der EU als ein Win-Win-Szenario.« Vor allem die indische IT- und die

87 Ecorys et al. 2009:106f; 137f

88 Siehe auch Ecofair Trade Dialogue 2011:37. »In order to gain market access for other products, the Indian Government is considering opening up the tariff lines for certain poultry products as well for SMP.«

Textilbranche werde vom Freihandelsabkommens profitieren. Dass es auch Verlierer geben wir und etwa die indischen Kleinbauern den Preis dafür bezahlen müssen, schließt er kategorisch aus. »Die indische Regierung wird alles vermeiden, was sich gegen die Interessen der landwirtschaftlichen Bevölkerung richtet und wird alles tun, um Schaden von ihr abzuwenden.«

Bevor es zur Unterzeichnung des seit 2007 verhandelten Freihandelsabkommens kommt, musste Indien bereits einseitig in Vorleistung gehen. Der Druck internationaler und indischer Konzerne ist gewaltig, und Indien ist abhängig von Investitionen und billigem Öl. So kam es, trotz der Opposition dagegen, schließlich zur Marktöffnung für ausländische Supermarktketten, die ursprünglich Bestandteil des Freihandelsabkommens sein sollte. Anfang Dezember 2012 spielten sich deshalb tumultartige Szenen in der Lok Sabha, dem indischen Unterhaus, ab. Das indische Parlament hat kein Mitspracherecht bei internationalen Handelsverträgen, aber die erneute Gesetzesvorlage zur einseitigen Öffnung für ausländische Direktinvestionen im Einzelhandel musste auf Antrag der Opposition abgestimmt werden. Zwei der Oppositionsparteien kritisierten das Gesetz zwar lautstark, verließen bei der Abstimmung aber den Plenarsaal und verhalfen so der Minderheitsregierung unter Führung der Kongress-Partei zum Erfolg. Die 34 indischen Bundesstaaten dürfen allerdings eigenständig entscheiden, so das vermeintliche Zugeständnis an die Skeptiker, ob sie ihre Märkte für ausländische Supermarktketten öffnen. Kumar Rajagopalan vom indischen Einzelhändlerverband, der die indischen Supermarktketten vertritt, begrüßt die Entscheidung.

»Wir haben die Entscheidungsfreiheit der Bundesstaaten nicht befürwortet, aber das ist doch besser als nichts«, kommentiert er. »Und ich gehe ohnehin davon aus, dass nach und nach alle Bundesstaaten ihre Türen öffnen werden.« Bis vor wenigen Jahren seien die meisten Verbandsmitglieder noch besorgt über die Konkurrenz ausländischer Einzelhandelsketten gewesen. »Aber nach einiger Zeit haben sie umgedacht. Denn wenn auch der Einzelhandel ein globales Geschäft ist, braucht er doch eine lokale Anbindung. Und unsere Einzelhändler kennen den indischen Markt sehr gut. Sie wissen, dass sie weiter eine wichtige Rolle im Einzelhandel spielen werden.« Kumar Rajagopalan ist davon überzeugt, dass die indischen Supermarktketten zu den Gewinnern gehören werden und das Gesetz zur Marktöffnung ein auch aus indischer Sicht in ein geschickt eingefädeltes Win-Win-Szenario münden wird. »Dass die ausländischen Investoren maximal 51 Prozent an den Unternehmen halten dürfen, läuft auf eine Zwangsheirat hinaus. Denn sie müssen einen indischen Partner finden, der die restlichen 49 Prozent übernimmt.«

»Geht doch in die IT-Branche!«

Nur selten treffen europäische Freihandelsbefürworter und ihre indischen Kritiker aufeinander. Meist sind es nichtstaatliche Organisationen, die mit Hilfe ihrer Budgets den Rahmen dafür organisieren. Zum Beispiel die Heinrich-Böll-Stiftung und das Hilfswerk Misereor, die zu einer Konferenz über die Auswirkungen des Freihandelsabkommens auf das Recht auf Nahrung in Brüssel einluden. Ranja Sengupta vom Dritte Welt Netzwerk in Neu-Delhi und Sagari Ramdas trafen dabei auf Vital Moreira, Mitglied der sozialistischen Fraktion des Europaparlaments und Vorsitzender des Ausschusses für internationalen Handel. Früher, vor vielen Jahren, war er einmal Mitglied der KP Portugals. Heute sieht der grauhaarige und vitale Jurist vieles anders. Zugeständnisse, erklärte er Ranja Sengupta und Sagari Ramdas, müsste nicht nur die indische Bevölkerung machen, sondern auch die Bürger der EU. Sie müssten in Folge des Freihandelsabkommens mit Arbeitsplatzverlusten und niedrigeren Löhnen in der europäischen Textil- und Automobilindustrie rechnen.

»In einem Handelabkommen macht man Zugeständnisse, um dann Zugeständisse von der anderen Seite zu bekommen«, belehrt er die Aktivistinnen. »Bilaterale Handelsabkommen sind freiwillige Übereinkommen, niemand ist dazu verpflichtet darüber zu verhandeln. Es ist jedem Partner überlassen, ob er das Ergebnis als insgesamt positiv oder negativ betrachtet.« Immerhin sei Indien eine repräsentative Demokratie und die Regierung vertrete also die Interessen der Bevölkerung. »Vielleicht sind durch dieses Abkommen einige Sektoren negativ betroffen«, gesteht der Handelspolitiker, »aber die bekannten Untersuchungen zeigen, dass es insgesamt ein Potential für Wachstum und Arbeitsplätze hier in Europa gibt, und das ist aus einer strikten Handelsperspektive das, was wir wissen müssen, um Ja zu einem Abkommen zu sagen.« Mit kleinen Schritten will sich Moreira nicht zufrieden geben. »Wir sollten so ambitioniert sein wie es nur möglich ist, idealerweise sollte ein Freihandelsabkommen 100 Prozent abdecken.«

Die beiden Frauen waren nicht einverstanden. »Wir haben Sie auf die Tatsache aufmerksam gemacht, dass es Elemente in diesem Freihandelsabkommen gibt, die Auswirkungen auf die Landwirtschaft, z.B. den Milch- und Geflügelsektor haben und Millionen Menschen verdrängen werden«, appelliert Sagari Ramdas an das Gewissen Moreiras. »Das ist eine Menschenrechtsverletzung, und das wollten wir Ihnen nahebringen. Aber Sie wollen das nicht zur Kenntnis nehmen!«

»Das stimmt nicht«, widerspricht Moreira. »Was ich Ihnen gesagt habe: Sie werden nicht viele Abgeordnete mit diesen Argumenten überzeugen.« Als die Frauen darauf insistierten, erklärte er ihnen: »Sie können doch gar nicht beweisen, dass das Freihandelsabkommen das Recht auf Nahrung unterminiert!«

Geduldig, aber bestimmt versuchte Sagari Ramdas, ihn mit den Fakten zu konfrontieren. »Wenn jemand seine Arbeit verliert, wie soll er sich dann ernähren?« Aber Moreira wäre nicht der Vorsitzende des Ausschusses für internationalen Handel, wenn er nicht die Phrasen der Modernisierungsrhetorik beherrschen würde: »Wenn sie oder er dann eine andere Arbeit finden kann, ist das doch kein Problem!«

»Erwarten Sie etwa von einem Bauern, dass er in den IT-Sektor wechselt und dort arbeitet?« fragte ihn Ranja Sengupta erstaunt. Hier gingen Moreira die Argumente aus. »Ich repräsentiere die Interessen der EU, der Wirtschaft, der Konsumenten, der Beschäftigten«, zog sich der Handelsexperte zurück. »Das sind meine ersten und wichtigsten Verpflichtungen, nicht die Interessen Indiens. Die wirtschaftlichen und sozialen Interessen Indiens sollten von Ihrer Regierung wahrgenommen werden.« Ende der Diskussion.[89]

Von Brüssel zurück nach Mumbai. Im Pavillion auf der alten Rennbahn im Zentrum, früher einmal exklusiver Treffpunkt der britischen Kolonialherren, hat die Deutsch-Indische-Handelskammer zusammen mit anderen Organisationen zu einem Treffen indischer Investoren eingeladen, die sich über Geschäftsbedingungen in Deutschland informieren wollen. Hier ist man unter sich, hier treffen sich die Gewinner der Freihandelspolitik: Große und mittelständische Unternehmen aus Indien, Wirtschaftsanwälte und Beratungsfirmen, der deutsche Konsul und natürlich der Hauptgeschäftsführer der Handelskammer und ehemalige Leiter der Deutschen Bank in Indien, Bernhard Steinrücke. Zwar gibt es einige indische Unternehmen, die in Deutschland investieren und noch mehr investieren wollen. Aber, gesteht Steinrücke, besonders die exportorientierte Wirtschaft in Deutschland braucht neue Absatzmärkte, denn in den krisengeschüttelten Ländern Südeuropas sinkt die Konsumfähigkeit. »Sicherlich ist das eine Kompensation, denn Indien ist ein Wachstumsmarkt.« Deutschland etwa exportiere immer noch und vor allem in andere EU-Staaten, »und muss infolgedessen natürlich sehen, wie es seine neuen Märkte aufbaut.« Steinrückes Zeithorizont ist nicht durch Legislaturperioden begrenzt. »Wenn wir an ein Freihandelsabkommen mit Indien denken, geht es um langfristige Entwicklungen. Dann haben wir die Jahre 2020, 2030 im Blick. Und da wird Indien mit China die mit Abstand größte Volkswirtschaft der Welt sein.« Europa müsse deshalb »ein existenzielles Interesse daran haben, dass der Handel mit dem Wachstumskontinent Indien wächst. Und wenn Deutschland Exportweltmeister oder auch Vizeweltmeister bleiben will – wo sollen wir denn hin exportieren?«

Freihandel hinter verschlossenen Türen

Die Konzernlobby in Brüssel steht in all den Jahren der Vertragsverhandlungen über das Freihandelsabkommen im engsten Kontakt mit der verhandlungsführenden EU-Kommission. Auf unzähligen exklusiven Treffen finden Absprachen über detaillierte Inhalte der laufenden Verhandlungen statt.[90] Solche Privilegien bleiben Nichtregierungsorganisationen und Gewerkschaften, geschweige denn der allgemeinen Öffentlichkeit vorenthalten.[91] Sie werden vor vollendete Tatsachen gestellt. Als ich den Vertragstext anforderte, erhielt ich von der Kommission folgende Antwort: »Vielen Dank für Ihre Anfrage. Da die Verhandlungen über das Handelsabkommen noch nicht abgeschlossen sind, ist der Vertragstext nicht öffentlich zugänglich.«

Corporate Europe Observatory, eine Nichtregierungsorganisation mit Sitz in Brüssel, hatte die EU-Kommission wegen der Geheimhaltung des Vertragsentwurfs über das Indien-EU-Freihandelsbakommen verklagt. Seit zwanzig Jahren analysieren ihre Mitarbeiter die Handelspolitik der EU und hatten zahlreiche Dokumente und Unterlagen von der Kommission zur Einsicht angefordert. »Wie kann es sein«, fragt Pia Eberhardt, »dass Dokumente, die schon an Konzerne und große Industrieverbände gegeben wurden – und da gab es offensichtlich kein Problem – auf einmal vertraulich werden?« Im Sommer 2013 gab das EU-Gericht in Luxemburg der EU-Kommission Recht. Es liege kein Rechtsverstoß gegen die EU-Transparenzregeln vor, immerhin handele es sich bei der Konzernlobby um »einen bestimmten Personenkreis«, der nicht die Öffentlichkeit repräsentiere. Corporate Europe Observatory hat daraufhin die nächste Instanz des Europäischen Gerichtshofs angerufen. »Wenn Handelsabkommen Grundrechte auf ungefährliche

89 Eigene Aufzeichnungen. Brüssel 7.12.2011

90 Corporate Europe Observatory/ India FDI Watch 2010:11ff

91 Hinterzimmerdiplomatie ist die Regel bei Handelsabkommen zwischen der EU und anderen Staaten. Siehe auch: »Das Schweigen der Kommission«. Die Zeit 15.06.2013

Nahrung, erschwingliche Medikamente, eine gesunde Umwelt und eine annehmbare Arbeit bedrohen, müssen wir ein solches Urteil einfach anfechten«, so Pia Eberhardt.[92]

Unter Dach und Fach wird das Abkommen erst unter der Regierung kommen, die im Frühjahr 2014 die Regierungsgeschäfte in Neu-Delhi übernimmt. »Der Ball liegt im indischen Feld«, so Joaquin Alumnia, Vizepräsident der EU-Kommission, bei seinem Besuch in Neu-Dehli Ende 2013.[93]

Bis zu 200 Millarden Dollar könnte das Handelsvolumen zwischen der EU und Indien mit Hilfe des Freihandels erreichen, schwärmen EU-Diplomaten. Aber manchmal sei es in einer Demokratie nun mal so, dass »in Wahlkampfzeiten Regierungen nur ungern tiefgreifende Entscheidungen treffen«. Spekuliert wird auf einen Regierungswechsel: »Dann gibt es eine etwas kürzere Zeitspanne, in der die neue Regierung ihren Handlungsspielraum auslotet«.[94] Mit ihrer Hoffnung auf eine neue Regierung in Neu-Delhi steht die EU-Diplomatie und Geschäftswelt nicht alleine. US-amerikanische Banken wie Goldman-Sachs spekulieren sogar ganz offen auf die neuen, hindunationalistischen Machthaber unter Narendra Modi, dem Spitzenkandidaten der größten Oppositionspartei, der BJP. Ganz zu schweigen von den indischen Großindustriellen, den Tatas und Ambanis.[95]

92 »Appeal filed over business lobbies privileged access in EU-India trade talks«, CEO, 10.7.2013; http://corporateeurope.org/pressreleases/2013/appeal-filed-over-business-lobbies-privileged-access-eu-india-trade-talks

93 »Free trade pact: EU says ball is in India's court«. The Economic Times 22.11.2013

94 »India-EU bilateral trade may touch $ 200 billion: Joao Cravinho«. The Economic Times 21.10.2013

95 Siehe Kapitel »Liebling der Konzerne«

Totengräber der Demokratie

»Die Nicht-Hindus müssen die Hindu-Kultur und -Sprache annehmen, die Hindu Religion achten und verehren lernen, und dürfen keinen anderen Ideen als der Verherrlichung der Hindu-Nation anhängen. Das bedeutet, sie müssen ihre Intoleranz und Undankbarkeit gegenüber diesem Land mit seinen Jahrhunderte alten Traditionen aufgeben und eine positive Haltung der Liebe und der Hingabe annehmen – mit einem Wort: Sie müssen aufhören, Ausländer zu sein. Wenn nicht, können sie nur in unserem Land bleiben, wenn sie sich der Hindu-Nation ganz und gar unterordnen – ohne Ansprüche, ohne Privilegien, ja selbst ohne Staatsbürgerrechte.«

Madhav Golwalkar (gestorben 1973) »We or Our Nationhood Defined«, 1938[96]

»Solche Individuen haben keine Empathie auf der menschlichen Ebene. Aber sie haben ein Gespür und ein Verständnis von den Unsicherheiten und Ängsten der Bevölkerung, die sie zu Demagogen machen. Sie spielen mit diesen Ängsten, sind aber unfähig, eine wirkliche Bindung einzugehen.«

Madhu Sarin, Psychoanalytikerin, über Narendra Modi, 2007[97]

»Die Indische Volkspartei BJP ist nicht das Pendant zu den US-amerikanischen Republikanern oder den europäischen Christdemokraten. Sie ist ein erheblich gefährlicheres politisches Phänomen.«

Achin Vanaik, Professor für internationale Beziehungen und globale Politik 2008[98]

Gandhi: Ein prominenter Überläufer

Als am 16. Mai 2009 die Ergebnisse zur Wahl der Lok Sabha, des indischen Unterhauses, bekannt gegeben wurden, war die Enttäuschung bei den An-

96 Golwalkar 1938 (ohne Seitenangaben). Gilt als Manifest des Hindu-Nationalismus.

97 »The Hawk in Flight«. Outlook India 24.12.2007

98 Vanaik 2009:159 mittlerweile emeritiert – siehe auch »Indien den Hindus«. SWR 2.10.2009

hängern der Indischen Volkspartei groß. Die BJP, größte Oppositionspartei und politischer Arm der Hindunationalisten, hatte unerwartet hoch verloren – ein Drittel ihrer Stimmen. Dabei hatten sich die meisten Kandidaten im Wahlkampf darum bemüht, offene Hassreden gegen religiöse Minderheiten zu vermeiden und besonders moderat zu erscheinen. Ausgerechnet der BJP-Kandidat Varun Gandhi, ein Großneffe des ersten indischen Premierministers Nehru,[99] schnitt unerwartet gut in seinem Wahlkreis im bevölkerungsreichsten Bundesstaat Uttar Pradesh in Nordindien ab.[100] Nicht trotz, sondern wegen seiner Hassreden, für die er kurzfristig sogar inhaftiert worden war. Mit einem großen, roten Streifen auf der Stirn, Ausdruck seiner Zugehörigkeit zur hinduistischen Glaubensgemeinschaft, hatte er im Wahlkampf gedroht: »Wenn irgendjemand die Hand gegen Hindus erhebt, werde ich sie höchstpersönlich abschlagen! [...] Geht in eure Dörfer und gebt die Losung aus, dass sich alle Hindus vereinigen müssen, um diese Gegend davor zu bewahren, Pakistan zu werden!«[101] Millionenfach wurden seine Botschaften in den Videoportalen des Internets angeschaut. Vor allem indische Muslime sahen sich als Zielscheibe dieser Drohung. Etwa 160 Millionen Inder sind Muslime, mehr als zehn Prozent der Bevölkerung. Zahlreiche Politiker – auch aus der eigenen Partei – warfen Varun Gandhi Unruhestifterei vor, er wurde wegen Volksverhetzung angezeigt. Die Wähler aber honorierten seine deutlichen Worte: In seinem Wahlkreis, der Millionenstadt Pilibhit, erzielte Varun Gandhi eines der besten Ergebnisse eines Erstkandidaten in der Geschichte der indischen Volkspartei.

Besonders der einflussreiche »Nationale Freiwilligendienst« der Hindunationalisten, den Rashtriya Swayamsevak Sangh, kurz RSS, nahm Varun Gandhi gegen alle Vorwürfe in Schutz und unterstützte ihn. Der RSS zählt mehrere Millionen Mitglieder. Er ist die Kaderorganisation und das Rückgrat des »Sangh Parivar«, der hindunationalistischen Bewegung.

Varun Gandhi ist auch fünf Jahre später wieder Spitzenkandidat. Im Sommer 2013 empfing Mohan Bhagwat, der ranghöchste Anführer der RSS, zahlreiche Spitzenpolitiker der BJP in Nagpur, um mit ihnen die Wahlkampfstrategie für die nächsten Wahlen zum Unterhaus abzusprechen. Neben dem Kandidaten für das Amt des Premierministers Narendra Modi und dem alten Veteranen Lal Krishna Advani verbrachte auch der 1980 geborene Varun Gandhi mehrere Stunden im RSS-Zentralbüro.

Gandhi hatte die Videofilme und Zitate von damals schon immer als »Fälschungen« bezeichnet, um strafrechtliche Konsequenzen zu vermeiden.

Gleichzeitig machte er keinen Hehl daraus, hinter den proklamierten Inhalten zu stehen. Im Wahlkampf habe er lediglich versucht, »das Selbstvertrauen einer Gemeinschaft wieder herzustellen, die in ihrem eigenen Land unter Belagerungszustand gewesen ist«.[102] Das ist eine klare Anspielung auf die vermeintliche Unterordnung der hinduistischen Mehrheit unter die muslimische Minderheit – eine gern bemühte Erzählung der Hindunationalisten. Anfang März 2013, rechtzeitig vor der heißen Phase des Wahlkampfs, sprach ihn schließlich ein Gericht in Pilibhit frei. Der Freispruch öffnete ihm die Tür für neue politische Ämter. Die BJP ernannte ihn einige Wochen später zu einem ihrer Generalsekretäre und zum Wahlkampfleiter der Partei im Bundesstaat Westbengalen. Laut Insider-Informationen wurde Varun Gandhi, der künftig das »junge Gesicht« der Bewegung in der Öffentlichkeit repräsentieren soll, von der RSS angewiesen, keinen harten, »kommunalistischen«[103] Wahlkampf gegen religiöse Minderheiten zu führen. Gleichzeitig soll er Hindutva-Frontorganisationen wie der Weltrat der Hindus, Vishwa Hindu Parishad (VHP), mit ihren knapp sieben Millionen Mitgliedern bei der Stange halten. Denn es gilt als ausgemacht, dass die Mitglieder des VHP 2009 in vielen Regionen der Wahl ferngeblieben sind, weil ihnen der Wahlkampf als zu moderat erschien. Der RSS als Kaderorganisation setzt auf eine Doppelstrategie: Varun Gandhi soll als »starker Hindutva-Mann« präsentiert werden, um diese Stimmen zurückzugewinnen, und gleichzeitig den wirtschaftsliberalen Kurs des Spitzenkandidaten Narendra Modi kompromisslos unterstützen.[104]

Die rechtliche Rehablitierung Gandhis ging offensichtlich mit Rechtsbeugung einher: Nach einer investigativen Recherche des Wochenmagazins Tehelka, die mehrere dutzend Seiten, einschließlich Audio- und Videomaterial

99 Varun Gandhi ist eine Ausnahme. Ansonsten stellt die Nehru-Gandhi-Dynastie die Spitzenpolitiker der Kongress-Partei.

100 »Varun rant, Modi fail to jack up BJP fortunes«. The Indian Express 17.5.2009

101 »Badey daraawne naam hotey hain inke ... Karimullah, Mazharullah ... Varun Gandhi kaat daalega...«. The Indian Express 18.3.2009

102 »I am a Gandhi a Hindu and an Indian, says Varun«. The Indian Express 8.3.2009

103 Als »Kommunalismus« wird in Indien die unter religiösen Vorzeichen stattfindende Gemeinschafts- und Identitätsbildung von Hindus, Muslimen und anderen Gruppen verstanden, aus der heraus Konflikte bis hin zu blutigen Zusammenstößen entstehen.

104 »Now, Varun Gandhi visits RSS headquarters«. The Indian Express 27.7.2013; »Cautious Varun meets RSS leaders«. The Times of India 27.7.2013

umfasst, erscheint das Gerichtsurteil von Pilibhit mehr als fragwürdig. Die Autoren erheben gut belegte, schwerwiegende Vorwürfe: Zeugen seien erpresst und bestochen, wichtige Beweise vom Gericht ignoriert worden. Diese Geschichte belege, »wie einfach demokratische Institutionen von den Mächtigen in diesem Lande untergraben werden können«, kommentieren die Autoren des Beitrags.[105]

Varun Gandhi ist ein Überläufer. Anders als die anderen Mitglieder der Familiendynastie hat er seine politische Heimat – die der Kongresspartei – verlassen. Die Führungsfunktionäre der Indischen Volkspartei BJP kommen mit wenigen Ausnahmen aus den Reihen der RSS.

»Man sollte den langsamen, manchmal unstetigen Vormarsch der Hindu-Nationalisten nicht unterschätzen«, warnt Achin Vanaik, emeritierter Politologe der Universität Delhi. »Zwischenzeitliche Wahlniederlagen der BJP darf man auf keinen Fall mit einem politischen oder ideologischen Niedergang gleichsetzen«. Mit Hilfe von Bildungs- und Wohlfahrtsorganisationen verfügten die Hindunationalisten über einen starken ideologischen Einfluss. »Der RSS und ihre Schwesterorganisationen sind in der indischen Zivilgesellschaft verwurzelt und in die Poren dieser Gesellschaft tiefer eingedrungen als jede andere politische Kraft«.[106] Fest steht: Bei den Hindu-Nationalisten handelt es sich um die weltweit größte religiös-nationalistische Bewegung.[107]

Porträt eines RSS-Kaders

Vijay Chauthaiwale ist 1964 in Nagpur, Maharashtra, geboren. Er ist ein typischer Vertreter der gut gebildeten und wohlhabenden Mittelschicht. Er hat einen Doktortitel der Mikrobiologie, hat in den USA geforscht und arbeitet für einen Pharmakonzern in Indien und Deutschland. »Schon als kleines Kind war ich im RSS, hauptsächlich, weil mein Vater Mitglied war. Er hatte auch meine Geschwister zum RSS gebracht«, erinnert sich Chauthaiwale.[108] Er war damals fünf Jahre alt. Am Anfang ging er sporadisch, später regelmäßig zu den allmorgendlichen Treffen des RSS, den Shakas, von denen es in ganz Indien etwa 30.000 gibt. »Ein Shaka läuft sehr diszipliniert ab und dauert etwa eine Stunde«, so Chauthaiwale. Die ausschließlich männlichen Teilnehmer werden bei den Treffen nach Altersgruppen aufgeteilt. Das Tragen einer Uniform ist Pflicht: Kurze, ockerfarbene Hosen und weiße Hemden. Die Shakas finden im Freien statt, gleichen militärischen Aufmärschen und sind die Keimzellen des RSS. Die Teilnahme ist für die Mitglieder »freiwillig«. Erscheint ein Mitglied nicht zu den Treffen, wird es aufgesucht und nach dem Grund für sein Fernbleiben befragt. Chauthaiwale interpretiert das als fürsorgliches Verhalten. »Alles, was zu tun ist, wird vom Leiter der Gruppe entschieden«. Gymnastik, Yoga – die körperliche Ertüchtigung ist wichtiger Bestandteil der Shakas. Aber auch das Singen patriotischer Lieder und das Gebet. »Es ist eine sehr organisierte Angelegenheit, man lernt viel über Disziplin«, erzählt er.

Heute lebt der gepflegt gekleidete Chauthaiwale mit seiner Frau im wohlhabenden Nordwesten der Acht-Millionen-Metropole Ahmedabad im Bundesstaat Gujarat.

Gujarat grenzt im Norden an Pakistan und im Westen ans arabische Meer. Dort liegt auch die Stadt Porbandar, in der Ende des vorletzten Jahrhunderts die berühmteste Persönlichkeit Indiens geboren wurde: Mohandas Karamchand Gandhi, auch »Mahatma« Gandhi, die »Große Seele«, genannt. 1915 gründete er seinen ersten Ashram in Ahmedabad und lebte dort bis 1930. Gandhi kämpfte mit Hindus und Muslimen gemeinsam für die Unabhängigkeit von der britischen Kolonialherrschaft. Ahmedabad, die Wirtschaftsmetropole des Bundesstaates Gujarat, wurde zu einem Zentrum der indischen Freiheitsbewegung.

Mittlerweile gilt Gujarat wegen seines bemerkenswerten Wirtschaftswachstums vielen Investoren aus dem In- und Ausland als Modellstaat. »Dynamisches Gujarat – Wo das Leben ein Fest ist«, wirbt die Regierung.

Chauthaiwale wohnt in einer großen Eigentumswohnung im fünften Stockwerk eines modernen Hochhauses. Einbauküche, Ledergarnitur, teure Unterhaltungselektronik – sein Lebensstandard ist für die meisten Inder luxuriös. Seine Tochter studiert im Ausland. Er gehört zu dem Zehntel der indischen Bevölkerung, das den Anschluss an das westliche Lebensniveau geschafft hat. Wie er stammen überproportional viele Mitglieder des Nationalen Freiwilligendienstes RSS aus der Mittelschicht. Seine Organisation, der er bis heute treu geblieben ist, habe nur die »Entwicklung des Landes auf Grundlage der vorherrschenden Wertvorstellungen der Hindus« im Sinn.

105 »How Varun Gandhi silenced the system«. Tehelka, 25.5.2013; http://www.tehelka.com/how-varun-gandhi-silenced-the-system/?singlepage=1

106 »Indien den Hindus«. Südwestrundfunk 2.10.2009

107 Vanaik 2009:152

108 Alle Zitate von Chauthaiwale aus »Indien den Hindus«. Südwestrundfunk 2.10.2009

Diese Aussage, so bemüht er sich zu vermitteln, habe »aber keine religiöse Bedeutung«. Der RSS verbinde mit dem Wort »Hindu« einen »Lebensstil, eine nationalistische Überzeugung«. »Jeder, der sich diesem Land zugehörig fühlt und die Vorväter und Traditionen dieses Landes als die seinen betrachtet – ungeachtet seiner Religion, also auch als Muslim oder Christ – ist ein Hindu im nationalistischen Sinne«, erläutert Chauthaiwale. »Theoretisch kann er Mitglied des RSS werden«. Schließlich gesteht er ein, dass es im RSS so gut wie keine Muslime oder Christen gibt. »Die Mitglieder sind in der Regel konventionelle Hindus.«

Der RSS wurde 1925 in der Großstadt Nagpur, dem Geburtsort von Vijay Chauthaiwale, gegründet. Bis heute betrachtet dieser Freiwilligendienst die Geschichte Indiens als steten Kampf der Hindus gegen Angriffe von außen, wie die der christlichen Kolonialherren im 19. Und 20. Jahrhundert oder der muslimischen Dynastien, die zuvor den Subkontinent beherrscht hatten. Der 1973 verstorbene Madhav Golwalkar, »Guru« des RSS, formulierte 1938 in seinem Buch »We and our Nationhood defined« (Wir und unsere nationale Identität), eine Art Manifest des Hindu-Nationalismus. Bis heute gilt das Buch als Bibel der Hindunationalisten. Demnach müssten auch alle Nicht-Hindus in Indien die Sprache und Kultur der Hindus annehmen und die Hindu-Religion »achten und verehren«. Allen, die sich verweigern, sollten die Staatsbürgerechte entzogen werden.

»Hindutva« – wörtlich übersetzt »Das Wesen des Hinduismus«, heißt das Rezept der Nationalisten, um eine der ältesten Religionen der Welt für ihre Sache zu vereinnahmen. Weltweit ist der Hinduismus nach dem Christentum und dem Islam die drittgrößte Religion. Seine Geschichte reicht ins zweite Jahrtausend vor Christus zurück. Erst in den vergangenen achtzig Jahren gewann allerdings auch in dieser Religion mit ihren vielen tausend Göttern der Fundamentalismus an Einfluss.

Der Versuch, das »Wesen« des Hinduismus verbindlich zu definieren, stieß Anfangs auf wenig Begeisterung. Aufschwung erhielt die Bewegung jedoch durch die Politik des »Teile und Herrsche« der britischen Kolonialregierung, die verschiedene Religionsgruppen gegeneinander ausspielte.

Zum indischen Befreiungskampf haben die Hindunationalisten entgegen ihrer Rhetorik nach Einschätzung von Experten wenig beigetragen,[109] ebenso wenig zum Kampf gegen das Kastenwesen des Hinduismus.[110] Von Anfang an richteten sich die Aktivitäten des RSS eher gegen Muslime.

Die Hindunationalisten konnten sich in der Unabhängigkeitsbewegung auch deshalb nicht durchsetzen, weil sie mit zwei äußerst populären Persönlichkeiten konfrontiert waren, die eine andere politsche Linie verfolgten: Jawaharlal Nehru, der spätere Premierminister Indiens, und Mahatma Gandhi. Beide hatten Europa besucht und teilten weitgehend die antifaschistische Haltung ihrer dortigen Kontakte. Eine Zusammenarbeit mit den Achsenmächten Japan, Deutschland, Italien – auch als Verbündete im antikolonialen Kampf – kam für sie nicht infrage.

Die Unabhängigkeit Indiens 1947 wurde von blutigen Pogromen zwischen fanatischen Hindus und Muslimen begleitet. Die vergiftete Saat der britischen Kolonialherren war aufgegangen. 500.000 bis eine Million Menschen verloren dabei ihr Leben. Der Subkontinent wurde in Indien und Pakistan geteilt. Trotzdem gelang es den Fundamentalisten damals nicht, Mehrheiten um sich zu scharen.

Muslime – in erster Linie die ärmeren unter ihnen – blieben mehrheitlich in Indien, flohen nicht nach Pakistan. Bis heute ist dieses blutige Ereigniss offiziell nicht aufgearbeitet worden. Stattdessen wird die Unabhängigkeit auch in Indien nationalistisch verklärt. Die Konflikte der vergangenen Jahrzehnte zwischen Hindus und Muslimen konnten sich deshalb umso leichter Bahn brechen.[111]

Im Januar 1948, ein Jahr nach der indischen Staatsgründung, erschoss ein RSS-Anhänger Gandhi. Sein Motiv: Gandhi sei gegenüber Muslimen zu nachgiebig gewesen.

»Offen gesagt, gibt es heute kaum noch Gandhi-Anhänger«, beschreibt Chauthaiwale den allgemeinen Zeitenwandel. »Gandhi befürwortete ein sozialistisches Modell, aber heute haben sich alle Parteien außer den kommunistischen davon distanziert«, so der RSS-Mann. Der wichtigste Unterschied zwischen dem RSS und Gandhi sei aber »ihr Blick auf die Muslime, ganz besonders auf die Muslimliga. Gandhi dachte«, fährt Chauthaiwale fort, »er könnte sie irgendwie in die indische Föderation aufnehmen. Das ist nicht gelungen.«

Der RSS-Mann Vijay Chauthaiwale heißt die Ermordung Gandhis nicht gut, auch wenn er die Kritik des Gandhi-Mörders teilt. Es ist auch nicht mehr nötig, die Ermordung von liberalen Hindus – von fanatischen Hindunationa-

109 Islam 1999:2

110 Shah 2002:1391ff

111 Anderson 2012a:63ff; Anderson 2012b:106ff

listen »Verräter« genannt – gutzuheißen. Denn die Hindunationalisten verfügen heute über reale politische Macht.

Der RSS wurde in der Geschichte des unabhängigen Indien dreimal verboten: Nach der Ermordung vom Mahatma Gandhi, während der Ausrufung des Notstands unter Indira Gandhi und nach der Zerstörung der Babri Moschee 1992 in Ayodhya (Uttar Pradesh). Die Verbote wurden nach einem Jahr, bzw. mit dem Ende des Notstandsregimes, wieder aufgehoben.

Bisher stand die Mehrheit der Hindus den Hindutva-Anhängern skeptisch gegenüber. Das jahrhundertlange Zusammenleben verschiedener Religionen und das gegenüber anderen Religionen grundsätzlich tolerante Wesen des Hinduismus wirkt nach wie vor prägend auf die Mehrheit der Hindus. Unterstützung finden die Nationalisten jedoch bei den Organisationen des »Sangh Parivar«, dessen Rückgrat der RSS mit fünf bis sechs Millionen Mitgliedern ist. Seine hauptamtlichen Kader führen ein asketisches Leben und sind unverheiratet, um sich voll und ganz der Sache zu widmen.[112]

Mehrere Dutzend Organisationen sind dem Sangh Parivar angeschlossen: Neben dem einflussreichen Weltrat der Hindus auch Bauern-, Jugend-, Studenten- und Frauenorganisationen sowie ein Sozialwerk.

Bei Wahlen zur Lok Sabha, dem indischen Unterhaus, konnte die BJP als politischer Arm bis zu einem Viertel der Stimmen auf sich vereinen. Das ist umso bemerkenswerter, weil sie und ihre Vorläuferpartei bis Ende der 80er Jahre kaum einmal einen Sitz im Unterhaus erringen konnte.

Der politische Durchbruch gelang beinahe zeitgleich mit der Marktöffnung Indiens, als die Organisationen des Sangh Parivar ihre Kampagne zur Errichtung des Geburtstempels für ihren Gott Rama in Ayodhya lancierten. Diese Kampagne entzweit Hindus und Muslime in Indien seit Anfang der 90er Jahre. Am 6. Dezember 1992 zerstörten mehrere zehntausend Anhänger des RSS, der BJP und des Weltrates der Hindus (VHP) die dortige Babri Moschee. Ihre Wut galt Muhammad Babur, dem Begründer des indischen Mogulreiches. Der habe im 16 Jahrhundert zuerst den Geburtstempel des Gottes Rama zerstören und dann die Moschee an gleicher Stelle erbauen lassen. Als die Hindu-Fanatiker 1992 die Moschee dem Erdboden gleichgemacht hatten, kam es in mehreren indischen Städten zu blutigen Ausschreitungen, u.a. in Delhi, Hyderabad, am schlimmsten aber in Bombay, dem heutigen Mumbai. Mehr als 900 Menschen kamen dabei ums Leben, etwa 200.000 Muslime flohen aus der Stadt.

»Der Rama-Tempel ist wichtig für unseren Glauben«, betonte der BJP-

Präsident Rajnath Singh noch im Frühjahr 2009 noch auf einer Kundgebung vor mehreren zehntausend Zuhörern in Nagpur und drohte: »Wir werden den Rama-Tempel in Ayodhya errichten, wir warten auf die richtige Gelegenheit.«[113]

Viele Experten stellen den Mythos des Rama-Tempels infrage, u.a. der renommierte Historiker K.N. Panikkar, emeritierter Professor für Kulturgeschichte der Jawaharlal Nehru Universität in Neu-Delhi.[114] Wenn an der Stelle der Babri-Moschee zuvor ein Hindu-Tempel gestanden hätte, müsste das in den schriftlichen Quellen des 16. und 17. Jahrhunderts auftauchen, so seine These. Aber stattdessen verwiesen viele dieser Quellen auf die tolerante Haltung des Mogulherrschers Babur gegenüber anderen Religionen. Zahlreiche Beispiele belegten, dass Babur aus Rücksicht gegenüber Hindu-Heiligtümern auf den Bau von Moscheen verzichtet habe. Der Historiker Panikkar datiert den Mythos des Rama-Tempels auf das vorletzte Jahrhundert. »Dass die Babri-Moschee anstelle eines Tempels errichtet worden sei, ist eine relativ neue Annahme«, erklärt der Wissenschaftler. »Ihren Ursprung hat sie in den Versuchen der Kolonialherrscher im 19. Jahrhundert, die Geschichte des Subkontinents umzuschreiben. Dabei haben sie die gegenseitige Feindschaft religiöser Gemeinschaften in den Mittelpunkt gestellt.«[115]

Britische Historiker beschrieben die Geschichte Indiens vor allem als ein Produkt religiöser Konflikte. Viele indische Historiker beschreiben dagegen die reichen synkretistischen Traditionen Indiens, in denen sich Elemente des Islam, des Hinduismus und anderer Religionen zu neuen Weltbildern vermischt haben.[116] Aber bei den Hindunationalisten hat vor allem die manipulierte Geschichtsschreibung der Kolonialherrscher Spuren hinterlassen – so auch bei Vijay Chauthaiwale.

»Während der Invasion der Muslime aus dem Mittleren Osten wurden Hindus getötet, diskriminiert, gefoltert und ihre Frauen vergewaltigt und geheiligte Hindu-Stätten völlig zerstört«, so der RSS-Mann. »Wir wollen uns dafür nicht rächen, denn das wäre, als würden wir dieses Kapitel wieder neu aufschlagen. Aber die drei heiligsten Stätten, die diese Invasoren zerstört haben – darunter der Geburtstempel des Gottes Rama – sollten wieder in ihrem

112 Vanaik 2009:150

113 »Indien den Hindus«. Südwestrundfunk 2.10.2009

114 Vgl. auch Mann 2009:251

115 Panikkar 1991:29

116 Mann 2009:123

alten Glanz aufgebaut werden.«

Nr. 1 der Gewerkschaftsbewegung

»Sieg Dir Mutter Indien«, tönte es aus vielen tausend Kehlen grimmig schauender Männer auf einer Straße unweit des Regierungsviertels in Neu-Delhi, als erstmals die Marktöffnung für ausländische Supermarktketten auf der politischen Tagesordnung stand. Die Demonstranten, viele von ihnen Händler oder Straßenverkäufer, die um ihre Existenz fürchteten, hatten safranfarbene Stirnbänder um ihren Kopf gewunden. Sie forderten von der Regierung Gesetze, die sie vor dieser Konkurrenz schützen.

Die Straße vor Jantar Mantar, einer Sternwarte aus dem 18. Jahrhundert, ist täglich Schauplatz von Demonstrationen. Minderheiten und Indigene fordern ihre Rechte ein, Kleinbauern demonstrieren für günstige staatliche Kredite. Arbeiter, die ohne Alters-, Kranken- oder Unfallversicherung arbeiten, fordern soziale eine Absicherung.

Aufgerufen zur Demonstration hatte die Einzelhandelsgewerkschaft des Bharatiya Mazdoor Sangh. Dieser Gewerkschaftsdachverband bezeichnet sich zwar als unabhängig, ist aber tatsächlich eine Organisation des Sangh Parivar und mit mehr als sechs Millionen Mitgliedern mittlerweile die stärkste Arbeiterorganisation in ganz Indien. Die marxistische Klassentheorie lehnt die Gewerkschaft ab. Stattdessen setzt sie auf »nationale Hingabe«.[117]

»Die Arbeitswelt war früher völlig von den Kommunisten bestimmt, die diesen Ideen aus China und der Sowjetunion anhingen«, so der RSS-Kader Chauthaiwale über die Gewerkschaften in Indien. »Einige RSS-Mitglieder fragten sich: Warum können wir nicht mit unseren Ideen eine andere Ideologie, eine Art indischen Weg einschlagen, z.B. im Verhältnis zwischen Arbeitern und Eigentümern?«, fährt Chauthaiwale fort. Damals hätten in Indien alle an den Sozialismus geglaubt, viele hätten den Konflikt zwischen den Angehörigen verschiedener Klassen als zentral angesehen. »Aber der RSS war davon überzeugt, dass beide zusammen arbeiten und sich gegenseitig kontrollieren sollten, im Interesse der Entwicklung des Landes«, beschreibt Chauthaiwale die Philosophie des RSS.

Dass die Hindunationalisten mit ihrer Politik in den letzten zwei Jahrzehnten Erfolg hatten, ist kein Zufall. Es gelang ihnen, das Vakuum auszufüllen, das durch die Aufkündigung des postkolonialen Konsenses entstanden war. Der besagte, dass alle Inderinnen und Inder irgendwann an Wohlstand und Fortschritt teilhaben würden. Die aus der Unabhängigkeitsbewegung hervorgegangene Kongresspartei galt vielen – trotz aller Korruptionsaffären und Ränkespiele – bis dahin als Garant dieses Versprechens. Spätestens mit der Marktöffnung und der Aufgabe planwirtschaftlicher Elemente war dieser Konsens jedoch aufgekündigt. Die indischen Eliten bereicherten sich schamloser denn je und die soziale Schere ging immer weiter auseinander. Der Historiker Perry Anderson spricht von einem »religiösen Kompensationsversuch, der wie eine Flutwelle kam«, als »die sozialen Versprechungen der Kongreßpartei verblasst waren«.[118] Die Hindunationalisten sind gewissermaßen der Kit, der den korrupten Eliten des Landes Macht und Wohlstand sichert. Sie suggerieren den niederen Kasten einen vermeintlichen gemeinsamen Kampf und lenken soziale Unzufriedenheit um in Hass auf andere Religionen und Minderheiten.

Entgegen der von den Hindunationalisten oft zur Schau gestellten Friedfertigkeit und Toleranz gegenüber religiösen Minderheiten säumen Hasspredigten und Gewalt den Weg zur Macht, und sie haben eine blutige Spur hinterlassen: 1992, nach der Zerstörung der Babri-Moschee in Ayodhya, brannten in Bombay und vielen anderen Städten die muslimischen Stadtviertel, 2002 massakrierten Hindunationalisten im Bundesstaat Gujarat vor den Augen und zum Teil mit Hilfe der Polizei mehr als 1.000 Muslime. »Lang lebe Gott Rama«, schrien die Angreifer mit den safrangelben Stirnbändern, als sie die Wohnstätten und Geschäfte der muslimischen Minderheit mit Säbeln, Hacken und Brandbomben attackierten, nachdem ein Zugwaggon mit Hindutva-Pilgern nach einer Attacke von Muslimen ausgebrannt war.[119] 2007 jagten sie im Bundesstaat Orissa Christen, zündeten Kirchen an und ermordeten Priester.[120]

Gujarat: Mit Dreizack und Benzinkanister

Etwa 15.000 Mitglieder der Indischen Volkspartei BJP stehen andächtig auf einem freien Feld in Ahmedabad, der Wirtschaftsmetropole von Gujarat. Der Bundesstaat zählt 60 Millionen Einwohner, davon sind etwa zehn Prozent Muslime. Hauptsächlich Männer sind zur Kundgebung gekommen, ausschließlich Hindus. Die meisten tragen Oberlippenbärte, einige Sonnen-

117 http://bms.org.in/pages/BMSATGlance.aspx (30.12.2013)

118 Vanaik 2009:141; Anderson 2012b:115

119 Puniyani 2006:131ff

120 »Orissa carnage: Christian group demands CBI probe«. Times of India 30.12.2007

brillen. Weiße Zeltplanen schützen sie vor der gleißenden Sonne. Im Wind flattern safranfarbene Wimpel und Fahnen mit stilisierten Lotusblüten, dem Parteiabzeichen der BJP. Die Pressetribüne auf der linken Seite der riesigen Bühne ist voll besetzt, mehrere Kamerateams filmen den Auftakt, als ein Vorsänger das Nationallied »Vande Mataram« anstimmt. Diese Choreographie ist typisch für die Wahlkampfveranstaltungen der BJP.

In der ersten Strophe wird »Mutter Indien« besungen. »Vande Mataram« ist das zweitpopulärste Lied in Indien und älter als die Nationalhymne. Einige Männer summen und singen leise mit, aber die meisten schweigen und einige schließen voller Ehrfurcht die Augen. Bankimchandra Chatterjee dichtete das Lied 1875 als Reaktion auf einen Befehl der britischen Kolonialherren, die ihre Nationalhymne »God Save The Queen« zur Hymne aller Inder erklären wollten. Zeitweise wurde »Vande Mataram« sogar zum Kampflied der indischen Befreiungsbewegung.

In diesem Lied werden ausschließlich hinduistischen Gottheiten verehrt. Das führte bereits in den 30er Jahren zu Unstimmigkeiten mit den indischen Muslimen, die Teil der Unabhängigkeitsbewegung waren. Für den indischen Literaturnobelpreisträger Rabindranath Tagore, ein Brahmane, also Angehöriger der höchsten Kaste im Hinduismus, kam dieses Lied deshalb nicht als Befreiungshymne infrage. »Von keinem Muslim kann man erwarten, patriotisch der zehnarmigen Göttin Durgha als »Mutter Indiens« zu huldigen«, schrieb er 1937.

In den letzten Jahren versuchte vor allem die hindunationalistische Bewegung, das Lied für ihre Zwecke zu nutzen. »Wer in Indien leben will, muss das Lied Vande Mataram singen«, gab vor einigen Jahren der Weltrat der Hindus als Parole aus.

Eine Provokation für die indischen Muslime, aber auch für Angehörige der anderen, kleineren Religionsgemeinschaften oder für Atheisten. In den Bundesstaaten, die sie regieren, versuchen die Hindunationalisten dennoch immer wieder, Vande Mataram als Pflichthymne im Schulunterricht oder bei Treffen öffentlicher Gremien durchzusetzen. Das ist eine von vielen Kampagnen, mit denen sie ihre kulturell-religiöse Hegemonie durchsetzen wollen.

»Wir mussten uns immer weiter in unser Viertel zurückziehen, sie zerstörten und brandschatzten«, erzählt mir Muhammad Sharif Malik, der das anti-muslimische Pogrom in Gujarat überlebte. Es begann am 28. Februar 2002 in Ahmedabad und dauerte mehrere Tage. »Gegen Mitternacht waren sie uns ziemlich nahe gekommen«, beschreibt der junge Muslim die bedrohliche Situation im Stadtteil Naroda, wo die Hindu-Nationalisten besonders heftig gewütet hatten. Malik war zusammen mit 400 weiteren Menschen auf der Flucht. »Über den Hinterausgang eines Hauses und eine Seitengasse erreichten wir schließlich die Hauptstraße. Auf der gegenüberliegenden Seite war die Polizeistation von Naroda«. Aber davor stand der Mob. Anfangs hoffte Malik wie so viele andere noch auf die Hilfe der Polizei und die Station erschien wie die letzte Rettung. »Wir Männer haben einen Kreis gebildet und alle Frauen, Kinder und Alten in unsere Mitte genommen – dann sind wir losgestürmt, mitten durch den Mob in die Polizeistation, wo wir sofort alle Türen verrammelt haben.« Die Polizeibeamten verhielten sich passiv, griffen nicht ein und wurden deshalb später juristisch belangt.[121]

Muhammad Sharif Malik war damals zwanzig Jahre alt. Viele Bewohner aus Naroda hatten weniger Glück: 97 kamen ums Leben, ausschließlich Muslime. In Ahmedabad wurden mehrere hundert Muslime ermordet. Es gab viele Polizeibeamte, die sich nicht nur passiv verhielten, sondern sich aktiv an den Massakern beteiligten. »Wir haben keinen Befehl euch zu retten«, erklärten sie Schutzsuchenden. Auf den Hauptstraßen von Ahmedabad waren ausgebrannte Läden und Restaurants zu sehen, die Muslimen gehörten – die der Hindus blieben verschont. Der Mob, ausgerüstet mit Schwertern und Explosiva, gekleidet in den Farben der Hindunationalisten, hatte Wähler- und Adressenlisten lokaler Behörden dabei, auf denen muslimisches Eigentum markiert war.[122] Doch es gab auch Vergeltungsschläge der Muslime. Unter den 1.000 bis 2.000 Toten in Gujarat waren etwa 200 Hindus.[123]

Malik war Anfang 2009 einer von vielen Dutzend Zeugen beim Obersten Gerichtshof, dessen Sonderermittlungskommission die Vorgänge in Gujarat untersuchte. Eine gefährliche Angelegenheit. Denn dieser Bundesstaat wird seit 2002 ununterbrochen von der BJP regiert. Hindunationalisten kontrollieren Polizei, Gerichte und Staatsanwaltschaften. Sharif Malik erzählte mir, dass er immer wieder bedroht wurde.[124] Er hatte viel gesehen und hochrangige Politiker der BJP belastet, u.a. Maya Kodnani, eine Abgeordnete der BJP im Länderparlament und Jaideep Patel, Präsident des Weltrats der Hindus in

121 Setalvad 2012:19

122 »India: Gujarat Officials Took Part in Anti-Muslim Violence«. Human Rights Watch 30.4.2002

123 »Gujarat riot death toll revealed«. BBC News 11.5.2005

124 Vgl. auch »India: Protect Gujarat Activists Now«. Human Rights Watch 6.9.2003

Gujarat. »Sie hatten eine führende Rolle bei den Angriffen. Ich habe gesehen, wie sie im Auto herumfuhren und der Mob sie umringte. Beide beklagten die 58 toten Hindus, die am Tag zuvor in einem Zugwaggon in Godhra verbrannt waren. Beide forderten, man dürfe die Muslime nicht einfach so davon kommen lassen, sondern müsse ihnen eine Lektion erteilen. Danach haben sie den Mob angeführt.«

Von der Attacke auf den Zugwaggon im 150 Kilometer entfernten Godhra am Vortag hatten die Bewohner des Stadtteils Naroda in Ahmedabad – wenn überhaupt – nur aus den Medien erfahren. Der Zug war mit Pilgern des Weltrates der Hindus besetzt, die den zehnten Jahrestag der Zerstörung der Babri-Moschee in Ayodhya gefeiert hatten. Einige sollen bei einem Zwischenstopp am Bahnhof von Godhra – einer Stadt, die für immer wieder aufbrechenden Konflikte zwischen Hindus und Muslimen bekannt ist – muslimische Teehändler provoziert und geschlagen haben. Dann griffen mehrere Muslime die Waggons an, die laut einem Gerichtsurteil in Brand gesetzt wurden.

Narendra Modi, damals neuer Ministerpräsident des Bundesstaates Gujarat, RSS und BJP-Mitglied, sprach direkt nach dem Zugbrand von einer »geplanten terroristischen Attacke«.

Der Weltrat der Hindus, Politiker der BJP und der RSS wiegelten ihre Anhänger gegen die muslimsche Minderheit in Gujarat regelrecht auf. Innerhalb von drei Tagen wurden mehr als 1.000 Muslime ermordet, etwa 150.000 suchten Zuflucht in Flüchtlingscamps. Etwa 250 Mädchen und Frauen wurden massenvergewaltigt und anschließend verbrannt.[125] Auf Anordnung der Regierung des Bundesstaats hielt sich die Polizei zurück und ließ den Mob gewähren. Auch die Regierung in Neu-Delhi – damals unter Führung der BJP – ließ sich Zeit und schickte erst viel zu spät die Armee, um den Massakern Einhalt zu gebieten. Es war das »schlimmste kommunalistische Pogrom seit der Teilung« des Subkontinents.[126]

Ein tödlicher Plan

Mukul Sinha ist Anwalt und Menschenrechtsaktivist. In seinem Büro in einem zehnstöckigen Hochhaus treffen sich regelmäßig überlebende Opfer der Pogrome von 2002 und ihre Unterstützer.

»Mit Godhra hat die Sache angefangen«, sagt er mir. »Modi hat es der Bevölkerung als einen Angriff von Terroristen präsentiert. Aber in Wirklichkeit war es ein spontaner Konflikt.« »Mit Terrorismus hatte das nichts zu tun, es gab weder einen Plan, noch eine Verschwörung. Unglücklicherweise machte man die Bevölkerung von Gujarat Glauben, dass die ganze muslimische Gemeinschaft dafür verantwortlich sei.«

Etwa fünfzig Opfer, Zeugen und Unterstützer sind in sein Büro gekommen, weil das Hohe Gericht in Gujarat nach sieben Jahren endlich bestätigt hat, dass der Brand des Sabarmati-Express am 27. Februar 2002 in der Nachbarstadt Godhra kein terroristischer Akt war.

Davon ist Mukul Sinha schon immer überzeugt gewesen. Er hatte die Anliegen der Pogromopfer auch vor einer Untersuchungskommission des Bundesstaates Gujarat vertreten – zunächst ohne Erfolg. Die Mitglieder dieser Kommssion hatte die Regierung in Gujarat ernannt. Der Abschlussbericht 2009 hielt an der These der »terroristischen Verschwörung« der Muslime fest.

Nach dem Treffen fährt Mukul Sinha nach Hause und setzt sich wieder an den Computer. Es ist spät, er hat den ganzen Tag gearbeitet, und seine Frau Nirjhari Sinha bringt einen heißen, starken Gewürztee. Beide wohnen am Stadtrand von Ahmedabad. Es ist eine einsame Gegend, das nächste Haus liegt mehr als einhundert Meter entfernt. Der Wind weht kräftig an dem Abend, an dem ich zu Besuch bin. Jedesmal, wenn draußen ein Knacken oder Klappern zu hören ist, zuckt Nirjhari Sinha zusammen. Sie hat Angst, fürchtet sich vor einem Überfall.

Mukul Sinha zeigt mir die Fotos von den verkohlten Leichen der Kinder, Frauen und Männer aus dem Pilgerzug in Godhra und der Beerdigung am nächsten Tag. Die ermittelnden Behörden hätten weder den Tatort richtig untersucht, noch die Leichen vorschriftsmäßig obduziert.

»Die wahre Todesursache wurde gar nicht untersucht, die Leichen wurden abtransportiert, damit sie am nächsten Morgen rechtzeitig zur Beerdigungsprozession in Ahmedabad waren«, kommentiert er die Fotos. »Denn solche Beerdigungszüge sind doch die Orte, an denen sich die Gefühle der Menschen zeigen. Diese Gefühle wollten sie nutzen und sie in Gewaltattacken gegen die Muslime verwandeln.« Es sei ein riesiger Beerdigungszug gewesen. »Wenn man einer solchen Menschenmasse zeigt, wie fürchterlich die Menschen gestorben sind, in welche Stimmung kann das die Leute versetzen?«, fragt er und gibt gleich die Antwort »Sie werden wütend und zornig! Dann muss man ihnen nur noch sagen, dass die Muslime die Mörder sind.

125 Kabir 2011:146

126 Vanaik 2009:151; Human Rights Watch 2002:13ff

Dann hat man eine Bombe, dann hat man einen Genozid. Das war ihr Plan, ein tödlicher Plan.«

Ein Plan, der Narendra Modi, damals und heute Ministerpräsident von Gujarat, in die Hände spielte. »Hier kommt der Löwe von Gujarat«, begrüßten im Herbst 2002, ein halbes Jahr nach den Pogromen, überall in Gujarat Anhänger der Indischen Volkspartei BJP ihren Spitzenkandidaten bei den Wahlkundgebungen. Der indische Dokumentarfilmer Rakesh Sharma war 2002 in Gujarat und hat dort mehrere Monate gedreht. »Final Solution – Endlösung«, heißt sein international preisgekrönter Film.

Darin ist zu sehen, wie ganze Schulklassen, ausgestattet mit Parteifahnen, ihrem Ministerpräsidenten zujubeln. Es gab keine Kundgebung, auf der Narendra Modi nicht über die 58 Leichen von Godhra sprach. Über die mehr als 1.000 toten Muslime verlor er bei den Massenkundgebungen kein Wort. Wenige Wochen später wurde Narendra Modi wiedergewählt. Nicht trotz der Pogrome, sondern weil er sie als berechtigte Racheaktion der Hindus darstellte.[127]

Am 15. Dezember 2002, als die Wahlergenisse veröffentlicht wurden, zogen die Anhänger der BJP auf LKWs, motorisierten Zweirädern, mit Feuerwerken und in Freundentänzen jubelnd durch die Straßen Ahmedabads. »Fickt die Mütter der Muslime«, riefen einige Jugendliche im Siegestaumel. Modi wurde zehn Monate nach dem Pogrom mit absoluter Mehrheit gewählt – und erneut 2007 und 2012. Er ist der am längsten amtierende Ministerpräsident Indiens.

Juhapura: Leben im Ghetto

Treibende Rythmen und die Glocken der Tempel ertönen in Vejelpur, einem südlichen Quartier Ahmedabads. Es ist ein hinduistischer Stadtteil. An Straßenrändern und Hausfassaden wehen die safran-orangefarbenen Fahnen der Hindus. Eine Mauer trennt ihn vom benachbarten Staddteil. Sie ist drei Kilometer lang, drei Meter hoch, mit Stacheldraht und einbetonierten Glassplittern gekrönt.

Auf der anderen Seite der Mauer liegt der Stadtteil Juhapura mit seinen knapp einhundert Moscheen und unzähligen grünen Fahnen. Fünfmal am Tag ertönt der Ruf des Muezzin zum Gebet. Juhapura ist das größte muslimische Ghetto Indiens.

Nach dem Pogrom im Jahr 2002 ist das Ghetto auf mehr als 300.000 Einwohner angewachsen und die Mauer zwischen Juhapura und Vejelpur neu aufgebaut und befestigt worden.

»Seit zwanzig Jahren praktiziere ich hier«, erzählt mir Dr. Yaqoob Memon. Sein Krankenhaus für Allgemeinmedizin ist klein. Die wenigen medizinischen Apparate sind alt und stammen zum Teil aus den 70er Jahren. Insgesamt gibt es nur drei private Krankenhäuser: Eines mit 200 Betten, eines mit 65 und das von Dr. Memon mit zehn Betten. Während der Tage des Pogroms waren die ohnehin knappen Ressourcen der medizinischen Versorgung völlig überlastet. Viele verletzte Muslime kamen nach Juhapura, denn viele »hinduistische« Ärzte verweigerten verletzten Muslimen die Behandlung.[128] Kaum Unterstützung gab es auch von nationalen und internationalen Hilfsorganisationen, die ein Jahr zuvor, nach dem großen Erdbeben in Gujarat, noch vor Ort gewesen waren.[129]

Dr. Memon, der seinen Vollbart mit Henna leuchtend rot gefärbt hat, engagiert sich für sein Viertel. Manchmal trifft sich der Endfünfziger im Krankenhaus mit anderen Mitstreitern des Islamischen Hilfskomittees, das in Juhapura aktiv ist. »Hier gibt es keine staatlichen Krankenhäuser, keine staatlichen Schulen – nur eine Grundschule, aber kein College, keinen Spielplatz, keine Bücherei«, beschreibt Dr. Memon die Situation in Juhapura. »Die Regierung macht nichts, gar nichts.«

Die meisten Straßen in Juhapura sind nicht asphaltiert. Was es hier gibt, haben die Bewohner selbst geplant, organisiert und gebaut, manchmal zusammen mit Hilfsorganisationen – einen Spielplatz, wenige Grünflächen und eine weiterführende, englischsprachige Schule. Die Stadtverwaltung, durchsetzt von Anhängern der Hindunationalisten, ignoriert die Bedürfnisse der Muslime. Seit 2003 ist die Staatsgewalt mit einer Polizeidirektion in Juhapura präsent, in der die Anti-Terror-Einheit der Stadt untergebracht ist. Dafür hat sich Narendra Modi, persönlich eingesetzt. Er und seine Anhänger nennen Juhapura »Mini-Pakistan«. Es sei ein gefährlicher Stadtteil mit kriminellen Einwohnern.

Trotzdem ziehen viele Muslime nach Juhapura. Denn andernorts werden sie regelrecht boykottiert. In anderen Stadtteilen, die von Hindus dominiert werden, bekommen sie keine Wohnungen. »Nur für Hindus«, steht an Häusern und Wohnblöcken. In Juhapura können muslimische Kinder ohne Angst vor Übergriffen zur Schule gehen. Offener Diskriminierung sind sie in

127 Das gilt bis heute: »What it means to be a Muslim in India«. The Nation 12.12.2013

128 Mander 2009:76; Sarkar 2002:2873

129 Mander 2009:59ff

130 »International Religious Freedom Report 2003«. US State Department

den staatlichen weiterführenden Schulen ausgesetzt. So werden in Schulbüchern Muslime, Christen, Parsen und Juden als »Ausländer« bezeichnet.[130] Die Männer finden Arbeit, wenn auch meist schlecht bezahlte, indem sie sich als Händler oder Handwerker selbstständig machen.[131]

Mehrere zehntausend Bewohner sind nach den Pogromen von 2002 aus anderen Vierteln der Stadt ins sogenannte Mini-Pakistan gezogen. Es waren die dritten gewalttätigen Tumulte zwischen Hindus und Muslimen, die Ahmedabad seit den 60er Jahren erschütterten.

Mit jeder Auseinandersetzung zwischen Hindus und Muslimen wuchs die Mauer und verfiel anschließend nach und nach wieder. In den 60er und 80er Jahren waren vor allem Männer die Opfer. 2002 erreichten die Pogrome eine neue Qualität: Fanatische Hindu-Nationalisten nahmen gezielt Frauen ins Visier, weiß Rehana Sheik zu berichten. Sie hatte für eine muslimische Frauenorganisation die Hilfslager in Juhapura mit organisiert.

»Als die Frauen in die Hilfslager kamen, waren sie völlig niedergeschlagen, regelrecht zerbrochen«, beschreibt sie mit belegter Stimme. »Vielen Frauen ist so übel mitgespielt worden, dass sie lieber sterben wollten als weiterzuleben.« Schätzungsweise 1.500 Frauen seien vergewaltigt worden, erzählt sie. »In Gegenwart ihrer Männer, Brüder und Väter haben sie die Frauen vergewaltigt. So sollte die Moral der Gemeinschaft zerbrochen werden fügt Rehana Sheik hinzu.«[132]

Neben dem Stadtteil Naroda gab es noch einen anderen Ort, an dem die fanatisierten Hindus besonders grausam wüteten: Die Gulbarg-Society, eine mittelständische, ummauerte Sieldung mit 300 meist muslimischen Bewohnern im Nordosten von Ahmedabad.

Die Gulbarg-Society ist heute eine Geistersiedlung. Die verkohlten Häuser in dem ansonsten lebendigen Viertel stehen leer. Viele der Nachbarn hatten sich am Pogrom beteiligt. Aber darüber reden sie nicht gerne. Als ich sie zu den Ereignissen von 2002 befragte, schwiegen fast alle. Nur wenige äußerten Mitleid oder Bedauern.

Zwei ehemalige Bewohner der Gulbarg-Society, Salim Abdullah Mansoori und sein Vater, kamen Jahre später noch einmal zurück, um in einem Abrisshaus Matratzen und Kissen zu verkaufen. Ihre Familie hatte damals die meisten Opfer zu beklagen: Von 29 Familienmitgliedern überlebten nur zehn. Anschließend sind auch sie nach Bapunagar, einen anderen Vorort, gezogen. Aber dort gab es keine Möglichkeit, Geld zu verdienen, also sind sie zurückgekehrt und verkaufen tagsüber Bettzeug an die Nachbarn, die sie damals überfallen hatten. Nachts fühlen sie sich nicht sicher und kehren nach Bapunagar zurück.

»Mein Sohn kommt wieder«

Viele Leichen wurden nicht gefunden, weil sie, wie die des ehemaligen muslimischen Abgeordnete Ehsan Jafri, zerhackt und anschließend angezündet wurden. Die Parsenfamilie Mody ist immer noch auf der Suche nach Azhar, der heute 25 Jahre alt wäre. Sie hatten ihn während des Gemetzels aus den Augen verloren. Regelmäßig streift seine Mutter Rupa Mody durch die Ruinen der Gulbarg-Society und hofft darauf, dass ihr Sohn eines Tages dort auftaucht.

»Wir fanden keine Leiche meines Sohnes«, sagt sie. »Nach dem Massaker suchte mein Mann in einem Krankenhaus nach dem anderen. Auch ich war manchmal dabei, um mir noch vor der Obduktion die Leichen der Leute anzuschauen, die aus unserer Siedlung stammten. Wir haben die Hände und Füße gemessen und die Kleiderreste der oft bis zur Unkenntlichkeit verstümmelten Leichen angeschaut. Mein Mann war sogar bei manchen Obduktionen selbst dabei. Aber wir haben nichts gefunden. Wir hoffen, dass unser Sohn einfach nur vermisst ist. Er war so ein argloser, gutartiger, ein bisschen weltfremder Junge. Sogar Spielfilme konnten ihm Angst machen.« Obwohl sie oft Interviews gibt und ihre Geschichte immer wieder erzählt, kann sie die Tränen nicht zurückhalten. »Wir glauben, dass er sein Gedächtnis verloren hat, als er sich all diese brutalen Szenen in unserer Siedlung anschauen musste.« In einer Vitrine ihrer Wohnung stehen Bilder ihres Sohnes und dort liegen auch die vielen Freundschaftsbänder, die ihre Tochter Binaifer für ihren Bruder geflochten hat. Als Zeichen der Verbundenheit, wenn er eines Tages wiederkommt.

Mit einem Photo ihres Sohnes ist Rupa Mody wenige Tage nach dem 28. Februar 2002 zur Polizei gegangen. Dort traf sie auf den Polizeioffizier KG Erda. Er sagte, er werde ihr bei der Suche helfen. Unter einer Bedingung: Sie müsse eine Erklärung unterschreiben, wonach er und seine Einheit versucht hätten, die Randalierer in der Siedlung von ihrem Tun abzuhalten. Rupa Modi unterschrieb. Der Polizeioffizier KG Erda ist Anfang Februar 2009 festgenommen worden, unter anderem, weil er den Mob nicht aufgehalten, sondern zum Morden angestiftet hatte. Wenige Tage später wurde er gegen Kaution aus dem Gefängnis entlassen.

131 Rauf 2011:74

132 »Die Mauer von Ahmedabad«. SWR, BR, SR 29.04.2009

Das Schicksal der Parsenfamilie Mody wurde verfilmt. Der Spielfilm Parzania, benannt nach der Traumwelt, über die der sanfte und eigenwillige Junge seiner Familie so viel erzählt hatte, wurde Anfang 2007 in ganz Indien gezeigt – außer im Bundesstaat Gujarat. Dort wurde der Film, der zwei Preise in Indien gewonnen hat, erst mit einem halben Jahr Verspätung gezeigt. Nicht einmal die großen Multiplex Kinos in den neuen Konsummeilen hatten sich gewagt, den Film zum Erscheinungstermin auf die Leinwand zu bringen. Babu Bajrangi, einer der Schlächter vom Februar 2002, hatte öffentlich Konsequenzen angedroht. Sein Büro befand sich nur einige hundert Meter von der Wohnung der Familie Mody entfernt.

»Jai Shri Ram – Lang lebe Gott Rama«, und »Muslims nach Pakistan oder auf den Friedhof«, schrien die Angreifer, als sie am 28. Februar die Gulbarg-Siedlung stürmten. Insgesamt gab es dort 69 Tote. Benaifer Mody, die Schwester von Azhar, war damals elf Jahre alt.

»Mein Bruder und ich hatten gerade Unterricht hier in unserer Siedlung, meine Mutter machte die Wäsche«, erzählt sie mir. »Außerhalb der Siedlung mussten alle ihre Geschäfte zumachen. Leute waren gekommen und sagten: ›Heute sind alle Läden in Gujarat geschlossen, es wird gestreikt‹. Ein Muslim stand vor seinem Laden. Meine Mutter hat gesehen, wie zwei, drei Leute kamen und ihm einer von denen ein Messer in den Bauch stach. Sein jüngerer Bruder kam herein und schrie, dass draußen Leute seinen Bruder umbringen. Wir schlossen die beiden Stahltore unserer Siedlung. Draußen war die Menge auf mehrere tausend Menschen angewachsen. Es dauerte nur Minuten, da fingen sie schon an, uns anzugreifen. Die Polizei stand auch dabei. Die Angreifer warfen Steine und Benzinbomben, hatten Schwerter und Dreizacke bei sich. Wir waren hauptsächlich Frauen und Kinder, denn die Männer waren fast alle arbeiten. Ich lief mit meinem Bruder nach Hause. Meine Mutter sagte uns, dass diese Leute gekommen wären, um uns zu töten. Wir flüchteten dann in das Haus von Ehsan Jafri einem bekannten Politiker. Meine Mutter glaubte, dort seien wir sicherer und er könnte uns retten.«

Benaifar Mody weint nicht. Sie spricht mit leiser Stimme und nimmt eine beobachtend-distanzierte Haltung ein, so als würde sie einen Film anschauen. »Mein Bruder, meine Mutter und ich kamen schließlich zu Jafris Haus. Dort sind 50 bis 70 Menschen hingeflüchtet. Dann wurde das Haus von außen in Brand gesteckt. Jafri telefonierte mit Narendra Modi und fragte ihn, warum der Mob ungestört herumwüten könne, was überhaupt los sei. Meine Mutter stand direkt dabei und konnte die Antwort des Ministerpräsidenten hören. Der hat einfach gesagt: ›Ihr seid ja noch am Leben! Ich dachte, ihr wärt tot.‹«[133]

Obwohl die Leidensgeschichte der Familie Mody durch viele Medien ging, hat sich in all den Jahren kein Regierungspolitiker bei der Familie blicken lassen, um seine Anteilnahme auszudrücken.

Vielmehr müssen die Opfer des Pogroms auch Jahre danach noch um ihre Sicherheit bangen. Auf einer Versammlung im Büro von Mukul Sinha im Februar 2009, zu dem fünfzig Betroffene gekommen sind, ergreift Muhammad Sharif Malik aus Naroda Gam das Wort. Er ist einer der Zeugen des Obersten Gerichts und hat die Ministerin Mayaben Kodnani schwer belastet. Daraufhin ist er von einem ehemaligen Nachbarn aus Naroda Gam bedroht worden, der erst wenige Wochen zuvor als einer der Beschuldigten des Massakers auf Kaution freigekommen war. Aber Muhammad Sharif Malik will sich nicht einschüchtern lassen. »Er [der ehemalige Nachbar] ist verurteilt worden und verstößt gegen die Auflagen. Ich werde das Gericht ersuchen, die Kaution wieder aufzuheben.«

Das Haus seiner Familie in Naroda Gam steht noch und wäre bewohnbar. Aber der junge Mann zieht es wie seine Angehörigen vor, in einem Dorf weit außerhalb der Stadt zu wohnen. Dort, wo seine Familie seit 2002 aus Sicherheitsgründen lebt, sind Muslime unter sich.

»Die Rechtssicherheit vor dem Gesetz, das alle Bürger gleichermaßen schützt, also die Grundlagen einer zivilisierten Regierung, ist hier verloren gegangen«, sagt Mukul Sinha. »In Gujarat gibt es kein Rechtssystem und kein Gesetz, das Minderheiten für sich in Anspruch nehmen könnten.«

Aggressiver Hinduismus

»Vier Frauen, fünfundzwanzig Kinder«, mit dieser Parole hetzte der Weltrat der Hindus (VHP) schon während kommunalistischer Ausschreitungen 1984 in Bombay gegen muslimische Familien.[134] In Bhiwandi, einem Stadtteil, der damals noch von der Textilindustrie geprägt war, schürten Hindu-Nationa-

133 Im Artikel »Nero hour« vom 29.3.2010 berichtet das Nachrichtenmagazin Outlook, dass Ehsan Jafri noch viele weitere Notrufe getätigt hat. Dass hätten viele Angerufene bestätigt. Jafri habe ihnen erzählt, dass er auch mit Narendra Modi gesprochen habe, der seinen Notruf jedoch abgewiesen habe. Die Verbindungsdaten des Festnetzanschlusses sind spurlos verschwunden.

134 Ali Engineer 1991:315

listen die Angst vor der »Überfremdung«, die unweigerlich zu »pakistanischen Verhältnissen« führe. Als sie ihre Fahne auf der Moschee des Stadtteils hissten, begannen die Auseinandersetzungen, die zehn Tage andauerten und mehr als hundert Tote forderten. Viele Journalisten und Politiker sprachen daraufhin von religiösen, lokal begrenzten Auseinandersetzungen. Aber schon damals warnte zum Beispiel der renommierte Kommunalismusexperte und 2013 verstorbene Ashgar Ali Engineer vor dieser Interpretation, die viel zu kurz greife. Der Experte für interreligiösen Dialog betonte, dass Religion ein Instrument, nicht aber die Ursache der Konflikte sei. Diese hätten vielmehr einen politisch-ökonomischen Hintergrund, der durch die beschleunigte kapitalistische Entwicklung und der ihr innewohnenden Konkurrenz hervorgerufen werde.[135]

Auch Pogrome jüngeren Datums entsprechen diesem Muster. Der Politologe Achin Vanaik erwähnt die wirtschaftliche Konkurrenz zwischen alteingesessenen hinduistischen Geschäftsleuten und einer wachsenden Schicht muslimischer Unternehmer, die als Gastarbeiter ihr Geld in den Golfstaaten verdienen und in Indien investieren. »Folge dieser kommunalistischen Ausschreitungen ist immer wieder die ökonomische Verwüstung solcher muslimischer Konkurrenten«.[136] Bis heute spielt vor allem der Weltrat der Hindus eine wichtige Rolle im vermeintlichen »Kampf der Kulturen«. So auch in Gujarat.

Viele Hindu-Tempel in der Altstadt von Ahmedabad sind weiträumig abgesperrt. Auf Stelltafeln vor dem Eingangsportal hängen großflächige Plakate der Indischen Volkspartei BJP. Wachmänner kontrollieren genau, wer hinein will. Fast alle Tempel in Ahmedabad sind Hochburgen des Weltrates der Hindus.

Kaushik Metha ist Generalsekretär des VHP in Gujarat. Er spricht kein Englisch. Als ich mit dem Übersetzer in sein klimatisiertes Büro trete, sitzt der massige Mann mit verschränkten Armen hinter seinem Schreibtisch. Er gibt sich machtbewusst. »In diesem Bundesstaat gibt es insgesamt 18.000 Dörfer, Städte und Gemeinden. In 10.000 davon haben wir unsere Netzwerke und arbeiten dort.« Hauptbetätigungsfelder des VHP sind Wohlfahrtsprojekte, die Renovierung und Errichtung von Hindu-Tempeln, Mobilisierungen gegen die Konversion von Hindus und Sikhs zum Islam oder Christentum und Kampagnen gegen Kuhschlachtungen.

Der Weltrat der Hindus wurde 1964 unter der Schirmherrschaft des damaligen RSS-Führers und Hindutva-Ideologen Golwalkar gegründet. Hindutva, die zu Grunde liegende Ideologie, ist eine explizit patriarchale. Frauen werden dort in erster Linie für ihre Rolle in der Reproduktion wertgeschätzt: als Gebärende und diejenigen, die die Kinder großziehen.[137]

Schon auf der Gründungskonferenz in Bombay, zu der auch der Dalai Lama anreiste, wurde klar zwischen Freunden und Feinden getrennt. Zu letzteren gehörten Muslime, Christen und Kommunisten. Sikhs, Buddhisten und Jainis wurden gemäß der Hindutva-Ideologie als Verbündete betrachtet.[138]

Auch das Feindbild Kaushik Methas ist tief verwurzelt. »Schauen wir uns doch um auf der Welt: Überall, wo sich Muslime niederlassen, da gibt es Probleme, da gibt es Gewalt. Mit uns Hindus ist das völlig anders. Wenn wir irgendwo hinkommen, dann werden wir Partner, wir kooperieren mit der Gesellschaft, die wir vorfinden. Aber egal wo die Muslime hingehen, ob nach China, Russland oder sonstwohin, überall auf der Welt machen sie Probleme. [...] Man muss nur den Koran aufmerksam genug studieren, dann erkennt man die Einförmigkeit der muslimischen Psyche. Das könnte auch erklären, warum aus dieser Religion so viele Terroristen hervorgehen. Damit muss man sich ernsthaft auseinandersetzen.«

Das hatte der VHP 2002 auf seine Art und Weise getan. Viele Mitglieder – darunter auch führende – hatten sich aktiv an den Pogromen in Gujarat beteiligt und ihre Taten anschließend gerechtfertigt. Acharya Dharmendra ist einer der Anführer des VHP. Im Sommer 2004, im Stadtzentrum von Ahmedabad, thronte er während einer Massenkundgebung auf einem mit Gold verzierten Stuhl vor einem riesigen Plakat des ausgebrannten Zuges von Godhra. Verstärkt über die meterhohen Lautsprechertürme pries er Narendra Modi.

»Jemand, der nicht Gott Rama huldigt, ist für uns ohne Wert. Nur diejenigen, die die Sache der Hindus vertreten, sollten die Nation regieren! Aber wir dürfen nichts überstürzen. Derjenige, der die Sache der Hindus vertritt, sollte zuerst unsere Herzen regieren, dann Gujarat, dann Delhi und schließlich auch Islamabad!«[139]

Auch Praveen Togadia, internationaler Sekretär des VHP, brandmarkt seine Glaubensbrüder als Verräter, die sich wie Gandhi für die Gleichberechtigung aller Religionen in Indien einsetzen. »Weil unser Land Gandhi folgt,

135 Ali Engineer 1984:1134

136 Vanaik 2009:157

137 Rauf 2011:70

138 Smith 2003:189

139 Szenen aus dem Dokumentarfilm »Final solution« von Rakesh Sharma. 2002

konnte sich der Terror am Bahnhof von Godhra entfesseln. Am 28. Februar 2002 haben wir Gandhi weggeschlossen. [...] So lange wir seiner Politik der Gewaltfreiheit folgen und vor den Muslimen niederknien, kann der Terrorismus nicht ausgemerzt werden. Brüder, wir müssen Gandhi über Bord werfen!« Die Menge klatschte tosenden Beifall.[140]

Auf den Einfluss des VHP gehen auch die sogenannten »Gesetze über Religionsfreiheit« zurück, die vermeintlich erzwungene Religionswechsel unter Strafe stellen. Diese Gesetze sind nicht nur in Gujarat in Kraft, sondern auch in den Bundesstaaten Madhya Pradesh und Chhattisgarh. Zwang liegt gemäß dieser Gesetze schon dann vor, wenn mit »göttlichem Unmut oder sozialer Ausgrenzung« gedroht werde. Auch jeder materielle und nichtmaterielle Anreiz ist unter Strafe gestellt. In Gujarat muss ein Konversionwilliger dreißig Tage vorher einen Antrag bei einer Behörde stellen. Nach Ansicht der UN-Sonderberichterstatterin Asma Jahangir öffnet dieses Gesetz der Willkür und politischen Instrumentalisierung Tür und Tor und trägt dazu bei, die Freiheit bei der Wahl einer Religion einzuschränken. Es sei nicht die Aufgabe des Staates, als Wächter des religiösen Bewusstseins aufzutreten. Bei ihrem Aufenthalt in Gujarat 2009, so beschwert sich Asma Jahangir, hätten Zivilbeamte außerdem mehrfach versucht, ihre Gesprächspartner einzuschüchtern. Einige Muslime hätten sich darüber beklagt, dass sie nur wegen ihres Glaubens festgenommen und als »Terroristen« beschuldigt worden seien. Es sei oft nicht möglich gewesen einen Anwalt zu finden, der bereit gewesen wäre sie vor Gericht zu verteidigen.[141]

Indien den Hindus

Hindutva heißt das politische Konzept, dass die Organisationen des Sangh Parivar – also den RSS, die BJP und den VHP – vereint. Hindu-Rashtra ist das Ziel, d.h. eine Hindu-Nation zu erschaffen, ein Groß-Indien. Dafür wird eine gemeinsame, kulturell-territoriale Vergangenheit des Hinduismus konstruiert. Die Versuche waren Anfangs von wenig Erfolg gekrönt, denn anders als in den monotheistischen Religionen gibt es im polytheistischen Hinduismus »kein Fundament im Sinne einer unverbindlichen Lehre«.[142] Außerdem steht Hindutva im Widerspruch zur indischen Verfassung, die einen explizit säkularen Charakter hat.

Andere Kulturen und Religionen gelten der Hindutva als »Fremdkörper«, die die hinduistische Mehrheitsgesellschaft bedrohen. Gerne sprechen die Anhänger auch von der »aussterbenden Rasse der Hindus«, und davon, dass vor allem Muslime die »vergangene und zukünftige Bedrohung« darstellen.[143]

Dabei war der indische Subkontinent bis ins 19. Jahrhundert ein religiöser Schmelztiegel im wahrsten Sinne des Wortes: Nicht Abgrenzung, sondern Verschmelzung der verschiedenen Religionen fand in vielen Regionen statt.[144] Davon zeugen zum Beispiel die frühen Thomas-Christen an der südlichen Westküste Indiens, die die im Laufe der Jahrhunderte hinduistischen Rituale übernommen haben, oder aber die Sufi-Schreine im Norden Indiens, deren Heilige – unter anderem wegen ihrer Dichtung und Musik – bis heute von vielen Hindus verehrt werden.

Natürlich gab es schon immer auch Konflikte zwischen Religionsgemeinschaften. Aber in der Regel waren sie regional begrenzt und betrafen nur Teile der Gemeinschaften, waren ein Produkt begrenzter ökonomischer und machtpolitischer Interessen.[145] Dass die Religion auf dem Subkontinent zu einem umfassenden machtpolitischen Faktor wurde, war vor allem ein Ergebnis der britischen Kolonialpolitik. Mit dem Zensus von 1872, also fünfzehn Jahre nach dem Sepoy-Aufstand von meuternden muslimischen und hinduistischen Koloinalsoldaten, führte die Kolonialverwaltung die Kategorie »Religion« ein. Damit sei erstmals die numerische Stärke und die geographische Ausbreitung der religiösen Gemeinschaften festgehalten und so ein identitäres Zugehörigkeitsgefühl verstärkt worden.[146]

Damit war die Grundlage für eine Politik des »Teile und Herrsche« geschaffen. Doch bis sie wirkungsmächtig wurde, sollten noch einige Jahre vergehen. Bis zu Beginn der 1920er Jahre empfanden sich die indischen Muslime als »Teil der indischen Bevölkerung mit einer gemeinsamen Geschichte und einer gemeinsamen Kultur«, schreibt etwa der Historiker Michael Mann.[147]

Aufbauend auf dem Zensus wurden 1909 die Morley-Minto Gesetze erlassen: Die indische Bevölkerung durfte Räte wählen, die jedoch nur einen

140 Ebd.

141 Jahangir 2009:6ff

142 Lütt 1991:237

143 Rauf 2011:70

144 Ali Engineer 1999:396f

145 Ebd.

146 Ebd.

147 Mann 2009:140

sehr limitierten Einfluss hatten. Wie später in den 30er Jahren, als die Inder autonome Regionalparlamente wählen durften, hatten die Briten die Sitze in den Parlamenten nach der Stärke der einzelnen Religionsgemeinschaften in den Wahlkreisen aufgeteilt. Dass heißt, Muslime wählten muslimische Kandidaten, Hindus wählten hinduistische Kandidaten.[148] So wurde die Grundlage für eine »kommunalistische Politik« gelegt,[149] die allerdings auch durch weitere, zum Teil externe Faktoren, beflügelt wurde. Zum Beispiel durch die vom osmanischen Reich inspirierte, pan-islamische Khilafat-Bewegung, der Teile der muslimischen Glaubensgemeinschaft in Indien anhingen.[150]

Der Zensus beeinflusste die politische Haltung der frühen Hindunationalisten. Die Daten gaben Anlass, über die Größe und das Wachstum von religiösen Gemeinschaften zu debattieren und gaben nach Ansicht der Hindunationalisten einen deutlichen Hinweis darauf, dass die Hindu-Population zurückginge. Die ersten maßgeblichen Schriften der Hindunationlisten gründeten auf diesen demographischen Annahmen: U.N. Mukherjee's »Hindus: A dying race« aus dem Jahre 1909, und Swami Shraddhanand's »Hindu Sanghatan: Saviour of a Dying Race«. Mukherjee vertrat einige Jahre später sogar die These, dass Hindus im Laufe der nächsten 420 Jahren aussterben würden. Um ihre Existenz zu verteidigen müssten die Hindus, ungeachtet ihrer Kastenzugehörigkeit, zu einer politischen Einheit geformt werden, um gegen die muslimische Bedrohung bestehen zu können.[151]

Dabei wurden die muslimischen Männer als besonders potent und gewaltbereit, die muslimischen Frauen als besonders fruchtbar und getrieben von sexueller Lust, dargestellt. Ehen zwischen Hindus und Muslimen werden bis heute als »Love Dschihad« bezeichnet.[152]

Die Gewalt gegen muslimische Frauen und Kinder sei eine konsequente Folge dieser Haltung, bis hin zur Tötung – wie bei den Pogromen in Gujarat, um die Zukunft der Muslime zu zerstören und damit die eigene Existenz zu sichern.[153] Dass viele der Leichen in Gujarat von den Tätern gemäß dem hinduistischen Beerdigungsritual verbrannt worden seien und so den Toten eine Beerdigung gemäß des Islam verwehrt worden sei, stehe symbolisch für eine Re-Konversion zum Hinduismus, interpretiert die Historikerin Tanika Sarkar.[154]

Um die jahrhundertealten kulturellen Einflüsse des Islam in Indien zurückzudrängen, projezieren die Hindunationalisten den Islam als intolerant, gewalttätig und rückständig – im Gegensatz zum Hinduismus, der weltoffen, modern und grundsätzlich friedfertig sei. Muslime und ihre Kultur werden zu »Fremdkörpern« deklariert. Alle Spuren muslimischer Geschichte, Kultur und Identität sollen aus dem öffentlichen Bewusstsein verschwinden, weil sie »unindisch« seien. Dieser Antagonismus dient als Rechtfertigung jeglicher Gewalt gegen Muslime – ob kultureller, struktureller oder brachialer Natur – die so als Selbstverteidigung erscheint und zum Beispiel auch in Aktionen wie der Zerstörung der Babri Moschee in Ayodhya deutlich wird.[155]

»Nicht alle Muslime sind Terroristen, aber alle Terroristen sind Muslime«, ist ein vielzitierter Spruch in Indien, den auch Narendra Modi nach den Anschlägen des 11. September 2001 auf die Twin-Towers in New York publikumswirksam geäußert hat – damals als Generalsektretär der BJP in Neu Delhi.[156] Atal Bihari Vajpayee, der erste BJP-Premierminister in Indien, bezeichnete Muslime ebenfalls als Ursache für viele Probleme in der Welt. Diese Haltung ist nicht nur exponierten Hindunationalisten eigen. Reflexartig bezichtigen Politiker unterschiedlicher Couleur und Journalisten bei jedem Bombenattentat Muslime der Täterschaft.[157]

Das diskriminierende Kastensystem stellen die Hindutva-Anhängern nicht grundsätzlich infrage, sondern haben es vielmehr stabilisiert. Traditionell entstammen die meisten Führer der Organisationen des Sangh Parivar den höheren Kasten. Sie versuchen, die niederen Kasten und die Adivasi, die indischen Ureinwohner, unter dem Hindutva-Label zu vereinnahmen.

RSS-Kader vermitteln ihnen, dass die Muslime sozial ausgeschlossen werden und sich unterordnen müssen. Teilweise mit Erfolg: Adivasi aus dem Nordosten Gujarats sollen sich bei den Pogromen gegen die Muslime aktiv beteiligt haben.[158] Dalits[159] und Adivasi wird vorgegaukelt, sie könnten sich so

148 Brown 1994:205ff
149 Rauf 2011:70
150 Mann 2009:143
151 Rauf 2011:70
152 Rauf 2011:70f
153 Sarkar 2002:2875
154 Sarkar 2002:2876
155 Rauf 2011:71
156 Kazmi, Kumar 2011:177; Rauf 2011:71; Muralidharan 2014:36
157 Rauf 2011:71.
158 Yagnik, Sheth 2002:1009ff
159 Eigenbezeichnung der sog. Unberührbaren.
160 Breman 2002:1485

von ihrem »niederen Status« befreien und sich als vollwertige Mitglieder in die wachsende Gemeinschaft der Hindutva-Anhänger integrieren.[160]

Die von der BJP geführte Koalitionsregierung der National Democratic Alliance von 1998 bis 2004 integrierte die Hindutva-Ideologie auch in die staatlichen Schulcurricula. Schon zuvor wurden diese Inhalte im Rahmen der »Staatsbürgerkunde« in den 20.000 Schulen der RSS-nahen Bildungsinstitution Vidhya Bharati (»Indisches Wissen«) unterrichtet. Es ist das zweitgrößte Schulnetzwerk in Indien mit zu Beginn des 21. Jahrhunderts 2,4 Millionen Schülern.[161] Der Nationale Freiwilligendienst wird dort zur Avantgarde des Unabhängigkeitskampfes erklärt und die indischen Muslime alleinverantwortlich für die Teilung des Subkontinents gemacht. Die Ära der muslimischen Herrscher wird als durchgehend intolerant und in der Regel unterdrückerisch und gewalttätig gegenüber der hinduistischen Mehrheitsgesellschaft beschrieben.[162] Die Hindutva-Ideologen definieren dabei Indien nicht in den bestehenden Grenzen, sondern in denen der britischen Kolonie von 1936, d.h. ihr Indien umschließt Pakistan, Bangladesch, Nepal, Myanmar und Sri Lanka.[163]

Die Träume der Hindutva-Anhänger von einem »Groß-Indien« erinnern an die Konstrukte eines »Groß-Griechenland« im 19. Jahrhundert oder eines »Groß-Deutschland« der 1930er Jahre, in der die eigene Nation als Wiege einer großen, überregionalen Zivilisation dargestellt wird, aus der sich territoriale und kulturell-hegemoniale Ansprüche ableiten lassen.[164]

Es ist kein Zufall, dass die Hindutva-Ideologie ausgerechnet in den letzten zwei Jahrzehnten stärker in der indischen Gesellschaft verankert wurde als je zuvor. Organisationen wie der RSS haben sich zu einem »parastaatlichen Gebilde«[165] entwickelt und ersetzen zunehmend säkulare Einrichtungen. Die »neoliberale Wende« Anfang der 90er Jahre und ihre sozial-ökonomischen Verwerfungen haben »auf dramatische Weise einen hässlichen religiösen Nationalismus hervorgebracht«, schreibt Achin Vanaik. »Demokratie bedeutet heute, die Interessen der hinduistischen Mehrheit zu bedienen, und Säkularismus wird als falsch, als anti-hinduistisch, als ein die Minderheiten begünstigendes Konstrukt bezeichnet.«[166]

Wo Hitler ein Hit ist

Auf dem Kahn-Markt im wohlhabenden Süden Delhis kaufen Touristen und Angehörige der indischen Mittelschicht ein. Restaurants, Cafes im westlichen Stil, traditionelle und moderne Bekleidungsgeschäfte gibt es hier, Läden mit Unterhaltungselektronik, Musik-CDs und Büchern. In den zwei Buchhandlungen am Markt kann man auch Adolf Hitlers »Mein Kampf« erwerben. Direkt neben den zahlreichen Büchern des indischen Gründervaters Mahatma Gandhi ist die Hasschrift des Naziführers platziert. »Es ist eines der Bücher, das sich gut verkaufen lässt«, sagt der Buchhändler Anup Bamhi. Kunden seien vor allem indische Männer mittleren Alters.

Die Buchhandlungen am Khan-Markt sind keine Ausnahme. Die Hassschrift Adolf Hitlers erfreut sich großer Beliebtheit. Kaum eine Buchhandlung oder ein Straßenverkäufer, der sie nicht im Sortiment hätte. Verschiedene Verlage geben das Buch als Reprint heraus. »Allein in Delhi«, so K.C. Maiti, Verleger des Jaico Publishing House, das 1988 die erste Übersetzung auf den indischen Markt brachte, »haben wir zwischen April und Dezember 2008 mehr als 10.000 Exemplare verkauft«.[167]

Englischsprachige Bücher, die sich insgesamt mehr als 10.000 Mal verkaufen, gelten in Indien als Bestseller. Allein die englischssprachige Ausgabe von »Mein Kampf« ist bereits mehrere hunderttausend Mal verkauft worden. Und neben den regulären Ausgaben, die auch in vielen indischen Regionalsprachen erhältlich sind, kursieren unzählige Raubkopien.[168]

Auch der Buchgroßhändler Kamal verdient daran. Pro Woche liefert er zehn bis zwanzig Exemplare an verschiedene Buchhandlungen in Delhi aus. Er hat »Mein Kampf« selbst gelesen. »Ich denke, Hitler ist eine der mutigsten Persönlichkeiten gewesen, die die Welt erobern wollten«, resümiert der Buchgroßhändler seine Lektüre.

»Anders als in Deutschland oder Europa wächst man hier nicht automatisch mit einer Aversion gegen Hitler auf«, erkläutert mir der Historiker Sumit Sarkar. »Hitler wird als jemand gesehen, der gegen die Briten, die ehemalige Kolonialmacht, gekämpft hat«. Zusammen mit seiner Frau Tanika Sarkar, ebenfalls Historikerin, hat er das Wesen der erstarkenden hindunati-

161 Mann 2009:263

162 Teesta Setalvad, ohne Datum http://www.sacw.net/HateEducation/Teesta.html

163 Mann 2009:264

164 Mann 2009:128f

165 Imhasly 2006:163

166 Vanaik 2009:149

167 Gupta 2012:52

168 Ebd.

onalistischen Bewegung untersucht. In den 30er Jahren hatte die Bewegung starke Affinitäten zum italienischen Faschismus und deutschen Nationalsozialismus. Als besonders bedenklich erachtet Sarkar den Kult, der um Hitler entstanden ist und sich vor allem auf seine aggressive Persönlichkeit beziehe. Es seien vor allem gebildete Inder, die sich von Hitler angezogen fühlten.

»In Rajasthan wird sein Buch von der Dorfjugend gelesen, aber zum Beispiel auch am St. Stephens College von den gebildeteren Schülern«, warnt Tanika Sarkar vor dem Einfluss auf die Jugend. Das College ist eines der renommiertesten in ganz Indien. »90 Prozent der Bewerber haben in der Aufnahmeprüfung auf die Frage, wer die historische Persönlichkeit sei, die sie am meisten bewundern, geantwortet: Adolf Hitler«, so Sarkar, die viele Jahre an dem College unterrichtet hat. Als Begründung hätten die Bewerber angeführt, Hitler sei »ein großer Patriot gewesen, der sein Land zu einer der führenden Nationen in der Welt gemacht habe.«[169]

Auch von jungen Wirtschaftsstudierenden wird »Mein Kampf« gelesen – sie erachten die Schrift als brauchbar für ihre Management-Strategien.[170] Der Kulturhistoriker Suman Gupta interpretiert das Phönomen als Interesse der Jugend an einer »autoritären Führungsfigur inmitten zahlreicher sozialer und politischer Probleme«.[171]

Besonders das politische Lager der Hindunationalisten zeigt eine deutliche Affinität zur Kampfschrift Hitlers. »Sie sind davon überzeugt, dass sie von den Muslimen und später von den Briten beherrscht worden seien, weil sie sich nicht aggressiv genug zur Wehr gesetzt hätten«, sagt Tanika Sarkar. Deshalb bewunderten viele bis heute nicht nur Hitler, sondern auch Israel, weil es sich mit militärischen Mitteln zu behaupten wisse. Die Hindunationalisten sehen keinen Widerspruch in ihrer Bewunderung für Adolf Hitler einerseits und Israel andererseits.

Der wachsende gesellschaftspolitische Einfluss der Hindu-Nationalisten steht in einem Zusammenhang mit der steigenden Popularität von Hitlers »Mein Kampf«.[172] Besonders hervorgetan hat sich dabei der Anführer der Shiv Sena, Bal Thackeray. Mit großzügiger Unterstützung von Industriellen gründete er 1966 die Shiv Sena als anti-gewerkschaftliche Organisation in Bombay. Shiv Sena machte für die wachsende Erwerbslosigkeit Migranten aus anderen Teilen Indiens verantwortlich und bekämpfte die damals starken kommunistischen Gewerkschaften mit brutaler Gewalt und veranstaltete Hetzjagden auf Migranten. »Maharasthra den Marathen« lautete die Parole. Später, als Partei, übernahm sie die Ideologie des Hindu-Nationalismus. Die Regionalpartei war von 1998–2004 Koalitionspartner der BJP in der Lok Sabha, dem indischen Unterhaus. Außerdem regierte sie als stärkste Partei, ebenfalls in der Koalition mit der BJP, den Bundesstaat Maharasthra von 1995–1999 und stellt seit 1996 ununterbrochen den Bürgermeister der reichsten Stadt Indiens: Mumbai.

Bevor die Shiv Sena an die Macht gewählt wurde, kam es auch Ende 1992 in Bombay zu Auseinandersetzungen zwischen Hindus und Muslimen. Sie begannen mit Angriffen aufgebrachter Muslime, nachdem Hindunationalisten die Zerstörung der Babri Moschee gefeiert hatten und die Polizei mit unverhältnismäßiger Gewalt auf die zunächst friedlichen Proteste der Muslime reagierte. Der Gegenschlag der Shiv Sena, generalstabsmäßig koordiniert von Bal Thackeray, ließ nicht lange auf sich warten. Sechs Wochen lang dauerten die Auseinandersetzungen, 900 Menschen kamen ums Leben. 575 davon waren Muslime, 275 Hindus.[173]

Als das Nachrichtenmagazin »Time« Bal Thackeray auf dem Höhepunkt der Pogrome fragte, ob sich die Muslime in Bombay zu fühlen beginnen wie die Juden in Deutschland, antwortete er: »Haben sie sich verhalten wie die Juden in Nazi-Deutschland? Wenn ja, dann wäre es nicht verkehrt, sie auch so zu behandeln.«[174]

Immer wieder bekundete er seine Sympathie für den Nationalsozialismus und sprach sogar davon, selbst der »Hitler Indiens« werden zu wollen. »Ich bin ein großer Bewunderer von Hitler, und ich schäme mich nicht, dass zu sagen!«, so Thackeray ein halbes Jahr nachdem seine Partei erstmals die Regierungskoalition in Mahrasthra anführte. »Ich sage nicht, dass ich mit all seinen Methoden einverstanden bin, aber er war ein wunderbarer Organisator und Redner und ich glaube, wir haben einiges gemeinsam. [...] Was Indien wirklich braucht ist einen Diktator, [...] der aber nicht mit eiserner Hand regie-

169 Vgl. »Hitler as a Hero: Society without a moral compass«. Times of India 26.12.2002

170 Gupta 2012:54

171 Gupta 2012:53

172 Gupta 2012:52

173 AbschlussberichtderSrikrishna-Kommissionvom16.2.1998http://www.sabrang.com/srikrish/vol1.htm (aufgerufen am 28.1.2014)

174 »Kick them out – No compromise with Muslims: the rhetoric of hatred from Shiv Sena's Bal Thackeray«. Interview mit Bal Thackeray, Time 25.1.1993

175 »Portait of a Demagogue: Shiv Sena's Leader Does Not Hide His Agenda«. Interview mit Bal Thackeray, Asiaweek Magazine 22.9.1995

ren sollte.«[175] Noch 2008 sprach er sich für »hinduistische Selbstmordkommandos« aus, um damit den »islamischen Terrorismus« zu bekämpfen.[176]

Von der Gründung bis zu seinem Tod mit 86 Jahren war Bal Thackeray der uneingeschränkte Anführer seiner Partei. Obwohl er nie ein Regierungsamt innehatte, wurde er zum mächtigsten Mann Mumbais. Als er am frühen Morgen des 17. November 2012 starb, brachen seine Anhänger, von denen mehrere hundert vor seinem Haus warteten und für seine Genesung beteten, in Tränen aus. Die Wirtschaftsmetropole Mumbai kam sprichwörtlich zum Erliegen. Überall im Bundesstaat wurden großflächige Porträts von Bal Thackeray aufgehängt, der auch »Kaiser der Hindu-Herzen« genannt wurde. Etwa 1,5 Millionen Menschen kamen zu seiner Beerdigung, darunter Cricket- und Bollywoodstars, Wirtschaftsgrößen und Politiker aller Couleur. Obwohl er nie Mitglied einer Parlamentskammer in Neu-Delhi war, wurde sowohl im Unter- als auch im Oberhaus seiner gedacht. Mehrere indische Fernsehsender übertrugen die Beerdigung live.[177]

Nicht alle Hindunationalisten bekennen sich wie Bal Thackeray zu ihren Vorbildern, denn eine offene Bewunderung für den Nationalsozialismus, Faschismus oder gar Adolf Hitler stellen für BJP-Politiker, die sich auch auf internationalem Parkett bewegen müssen, eine offene Angriffsfläche dar. Wenn Journalisten zum Beispiel auf den geschulten Pressesprecher im RSS-Hauptquartier in Nagpur treffen, wird eine begeisterte Lektüre von Hitlers »Mein Kampf« schlichtweg geleugnet. Es gebe »gute« und »schlechte« Diktatoren. Hitler sei ein »schlechter« gewesen. Hindus seien friedfertige Menschen – aber natürlich wolle man sich nicht von den Muslimen dominieren lassen.[178]

In den Bundesstaaten allerdings, in denen die Hindunationalisten an der Macht sind, wird der Nationalsozialismus in staatlichen Schulen offen bewundert. 2003 erschienen in Gujarat sozialwissenschaftliche Schulbücher, in denen Hitler als »Supremo« und »charismatische Persönlichkeit« bezeichnet wird. Die vermeintlichen »Errungenschaften der Nazis« werden ausführlich beschrieben, kein Wort jedoch über die Vernichtungspolitik und die Konzentrationslager. Es ist lediglich die Rede von einer »oppositionellen Politik gegenüber dem jüdischen Volk und der Anwaltschaft für die Überlegenheit der deutschen Rasse«.[179]

»Arische Verwandtschaften«

Nicht nur die weitverbeitete Bewunderung für Adolf Hitler ist ein Hinweis auf die Parallelen des Hindu-Nationalismus zum europäischen Faschismus.

Sozialhistoriker wie Sumit Sarkar bezeichnen die ganze RSS-Familie als faschistisch. Schließlich seien auch der deutsche Nationalsozialismus und der italienische Faschismus durch Massenmobilisierungen und Straßenkämpfe sowie durch die Unterwanderung von Polizei, Verwaltung, Armee und mit stillschweigender Einwilligung der Politik an die Macht gekommen.[180]

Der Politologe und Historiker Tobias Delfs weist allerdings darauf hin, dass es den Hindunationalisten bisher nicht gelungen sei, die Macht in Indien vollständig an sich zu reißen und das bürgerlich-demokratische System in ein faschistisches zu verwandeln. Aber ein Vergleich der frühen Phasen des Faschismus, d.h. der Bewegungsphase und der Verwurzelung im politischen System liege neben Aspekten ideologischer Gemeinsamkeiten durchaus auf der Hand.[181]

Die europäischen Einflüsse treten vor allem bei Madhav Golwalkar und Vinayak Damodar Savarkar, dem Begründer der Hindutva-Ideologie und Präsident der Hindu Mahasabha, deutlich hervor. Die 1914 gegründete Hindu Mahasabha war die erste hindunationalistische Partei Indiens, die im Gegensatz zur Kongress-Partei die Teilnahme an den von den Briten installierten gesetzgebenden Beiräten zunächst nicht boykottierte und vor allem den Säkularismus offen ablehnte.

Der deutsche Sprach- und Religionswissenschaftlers Max Müller machte Mitte des 19. Jahrhunderts eine »arische« Verwandtschaft der indo-europäischen Sprachfamilie aus, woraus sich die Vorstellung einer gemeinsamen »Ursprungsrasse« – den Ariern – entwickelt habe. Die Hindus seien direkte Nachfahren der tibetischen »Aryas«. Ein Teil der »Veden«, der heiligen Texte der Aryas, wurde als von Gott gegeben betrachtet und so das bisher fehlende Fundament einer »Heiligen Schrift«, ähnlich wie in den monotheistischen Religionen, errichtet.[182]

So wie dem italienischen Faschismus das römische Imperium nach Beni-

176 »Thackeray wants ›Hindu suicide squads‹«. The Hindu 19.6.2008

177 »Bal Thackeray's funeral gets massive live TV coverage«. DNA 18.12.2012

178 Graefe 2010:14

179 Gupta 2012:51; »International Religious Freedom Report 2003«. US State Department

180 Sarkar 1993:163ff

181 Delfs 2008:19f

182 Delfs 2008:45

183 Delfs 2008:95

to Mussolini »eine Idee des Antriebs« war, galt dies bei Golwalkar für die vorislamische, als glorreich verklärte Zeit der Indo-Aryas.[183]

Savarkar verteidigte 1938 Italien und Deutschland vor der Kritik Jawaharlal Nehrus. »Die Berührung durch den magischen Zauberstab der Nazis und Faschisten hat Deutschland und Italien so wunderbar gesunden und wachsen lassen wie niemals zuvor«, ließ er in seiner Rede verlauten.[184] Das galt seiner Meinung nach für die expansionistische Außenpolitik der Nationalsozialisten und Faschisten wie auch für die Innenpolitik. Ausdrücklich stellte Savarkar eine Analogie zwischen der nationalsozialistischen »Judenfrage« und der indischen »Muslimpolitik« her. »Wenn wir Hindus mit der Zeit stärker werden, müssen diese muslimischen Freunde vom Typ der Muslim-Liga[185] die Rolle der deutschen Juden spielen.«[186]

Insgesamt sind bei Savarkar wie auch bei Golwalkar eher Parallelen zum Nationalsozialismus als zum Faschismus zu erkennen. »In diesem Land sind ganz allein die Hindus die Nation, und Muslime und andere sind, wenn eigentlich nicht anti-national, so doch außerhalb des Volkskörpers«, schreibt Golwalkar.[187] Sie begründeten solche Thesen auch mit natürlichen bzw. biologischen Gesetzmäßigkeiten, die sie auf das soziale Geschehen übertrugen.[188] Damit allerdings die Drawiden und Stammesgesellschaften, also die Adivasi, nicht per Definition ausgeschlossen waren, wurde der »rein biologische Rassismus zugunsten einer milderen Mischfrom aus Kultur- und Geburtsrasse« abgelöst.[189] Die Mitglieder der Hindu Mahasabha gründeten 1925 den Nationalen Freiwilligendienst RSS. Ihre Struktur der Shakas und die Inhalte, die bei den Treffen dieser Organisationszellen vermittelt werden, sind denen der faschistischen Jugendorganisationen ähnlich. Sie pflegen bis heute einen ausgeprägten Führerkult. So hängen bei ihren größeren Treffen oft stilisierte Porträts von Golwalkar und Hedgewar, dem ersten obersten Anführer der Organisation, dem Sarsanghachalak, denen die Teilnehmer huldigen.[190]

Betont wird bei den RSS-Treffen der Nutzen der individuellen körperlichen und geistigen Erziehung für das nationale Selbstbewusstsein. Das stelle eine weitere »offensichtliche Parallele zwischen europäischem Faschismus und dem Hindu-Nationalismus des RSS« dar.[191] Das gilt auch für die Begründung der Gegnerschaft zum Kommunismus: Seine Anhänger werden als »vaterlandslose Gesellen« betrachtet. Ihre »ausländische Ideologie« und ihre Organisationen seien »gefährlich für die Nation« und müssten deshalb »bloßgestellt und liquidiert« werden.[192]

Auch das Frauenbild der Hindunationlisten weist Schnittmengen auf:

Frauen waren zum Beispiel für Savarkar vornehmlich Ehefrauen und Mütter, die den »Genpool« der Nation auffrischen und diese »gesünder, schöner, stärker und patriotischer« machen soll.[193] Um Frauen diese Pflichten zu lehren, entstanden spezielle Frauenorganisationen wie die »Rashtra Sevika Samiti«, die nicht zufällig an den »Bund Deutscher Mädel« oder die italienischen »Fasci femminili« erinnert.[194] Bis heute lehnen die Hindunationalisten den »westlichen« Feminismus ab.[195]

»Es gibt keine Zweifel: Der Sangh Parivar hat eine faschistische Charakteristik«, schreibt der Politologe Achin Vanaik. Daran ändere auch die Tatsache nichts, dass seine Vertreter »verschiedenes Publikum unterschiedlich adressieren und oft sehr gekonnt die Sprache der Demokratie benutzen.«[196] Auch Tobias Delfs sieht eine »Verwandtschaft« zwischen Hindu-Nationalismus und Faschismus[197] und spricht von einer »Doppelstrategie« des Sangh Parivar, weil der politische Arm des Dachverbandes – die BJP – schließlich »auch gemäßigte Wähler gewinnen und sich regierungsfähig zeigen will.« Gleichzeitig dürfe die Partei bei der radikalen Basis »nicht den Eindruck einer ›bremsenden Kraft‹ erwecken, die die Aktionen der Aktivisten hintertreibt«.[198] Die enge Liaison mit dem Kapital war für den europäischen Faschismus in den 1920er und 1930er Jahren eine der wichtigsten Grundlagen auf dem Weg zur Macht. Die auch öffentlich zur Schau gestellte Verbindung zwischen indischen Konzernen und den Hindu-Nationalisten ist bei Delfs jedoch kein Gegenstand der Analyse.[199]

184 Delfs 2008:65
185 Die Muslim-Liga des Ali Jinnah war die treibende Kraft für ein von Indien unabhängiges Pakistan und machte sich zwei Jahre später für einen separaten Staat Pakistan stark.
186 Zitiert nach Delfs 2008:70
187 Golwalkar 1939:98
188 Delfs 2008:104
189 Delfs 2008:107
190 Delfs 2008:86
191 Delfs 2008:119
192 Zitiert nach Delfs 2008:137
193 Zitiert nach Delfs 2008:128
194 Delfs 2008:130
195 Delfs 2008:148
196 Vanaik 2009:155f
197 Delfs 2008:149
198 Delfs 2008:139
199 Dazu in diesem Buch: »Modi: Liebling der Konzerne« und »Der Hindu-Industrielle Komplex«.

Verdeckte Recherchen

Ende 2007 standen in Gujarat die zweiten Wahlen nach den Pogromen vor der Tür. In der Zentralredaktion des investigativen Nachrichtenmagazins Tehelka in Neu-Delhi war die Spannung groß. Denn einen Monat vor dem Urnengang in Gujarat veröffentlichte Tehelka die Ergebnisse einer verdeckten Recherche.[200] Der Journalist Ashish Khetan hatte sich als Doktorand einer Universität in Neu-Delhi ausgegeben. Er gab vor, Spross einer radikalen Familie von Hindu-Nationalisten zu sein, die seit Generationen zum Nationalen Freiwilligenverband RSS gehöre. Der mit einer Christin verheiratete 35-Jährige Hindu ist in Wirklichkeit ein Gegner der Hindu-Nationalisten.

»Meine Tochter war damals sechs, sieben Monate alt«, erzählt er mir. »Jedesmal, wenn ich mit meiner anderen Identität nach Gujarat gefahren bin und mit diesen Gewalttätern, Verschwörern und Mördern in intimer Atmosphäre darüber reden musste, wie sie Kinder getötet und Frauen vergewaltigt haben, und wie wichtig es für sie war, diese Minderheit in Gujarat einfach auszulöschen, dann musste ich an meine eigene Familie denken.« Er musste so tun, als sei er ihrer Meinung, als hätten die Muslime diese Misshandlungen verdient. »Aber ich musste immer an die Familien denken, die Angehörige verloren haben. Durch was für eine Hölle müssen sie gegangen sein.«

Kurz nach der verdeckten Recherche wechselte Ashish Khetan den Arbeitsplatz und arbeitete als Sonderkorrespondent für den Fernsehsender TV Today in Mumbai. Die Redaktion befindet sich in den oberen Stockwerken eines Hochhauses im südlichen Stadtteil Colaba. In der offenen Eingangshalle sitzen bewaffnete Wachleute in Uniformen. Vier Aufzüge führen in die oberen Stockwerke, der Boden ist mit edlem, grünem Marmorstein belegt. Die Anzeigenschilder weisen den Weg zu unzähligen Anwälten, Architekten und Firmenvertretungen der westlichen und indischen Metall- und Chemieindustrie. Hier arbeitet das aufstrebende Mumbai, junge Leute wie Ashish Khetan.

»Ich war ziemlich aufgeregt, wegen dieser Geschichte«, gesteht er. »Fünf Jahre waren vorüber, es gab die Version der Menschenrechtsorganisationen, die Version der Zeugen, die der Opfer. Aber die Beschuldigten, die Regierung und Narendra Modi behaupteten immer noch, es sei lediglich ein spontaner Aufstand gewesen, ohne vorsätzliche Planung, ohne Verschwörung, ohne Beteiligung der Regierung oder Teilen des Sangh Parivar.«

Ashish Khetan packte der journalistische Ehrgeiz. »Das ist meine Geschichte, sagte ich mir. Ich werde diese Gewalttäter, die Verschwörer, die Funktionäre des Sangh Parivar, all diese wichtigen und respektierten Leute vor die Kamera locken, die mit der weißen Weste, die mir berichten werden, was sie selbst gemacht haben, was die Polizei, was die Regierung und was Narendra Modi, der Ministerpräsident höchstpersönlich gemacht hat.« Auch die Redaktion der Zeitschrift Tehelka setzte große Hoffnungen in die Wirkung der aufwändigen Recherche. »Wir werden das letzte Wort zu den Pogromen in Gujarat haben, diese Leute werden ihre Taten zugeben und hinter Gittern verschwinden.«

Ashish Khetan hat viele Funktionäre mit honorigen Berufen getroffen: Buchhalter, Anwälte, Abgeordnete und Staatsanwälte. Alle waren überzeugt von der Richtigkeit dessen, was sie getan hatten. Ashish Khetan zeigte sich von ihren Geschichten beeindruckt, was diesen Männern offensichtlich schmeichelte. Aber in Wirklichkeit begleitete ihn nicht nur die Hoffnung, die Hintergründe der Pogrome aufdecken zu können, sondern auch die Angst davor, enttarnt zu werden.

»Ich hatte dem Staatsanwalt meine Herkunft und die Art meiner Arbeit geschildert«, beschreibt er ein Treffen mit einem hochrangigen Hindu-Nationalisten. »Er begann mir zu erzählen, wie er muslimische Zeugen und Opfer bedroht hatte, damit diese keine Anklage gegen Gewaltäter erheben. Während der einen Stunde unseres Gesprächs beschrieb er außerdem, wie er selbst einige der Gewalttaten angeleitet und später einige der muslimischen Zeugen mit Geld bestochen hatte.« Schon während jenes Gesprächs beschlich Ashish Khetan ein seltsames Gefühl. »Nach dem Interview saß ich mit meinem Fahrer kaum zehn Minuten im Auto, als das Telefon klingelte. ›Ich weiß nicht, wer Du bist‹, sagte er mir und fing an, mich bezüglich meiner Identität auszufragen. Er habe einen Anruf von jemandem erhalten und habe nun Zweifel. Er fragte mich gerade heraus, ob ich ein verdeckter Agent sein.« Khetan musste etwas tun. »Nach dem Telefonat sagte ich meinem Fahrer, er solle mich sofort zum etwa 100 Kilometer weit entfernten Flughafen von Ahmedabad bringen. Ich rief in der Redaktion an, sagte ihnen, sie sollten mir den nächsten Flug buchen, egal wo hin, Hauptsache raus aus Ahmedabad. Ich glaube, sie waren hinter mir her. Mein Fahrer raste zum Flughafen und erst als ich in der Abflughalle war, wusste ich: jetzt bist du sicher.«

Das Handwerkszeug von Ashish Khetan war ein Laptop mit eingebauter

200 »Gujarat 2002: The truth«. Tehelka 3.11.2007 http://archive.tehelka.com/story_main35.asp?filename=Ne031107gujrat_sec.asp

Web-Kamera und Mikrofon. Der Staatsanwalt hatte seinen Verdacht offensichtlich nicht an andere weitergegeben und so konnte Khetan weitere Gespräche führen. Auch der Abgeordnete Haresh Bhatt, ein untersetzter Mann in traditioneller Kleidung mit einem großen, geschwungenen Oberlippenbart, schilderte ihm freizügig, wie die Waffen organisiert und verteilt wurden. Nach dem Brand in Godhra habe Narendra Modi auf einem nächtlichen Treffen mitgeteilt, sie hätten bis zu drei Tagen Zeit, um zu tun, was zu tun sei, erzählt Haresh Bhatt in dem verwackelten und grobkörnigen Video. Aber es gab noch schrecklichere Aktivisten als diesen Abgeordneten der BJP, zum Beispiel Babu Bajrangi.

»Es war fürchterlich, ich traf diesen Mann Babu Bajrangi insgesamt vier Mal«, erzählt mir Ashish Khetan. »Beim ersten Treffen hat er sich noch nicht völlig geöffnet. Er sagte nur wenig. Dabei war er einer der Hauptverschwörer und nahm an einem der schlimmsten Massaker in Ahmedabad teil, in Naroda Patiya und Naroda Gam. Nach offiziellen Angaben sind dort knapp hundert Menschen an einem einzigen Tag getötet worden. Aber die Leute von dort sagen, es seien mehrere Hundert gewesen.«

Die wirklichen Opferzahlen sind schwer zu ermitteln. Täter brüsten sich damit, Menschen bei lebendigem Leib verbrannt oder mit ihren Schwertern zerstückelt zu haben. Auch Babu Bajrangi, der eigentlich Patel heißt und den Zweitnamen aus enger Verbundenheit mit der radikalen Hindu-Organisation Bajrang Dal angenommen hatte.

»In meiner Strafanzeige stand, dass ich diese schwangere Frau aufgeschlitzt habe«, erzählte er Ashish Khetan. »Ich habe diesen Schwesterfickern gezeigt zu was wir in der Lage sind, wenn unsere Leute getötet werden.« Man dürfe niemanden schonen, führte Babu Bajrangi weiter aus, man müsse verhindern, dass sie sich vermehren. Egal ob Frauen oder Kinder, alle müsse man niedermachen. Babu Bajrangi berichtete auch, wie er nach der Tat von Narendra Modi geschützt wurde: »Einer der Kommissare übermittelte mir den Befehl, ich solle fliehen«, so Bajrangi. »Narendra Modi ließ mich in einem Haus der Regierung verstecken. Dort blieb ich viereinhalb Monate. Anschließend wurde ich festgenommen und verbrachte sechs Monate im Gefängnis. Narendra Modi sorgte dafür, dass ich wieder frei kam. Was er in Gujarat getan hat, dazu ist sonst niemand in der Lage.« Babu Bajrangi war auch 2009 noch auf freiem Fuß. Er sei kein Einzelfall, weiß Ashish Khetan zu berichten.

»Polizei und Regierung in Gujarat blieben völlig untätig, obwohl diese Gewalttäter drei, vier Tage Amok gelaufen waren. Erst als es Druck von den

Oppositionsparteien stieg, notierte die Polizei Namen, verfasste Protokolle und erstattete Anzeigen.« Doch auch dann noch zeigten sich die Beamten in Gujarat als äußerst widerwillig und sabotierten die weiteren Schritte nach Kräften. »Die Ermittlungen haben sie absichtlich schleifen lassen, regelrecht manipuliert. Sie haben wichtige Beweisstücke am Tatort einfach liegen gelassen und sie haben die Aussagen der Augenzeugen absichtlich falsch aufgeschrieben. Die beschuldigten Hindu-Fanatiker, die schließlich festgenommen wurden, wurden von Polizei und Staatsanwaltschaft nicht einmal verhört. Die staatlichen Anklagen gegen die Gewalttäter waren also ziemlich schwach. Als ich 2007 in Gujarat recherchierte, waren alle bis auf ganz wenige Ausnahmen auf Kaution frei.«

Erst zehn Jahre später, im August 2012, wurden Babu Bajrangi und Mayaben Kodnani zu lebenslänglicher bzw. 28 Jahren Haft verurteilt, zusammen mit 29 weiteren Angeklagten. 29 andere wurden freigesprochen. Kodnani amtierte trotz der bereits erhobenen Beschuldigungen bis zu ihrer Verhaftung 2009 noch als Familien- und Bildungsministerin der Regierung unter Narendra Modi in Gujarat. Das Pogrom sei »ein schwarzer Tag für die indische Demokratie gewesen«, so die Richterin Jyotsna Yagnik, »das war eine geplante Verschwörung, die nicht dadurch abgemildert werden kann, indem einfach gesagt wird, sie sei eine Reaktion auf die brennenden Züge in Godhra gewesen«.[201] Auf Betreiben verschiedener Organisationen des Sang Parivar – RSS und VHP – insistierte die Modi-Regierung beim Sondergericht in Ahmedabad darauf, nicht die Todesstrafe für die Angeklagten zu verhängen.[202]

Die Muslime, die wegen der brennenden Zugwaggons in Godhra verurteilt worden waren, hatten härtere Strafen erhalten. Am 22. Februar 2011 verurteilte ein Gericht in Ahmedabad elf Angreifer zum Tode und zwanzig zu langen Haftstrafen, weil sie den Angriff schon am Vorabend geplant hätten. Eine These, die auch nach dem Gerichtsurteil in Expertenkreisen umstritten blieb.[203] 63 Angeklagte, darunter der Hauptbeschuldigte, mussten wegen

201 »28 years for Kodnani, Bajrangi to spend entire life in prison«. The Hindu 31.8.2012

202 »Modi government does U-turn on death penalty for Kodnani, Bajrangi«. The Hindu 14.3.2013

203 Nussbaum 2009:81; Jaffrelot 2012:77–80; »The sting in the story«. Tehelka 8.9.2012; »Key evidence ignored in Godhra train fire case«. DNA 24.1.2012

204 »It was not a random attack on S-6 but kar sevaks were targeted, says judge«. The Hindu 6.3.2011

mangelnder Beweise freigesprochen werden.[204]

2007 war für Mayaben Kodnani und Babu Bajrangi die Welt noch in Ordnung. Erst Ashish Khetan brachte den Stein richtig ins Rollen. »Nach meiner Recherche gab es dann eine große, nationale Debatte«. Keine Zeitung, keine Radiostation, kein Fernsehsender oder Internetportal, die nach der Veröffentlichung der Sondernummer von Tehelka am 3. November 2007 nicht über die Ergebnisse der Recherche berichtet hätten – außer natürlich einige Fernsehsender und Zeitungen in Gujarat. Sogar das Parlament in Neu-Delhi debattierte darüber.[205]

Narendra Modis Karriere war deswegen jedoch nicht am Ende. Im Gegenteil: Er befindet sich weiterhin auf dem Weg des Erfolgs. Wenn er in Gujarat auftritt, wird er mit pompöser Musik empfangen und die Massen jubeln. Die Mehrheit in Gujarat ließ sich auch damals kaum von Ashish Khetans Arbeit beeindrucken. Nur anderthalb Monate nach seiner Veröffentlichung wählten sie 2007 erneut Narendra Modi und die BJP mit einer absoluten Mehrheit von 64 Prozent an die Regierung. Er berief Mayaben Kodnani in sein Kabinett, obwohl die Ermittlungen schon in vollem Gange waren und sie von Dutzenden von Zeugen belastet wurde. Narendra Modi gilt seitdem in der BJP als der kommende Mann für das höchste Amt in Indien. 2009 wurde er noch nicht für das Amt des Premierministers nominiert. Er musste sich noch mit Platz zwei zufriedengeben. Die Nummer Eins war der 80Jährige Lal Krishna Advani, der in den 90er Jahren die Kampagne zur Zerstörung der Babri-Moschee angeführt hatte. Im September 2013 hat es der ambitionierte Narendra Modi endlich geschafft: Die BJP macht ihn zum Spitzenkandidaten.

Narendra Modi Superstar

»Indien zuerst – alles andere kommt danach«, tönt die durchdringende Stimme Narendra Modis über die Lautsprecher. »Die größte Sache ist die Nation, unser Gefühl, unsere Identität. All das verdanken wir dem nationalistischen Ansatz der Bharatiya Janata Party, unserer Indischen Volkspartei.«

Zur Kundgebung für die Eröffnung des Wahlkampfes 2009 waren 15.000 Parteimitglieder auf einen großen Platz gegenüber dem Universitätscampus in Ahmedabad gekommen. »Bharat Mataki – Sieg Dir Mutter Indien«, riefen sie begeistert, als Narendra Modi die Bühne betrat. Er ist ein charismatischer Redner und brillianter Rhetoriker. Er spricht ohne Teleprompter oder Redemanuskript. Bisweilen peitscht er seine Worte ins Publikum, dann wird seine Stimme wieder leiser. Manchmal liegt in seiner Gestik, seiner Stimme und seiner Mimik etwas Bedrohliches. Dann bekommen seine Sätze einen fauchenden Unterton und er formt seine Hände langsam zur Faust, als wolle er etwas zerquetschen.

Als er zum Wahlkampfauftakt sprach, war es still auf dem Platz. Die 15.000 Anhänger hörten ihm andächtig zu. Wie immer sprach Narendra Modi auch dieses Mal nicht von Ahmedabad, sondern von Karnavati. Das ist der alte Name Ahmedabads, als die Stadt noch klein und unbedeutend war. Der heutige Name bezieht sich auf den Sultan Ahmed Shah, der Ahmedabad groß und zu seiner Hauptstadt machte. Als »Sultanat« bezeichnet Modi hingegen die Regierung unter Führung der Kongress-Partei in Delhi. Er wirft ihr vor, mit Blick auf muslimische Wählerstimmen nicht hart genug gegen Terroristen und das Nachbarland Pakistan vorzugehen.

Er pries den Wirtschaftserfolg Gujarats, aber über das ausgebrannte Zugabteil in Godhra redete er nicht mehr. Auch über das Pogrom und dessen Opfer hüllte er sich in Schweigen. Nicht nur auf solchen Kundgebungen. Sondern vor allem, wenn ihn Journalisten mit der blutigen Vergangenheit konfrontierten. Wie im Herbst 2007, als er von Karan Thapar, einem Star-Moderator des indischen Fernsehens auf CNN-IBN befragt wurde.

»In den sechs Jahren, in denen sie als Ministerpräsident regieren, hat die Rajiv Gandhi Stiftung Gujarat zu dem Bundesstaat erklärt, der am besten verwaltet wird. Das einflussreiche Medienhaus India Today hat Sie bereits zweimal als effizientesten Ministerpräsidenten Indiens bezeichnet«, leitete Thapar seine Frage ein. »Und trotzdem gibt es Leute, die ihnen ins Gesicht sagen, Sie seien ein Massenmörder und hätten Vorurteile gegen Muslime. Haben sie ein Image-Problem?«

»Es ist nicht korrekt, von Leuten zu sprechen«, entgegnete Modi. »Das sind nur zwei, drei Personen, die eine solche Terminologie benutzen. Gott segne euch, sage ich dann immer.«

»Sie sagen, es seien nur zwei oder drei Personen?«

»Das habe ich nicht gesagt.«

»Aber Sie haben gesagt, nur zwei oder drei Leute.«

205 Das oberste Kriminalamt Indiens – Criminal Buro of Investigation (CBI) – bestätigte am 5.3.2008 nach eingehenden Untersuchungen und auf Anfrage der indischen Menschenrechtskommission die Echtheit des Materials von Ashish Khetan: http://www.cjponline.org/gujaratTrials/statecomp/pdf%20files/pdfs/CBI%20Authentication%20of%20Tehelka%20Tapes.pdf

»Das ist die Information, die ich habe. Das ist Volkes Stimme.«

Anschließend riss sich Narendra Modi das Ansteckmikrophon vom Revers, stand auf und verließ den Raum. Sein Parteisprecher rechtfertigte den Abbruch. Es sei vereinbart gewesen, nicht über das Jahr 2002 zu sprechen. Der Moderator sei gegenüber dem Ministerpräsident voreingenommen gewesen. Karan Thapar schrieb anschließend einen Brief. Er habe Narendra Modi »nicht verärgern« wollen.[206]

Die Persönlichkeit Narendra Modis hat schon viele Psychologen, Soziologen und Journalisten beschäftigt. Wenigen ist es gelungen, längere Interviews mit ihm zu führen und Einblick in seinen Alltag zu bekommen. Die meisten beschreiben ihn als einsamen, unnahbaren Workaholic, der enge menschliche Kontakte scheut. Sein Tag beginnt um fünf Uhr morgens mit Yoga. Er isst kein Fleisch, trinkt keinen Alkohol. Er führt ein asketisches Leben und lebt ohne Lebensgefährtin. Zu seiner Mutter und seinen Geschwistern pflegt er so gut wie keinen Kontakt und sagt von sich selbst, dass er seit 12 Jahren keinen Urlaub mehr gemacht habe.[207]

Aufgewachsen ist er in der Kleinstadt Vadnagar in Gujarat. Anders als viele Spiztenfunktionäre der Hindutva-Bewegung kommt Narendra Modi nicht aus einer höheren Kaste, sondern gehört zu den OBCs, den »sozial benachteiligten Kasten«. Mit sechs Jahren half er bereits seinem Vater, der Tee an Zugreisende verkaufte. In seiner frühen Jugend wurde er begeistertes Mitglied im Nationalen Freiwilligendienst RSS. Die autoritäre Struktur der Shakhas, der täglichen Organisationstreffen, begeisterte ihn. Narendra, so berichtet sein ältester Bruder Somabhai, sei »sehr davon beeindruckt gewesen, dass eine Person die Befehle gibt und alle anderen dem Kommando folgen«.[208]

Die Führungskader bewunderten ihn schon bald für seine Schlagfertigkeit und seine organisatorischen Talente. Schnell wurde er einer der Anführer der lokalen Einheit. Als »Pracharak« und Propagandist zog er durch die Dörfer Gujarats, um neue Mitglieder zu rekrutieren.[209] 1971 zog er in die RSS-Zentrale nach Nagpur und wurde 1987 schließlich Mitglied der BJP. Er baute ein starkes, parteiinternes Netzwerk in Gujarat auf – u.a. zur reichen Ambani-Familie – mit dessen Hilfe es ihm schließlich 2001 gelang, unliebsame Konkurrenten zu entmachten und sich selbst an die Spitze der Partei zu stellen.

1992 führte der Psychologe und politische Essayist Ashis Nandy eines der ersten Interviews mit Narendra Modi. »Ich fand ihn gefährlich, vor allem wegen seiner fast paranoiden Vorstellungen über die Muslime«, schrieb er rückblickend. Als Angehöriger einer niederen Kaste wisse Modi was es bedeutet, sich nach oben zu arbeiten. Er sei sich nur allzu bewusst, dass ein wesentlicher Teil seines Erfolgs auf seiner Rhetorik beruhe, mit deren Hilfe er die Sorgen und Ängste der Mittelschicht schüren könne. »Modi hat den Überlebensinstinkt einer Person aus einem sozialen Milieu, das noch nie in den Genuss der Macht gekommen ist, erklärt Nandy. Eine Macht, die er mit allen Mitteln verteidigen werde.[210]

Heute legt Narendra Modi sehr viel Wert auf sein Äußeres, er trägt maßgeschneiderte Kurtas und Anzüge, je nach Anlass. 2007 unterzog er sich sogar einer Haartransplantation, »um während des Wahlkampfs 2007 weniger kahl zu erscheinen«.[211] Kaum einem Politiker gelingt es wie Modi, die Aufmerksamkeit der indischen Medien auf sich zu ziehen.[212]

Imagepflege

Dabei wird Modi immer wieder von der Vergangenheit eingeholt. Seit mehr als einem Jahrzehnt verweigert er sich der Auseinandersetzung über seine Rolle bei den Massakern. Doch bei Wahlen hat ihm das nicht geschadet. Die meisten Wähler in seinem Bundesstaat sehen ihn als Opfer einer politischen Kampagne und geben ihm immer wieder ihre Stimme. Schließlich habe er Gujarat zu einem der wirtschaftlich erfolgreichsten Bundesstaaten in Indien gemacht. Wenn er das Amt des Premierministers übernehmen will, muss er sich auch auf dem indischen und internationalen politschen Parkett bewegen. Deswegen hat er seit seiner Nominierung zum Spitzenkandidaten im Sommer 2013 ausgedehnte Imagepflege betrieben.

Modi versucht seinen Ruf als Muslimhasser abzustreifen. Er habe, so betont er, insgesamt 37 Tage für »Harmonie« in der Gesellschaft gefastet. In einem Blog Ende 2013 brach er erstmals sein Schweigen und bedauerte die mehr als zehn Jahre zurückliegenden Pogrome. Der Zeitpunkt war gut gewählt: Der Blog erschien einen Tag, nachdem ein Gericht in Ahmedabad die Klage gegen ihn, eingereicht von Zakia Jafri, der Witwe Ehsan Jafris, abge-

206 »Quizzed on riots, Modi walks out«. The Telegraph 21.10.2007
207 »The remaking of Narendra Modi«. Reuters Special Report 12.7.2013
208 Mukhopadhyay 2013:73
209 »The remaking of Narendra Modi«. Reuters Special Report 12.7.2013
210 »Power Defangs«. Outlook India 24.12.2007
211 Mukhopadhyay 2013:347
212 »The remaking of Narendra Modi«. Reuters Special Report 12.7.2013

wiesen hatte. Der faktische Freispruch sei der »Triumph der Wahrheit« und habe ihn »befreit«, so Modi.[213] Die »gedankenlose Gewalt« habe ihn schon damals »bis ins Mark erschüttert«, als Zeuge solcher »Unmenschlichkeit« habe er »Gram, Trauer, Elend, Schmerz und Seelenqual« empfunden.[214] Er habe mit aller Macht auf eine friedliche Lösung gedrängt. »Und dann wurde ich beschuldigt, für den Tod meiner geliebten Brüder und Schwestern in Gujarat verantwortlich zu sein. Können Sie sich die innere Unruhe und den Schock vorstellen, für genau die Ereignisse beschuldigt zu werden, die einen erschüttert haben?[215] [...] Die Regierung von Gujarat hat schneller und entschiedener auf die Gewalt geantwortet, als dies jemals zuvor bei einer Auseinandersetzung in diesem Land der Fall war«, behauptet Modi, der sich nach wie vor offen zum Hindu-Nationalismus bekennt.[216]

Seine Unterstützer bezeichnen die richterliche Entscheidung als »Ende einer 12 Jahre andauernden Schmähkampagne«, für die sich »die Kongress-Partei entschuldigen soll«. Säkulare Politiker, einige Medien und vor allem die Opfer sehen das anders. Sie kritisieren das Urteil und bezeichnen Modis Blog als »Heuchelei«, »Krokodilstränen« und als »offensichtlichen Versuch, vor den Wahlen zum indischen Parlament die Muslime zu erreichen«. Rupa Mody, die als Überlebende des Massakers in der Gulbarg-Society noch immer auf der Suche nach ihrem Sohn ist, stellt sich die Frage, um »welche Art von Schmerz es sich handelt, der zwölf Jahre lang nicht zu Ausdruck kam und jetzt, nach der richterlichen Entscheidung, nach außen« dringe. »Der Mann hat ein Herz aus Stein«, fährt sie fort, »er ist gar nicht imstande, Schmerz zu empfinden. Ich bin eine Mutter, die nicht weiß, ob ihr Sohn noch lebt. Ich fühle Schmerz. Nicht er.«[217]

Im Anschluss an die Ereignisse des Jahres 2002 zitierte Narendra Modi den Physiker und Mathematiker Isaac Newton: Eine Aktion erzeuge eine Gegenreaktion.[218] Das haben viele Inder nicht zu Unrecht als Rechtfertigung der Pogrome gegen die Muslime verstanden. Seit er zum Spitzenkandidaten gekürt wurde, ist er mit seinen Äußerungen vorsichtiger geworden. »Wenn wir auf der Rückbank eines Autos sitzen und der Fahrer überfährt einen Welpen, dann fühlen wir uns doch ebenfalls betroffen. [...] Auch als Ministerpräsident ist man doch nur ein menschliches Wesen.«[219]

Die Absicht hinter solchen Äußerungen ist klar. Der für sein ansonsten autoritäres Auftreten bekannte Modi will den Eindruck erwecken, dass er damals von den Ereignissen überrollt wurde und keinen Einfluss darauf hatte.

Um seine Macht zu sichern und sein Image aufzupolieren, schreckt er manchmal auch nicht davor zurück, in den Augen einiger Hindu-Nationalisten unpopuläre Maßnahmen zu ergreifen. So ließ er mehrere ungenehmigt errichtete Tempel an Straßenrändern in Ahmedabad abreißen, weil sie den Verkehr behinderten. Als ein führendes Mitglied des VHP daraufhin Modi-kritische Kurznachrichten per SMS verschickte, wurde er mit dem Vorwuf »aufwieglerischer Aktivitäten« inhaftiert.[220]

»Erst Toiletten, dann Tempel«, erklärte Modi auf einer Veranstaltung in Neu-Delhi. Dabei ging es um die Verwendung öffentlicher Gelder und die oft mangelhafte oder schlicht nicht vorhandene sanitäre Versorgung in Indien. Das brachte ihm den Vorwuf des VHP-Führers Praveen Togadia ein, Hindus »beleidigt« zu haben.[221] Die Tatsache, dass nur vier Wochen später der Weltrat der Hindus seine volle Unterstützung für die Kandidatur Modis erklärte, ist ein deutlicher Hinweis auf die mächtigen Netzwerke, die er sich in ganz Indien aufgebaut hat.[222]

Dass die Modi-Regierung in Gujarat zunächst das Todesurteil für die frühere Ministerin Mayaben Kodnani forderte, die der aktiven Beteiligung an den Pogromen überführt worden war, werten VHP-Anhänger als eine Folge »politischen Drucks«, der auf Modi ausgeübt worden sei.[223]

Die Hindu-Nationalisten, da sind sich fast alle politischen Beobachter einig, stehen trotz zwischenzeitlicher Dissonanzen geschlossen hinter Narendra Modi. Darauf haben sich die führenden Vertreter der BJP, des RSS und des VHP auf einem dreitägigen, indienweiten Treffen im Oktober 2013 geeinigt.[224] Der »Teeverkäufer« Modi sei als Spitzenkandidat wie kein anderer

213 »›Shaken to the core‹ but Modi does not offer apology«. The Times of India 27.12.2013
214 »Satyameva Jayate: Truth Alone Triumphs«, 27.12.2013: http://www.narendramodi.in/satyameva-jayate-truth-alone-triumphs/ (aufgerufen am 1.4.2014)
215 »Modi says he was ›shaken to the core‹ by 2002 riots«. The Hindu 27.12.2013
216 »›Shaken to the core‹ but Modi does not offer apology«. The Times of India 27.12.2013
217 »Modi's blog evokes anger among victims«. The Hindu 29.12.2013
218 »SIT says Ehsan Jafri ›provoked‹ murderous mob«. The Hindu 11.5.2012
219 »Interview with BJP leader narendra Modi«. Reuters 12.7.2013
220 »80 tempels demolished in Modi's capital«. Times of India 13.11.2008
221 »Togadia slams Modi for ›toilets first, temples later‹ comment«. The Hindu 3.10.2013
222 »VHP sees Modi as a leader in Patel's mould«. Press Trust of India 31.10.2013
223 »A ›true patriot‹ should become next Prime Minister, says VHP leader Acharya Dharmendra«. The Economic Times 28.4.2013
224 »RSS meet to put Sangh Parivar in poll campaign mode«. Business Line 24.10.2013

in der Lage, der traditionell auf die Mittelschicht orientierten Hindutva-Gemeinde neue Wählerschichten zu erschließen. Und er wirke als Integrationsfigur auf die neuen Mitglieder der Hindutva-Organisationen, die aus den unteren Kasten kommen.[225]

RSS Kader agitieren: »Eine Stimme für Modi bedeutet eine Stimme für den ersten Premierminister, der einer unteren Kaste entstammt«. Er sei »in Armut aufgewachsen«, verkündet Modi bei seinen Kundgebungen – anders als sein Konkurrent Rahul Gandhi von der Kongress-Partei, den Modi als »Prinz« bezeichnet.[226]

Immer wieder betont er, dass er ein geborener Hindu und deswegen auch ein Hindu-Nationalist ist.[227] In einem Interview mit dem Modi-Biographen Mukhopadhyay erklärte der Ministerpräsident 2012: »Leute können unterschiedlich beten oder verschiedene Rituale haben – aber das bedeutet nicht, dass sich die Traditionen eines Landes verändern.« Modi insistierte darauf, jeder in diesem Land müsse an Rama als großen, bedeutenden Gott in Indien glauben. An diesem Punkt sei ihm klargeworden, so Mukhopadhyay, dass »Minderheiten, die koexistieren und sich in dem von ihm regierten Staat sicher fühlen wollen, den Glauben und die Wertvorstellungen der Mehrheit befolgen müssen«.[228]

Kein einziger muslimischer Kandidat befand sich auf der BJP-Wählerliste, als Modi 2012 zum dritten Mal in Folge mit absoluter Mehrheit die Wahlen in Gujarat gewann.[229]

Im Wahlkampf geht er sehr geschickt vor. So vereinnahmt er auch die Unabhängigkeithelden der Kongress-Partei. Für Sardar Patel, den »Eisernen Mann« und ersten Innenminister des unabhängigen Indien, lässt er vor der Küste von Gujarat eine 182 Meter hohe Statue bauen. Sie werde »doppelt so hoch sein wie die Freiheitsstatue«, triumphiert der Spitzenkandidat. Bei der Grundsteinlegung bedauerte er, dass nicht Patel statt Nehru der erste Premierminister Indiens geworden ist.[230] Das ist auch deshalb bemerkenswert, weil Sardar Patel nach der Ermordung Gandhis einer der heftigsten Kritiker des RSS wurde. Aber diejenigen, die Patel einfach als »RSS-Hasser« bezeichnen und Modis Verehrung als rein wahltaktisches Manöver abtun, unterschlagen, dass Patel auch große Bewunderung für die »patriotische Haltung« des Nationalen Freiwilligenverbandes übrig hatte und Golwalkar aufgefordert hatte, mit seiner Organisation der Kongresspartei beizutreten.[231] Tatsächlich ist Sardar Patel eine Symbolfigur, die auch bei den Hindunationalisten Anerkennung findet: 1947, wenige Jahre vor seinem Tod, ließ er den Somnath-

Tempel in Gujarat wieder errichten – den wichtigsten Shiva-Tempel Indiens.

Der einzige Bundesstaat, den die BJP bisher in Südindien regiert hat, ist Karnataka mit der weltweit für ihren IT-Sektor bekannten Hauptstadt Bangalore. Karnataka gilt als Brückenkopf der BJP in die anderen südlichen Bundesstaaten. 400.000 Teilnehmer kamen dort zur Kundgebung des BJP-Spitzenkandidaten, und bezahlten sogar jeweils zehn Rupien, um Modi hören zu können. Diese Sammlung diente der Finanzierung der Sardar-Patel-Statue. Das ist bemerkenswert, denn viele andere indische Politiker zahlen normalerweise dafür, dass genügend Zuhörer zu ihren Kundgebungen kommen.[232]

Auf solchen Kundgebungen greift Narendra Modi seinen Konkurrenten, den 20 Jahre jüngeren Rahul Gandhi, als »Weichei« an, der die Korruption nicht stoppen und die »Nation nicht führen« könne. Nur er, Modi, sei dazu in der Lage. Er gibt sich als hart und nicht korrumpierbar, als ein Kandidat, der für Wirtschaftswachstum steht. Und als ein Garant für Law and Order: Gegen den »grenzüberschreitenden Terrorismus« (eine Anspielung auf das mehrheitlich muslimische Pakistan) und die maoistische Guerilla bräuchte Indien einen entschlossenen Führer, einen wie ihn.[233]

In Bangalore präsentierte sich Modi als moderner, technik-affiner Politiker. Tatsächlich ist er in diesem Bereich umtriebiger als andere indische Spitzenpolitiker. Er ist präsent bei youtube und facebook, hat mehr als 1,8 Millionen Anhänger bei Twitter und hat bereits einen Weltrekord aufgestellt, indem er mit Hilfe von 3D-Projektionen gleichzeitig auf 53 Veranstaltungen erschienen ist.[234]

Aber auch in Bangalore schimmerte seine Hindutva-Sozialisation durch: Die Kongress-Regierung, die derzeit den Bundesstaat Karnataka regiert, kritisierte er ausgerechnet dafür, dass sie das gesetzliche Schlachtverbot für Kü-

225 »Divided Sangh«. Economic and Political Weekly 2.11.2013

226 Ramaseshan 2014:11

227 »Interview with BJP leader Narendra Modi«. Reuters 12.7.2013

228 »From Hermitude To Holography«. Outlook India 8.4.2013

229 »Would Modi save India or wreck it?«. The Economist 14.12.2013

230 »Sardar Patel would have made a better PM, says Modi«. The Hindu 30.10.2013

231 »Lifting of ban on RSS was unconditional«. The Hindu 16.10.2013

232 »Sardar Patel would have made a better PM, says Modi«. The Hindu 30.10.2013 »Would Modi save India or wreck it?«. The Economist 14.12.2013

233 »Indiens Löwe auf dem Sprung«. Junge Welt 19.9.2013

234 »The remaking of Narendra Modi«. Reuters Special Report 12.7.2013

he, eine Kernforderung des Weltrates der Hindus (VHP), wieder aufgehoben hat. Dieses Gesetz war von der Vorgängerregierung der BJP erlassen worden.[235] Ein Forum, das sich für das harmonische Zusammenleben der Religionsgemeinschaften einsetzt, hatte zu Protesten gegen die Kundgebung aufgerufen – etwa einhundert Teilnehmerinnen und Teilnehmer folgten dem Aufruf.[236]

Fake Encounter[237]

Während sich Narendra Modi neuerdings als Freund der Muslime präsentiert, leben die meisten der mehr als fünf Millionen Muslime Gujarats in Angst. Muslimische Fahrer von motorisierten Dreirädern, sog. Autorikschas, erzählen, dass sie von der Polizei bisweilen wegen angeblicher Verkehrsverstöße willkürlich angehalten werden. Auch wenn er keinen Zweifel an seiner Unschuld hat, sei der Fahrer gut beraten, die verlangte Geldsumme zu bezahlen. Denn ihre Aussage zähle vor einem Gericht in Gujarat nichts. Und ein Aufenthalt im Polizeigewahrsam ist für die muslimische Minderheit in Gujarat oft eine gewaltvolle Erfahrung, erklärt der Menschenrechtsanwalt Mukul Sinha. »Jedes Verhör beginnt mit Folter: Kein Polizeibeamter verhört ohne zu foltern.«[238] Außerdem bestehe für Muslime die Gefahr, als potentielle Terroristen von der Polizei erschossen zu werden.

»Bei uns tötet die Polizei bei jedem Gefecht einen Terroristen. Und diese Terroristen werden sofort mit AlQaeda, Dawood Ibrahim[239] oder Lashkar e Toiba[240] in Verbindung gebracht. Umgehend teilen sie dann mit, dass diese Terroristen gekommen sind, um unseren geliebten Ministerpräsidenten zu töten«, erzählt mir Mukul Sinha. Zwischen 2002 und 2007 wurden nach Angaben der indischen Menschenrechtskommission allein in Gujarat mindestens vier »Fake Encounter« bekannt, mit mehr als einem Dutzend Toten.[241]

Mukul Sinha hat sich mit mehreren dieser Vorkomnisse beschäftigt und vertritt als Anwalt der Nebenklage den Bruder von Sohrabuddin Sheikh, dem Schutzgelderpressungen angehängt wurden. Der Enddreißiger wurde während einer Busreise am 22. November 2005 zusammen mit seiner Frau Kauserbi entführt, ohne dass die Entführung größeres Aufsehen erregt hätte. Am 26. November wurde Sohrabuddin Sheikh in Ahmedabad von einer Anti-Terror-Einheit aus Gujarat erschossen, und seine Frau Kauserbi drei Tage später im Hauptquartier der Einheit in Ahmedabad mit einem Narkosemittel getötet, nachdem sie von mehreren Beamten vergewaltigt worden war. Die »Täter«, gemeint waren die beiden Eheleute, seien gekommen, um Narendra

Modi zu töten, hieß es später in den Polizeiprotokollen.[242]

»Diese Zusammenstöße werden von langer Hand geplant«, so Mukul Sinha. »Zuerst zeigen sie dich an, dann nehmen sie dich fest und bringen dich auf die Polizeiwache. Dann lassen sie dich raus, zwingen dich zu rennen und erschießen dich.« Deshalb sei in der muslimischen Gemeinde die Angst vor polizeilichen Vorladungen besonders groß.

Im Juni 2006 habe eine Kriminalbeamtin mit den Ermittlungen gegen die Anti-Terror-Einheit im Fall Sohrabuddin begonnen, so Sinha. Im Dezember 2006, am selben Tag, an dem sie den einzigen Zeugen der Entführung, Tulsiram Prajapat, verhören wollte, habe sie eine Nachricht von der Polizei in Gujarat erhalten: Ihr Zeuge, ebenfalls ein mutmaßlicher Terrorist. sei bei einem Zusammenstoß mit der Polizei ums Leben gekommen. Die Behörden in Gujarat versuchten, die Ermittlungen der Beamtin gegen die Anti-Terror-Einheit zu verhindern und zogen sie von dem Fall ab, mussten sie aber später auf Anweisung des Obersten Gerichts in Neu-Delhi wieder einsetzen.[243]

Daraufhin wurden im April 2007 mehrere Beamte der Anti-Terror-Einheit festgenommen, und die Morde hörten auf. Aber die Zeugen der Anklage wurden weiterhin von den Kollegen der Inhaftierten bedroht. »So versuchten 48 Polizisten noch im Februar 2009 Rubabuddin, Suhrabuddins Bruder, aus seinem Haus zu verschleppen.« Der Versuch misslang und Rubabuddin erreichte beim Obersten Gericht in Delhi eine Verbesserung seines Personenschutzes. »Die Polizei wollte ihn offensichtlich um die Ecke bringen,

235 Die BJP hat in einigen Bundesstaaten, in denen sie an der Regierung ist, sogar Gefängnisstrafen für das Schlachten von Kühen bzw. der Beihilfe zum Schlachten wie dem Transport der Kühe zum Schlachter eingeführt. In Rajasthan hat die BJP ein »Kuh-Ministerium« zum »Erhalt und Schutz« der Tiere gegründet. »In Indien tobt ein Kampf um die Kuh«. Frankfurter Allgemeine Zeitung 25.02.2014

236 »Narendra Modi Casts BJP as Tech-Friendly Party During Bangalore Rally«. 18.11.2013

237 Als »fake encounter« werden in Südasien außergerichtliche Tötungen durch Polizeibeamte oder Militärs bezeichnet.

238 Vgl. auch Human Rights Watch 2011:4

239 Auch »der Pate von Mumbai« genannt. Einflussreicher Gangster mit Kontakten zu islamistischen Kämpfern.

240 Islamistische Terrororganisation in Kaschmir.

241 Amnesty International schreibt sogar von 31 Toten. Amnesty International 2007:1

242 »Encounter Machinery of Gujarat Limited – The business of encounters« truthofgujarat.com, 22.7.2013

243 Amnesty International 2007:1

denn er ist der einzige, der die Klage gegen die Polizisten weiterführt.«

Mukul Sinha und Rubabuddin Sheikh haben mit ihrer Beharrlichkeit einen Stein ins Rollen gebracht. Im Juli 2010 musste Amit Shah, Innenminister in Gujarat und enger Vertrauter von Narendra Modi, von seinem Amt zurücktreten. Die indische Bundespolizeibehörde (Central Bureau of Investigation, CBI) macht ihn für für Entführung und Mord, darunter den an Sobhrabuddin Sheik, dessen Frau Kauserbi und Tulsiram Prajapat, verantwortlich.[244] Auch Amit Shah war lange Zeit Mitglied des Freiwilligendienstes RSS und später Aktivist der hindunationalistischen Studierendenorganisation ABVP, bevor er seine Karriere in der BJP antrat. Die Anschuldigungen seien politisch motiviert, werfen Narendra Modi und die BJP der Behörde vor. »Shah ist völlig unschuldig und die Anschuldigungen gegen ihn sind erfunden. [...] Die Behörde wird von der Kongress-Partei missbraucht, um politische Rivalen auszuschalten«, meint Modi.[245]

Aber die Beschuldigungen belasten den politischen Weggefährten von Modi schwer. Auch die Protokolle seiner Telefonverbindungen haben ergeben, dass er während der Tage zwischen der Entführung und der Ermordung mehr als 300 Telefonate mit den Angehörigen der Anti-Terror-Einheit geführt hat.[246] Bei den Verhören behauptete Amit Shah, sich an nichts erinnern zu können.[247] Er befindet sich seitdem unter Auflagen auf freiem Fuß. Unter anderem hat ihm das Oberste Gericht strengstens untersagt, als politisch einflussreicher Abgeordneter, Belastungszeugen unter Druck zu setzen.[248]

Die schweren Vorwürfe gegen Amit Shah haben die Indische Volkspartei BJP nicht davon abgehalten, den Modi-Vertrauten im März 2013 zu einem ihrer Generalsekretäre zu ernennen und ihn mit der Leitung des Wahlkampfes in Uttar Pradesh zu betrauen.[249]

Fragwürdiger Freispruch

»Jede Kritik ist mir willkommen. Aber von Beschuldigungen halte ich nichts«, so Narendra Modi in einem Interview mit Reuters.[250] Der im Mai 2012 veröffentlichte Bericht der vom Höchsten Gericht in Neu-Delhi eingesetzten Sonderermittlungskommission scheint ihm Recht zu geben. Obwohl die Täterschaft von hochrangigen Mitgliedern der BJP, der Polizei, des VHP und des RSS belegt ist, gebe es keine Beweise dafür, dass der autoritäre Staatenlenker selbst die Feindseligkeit gefördert oder das Eingreifen der Sicherheitskräfte unterbunden habe. Vielmehr habe er immer wieder an die Bevölkerung appelliert, friedlich zu bleiben und sich sogar um die Rehabilitierung und medizinische Versorgung der Opfer in den Flüchtlingslagern gekümmert.[251]

Besonders im Fokus des Gerichts standen zwei Ereignisse: Zum einen der Abend des 27. Februar 2002, als es direkt nach dem Brand des Zugwaggons in Godhra ein Treffen Modis mit hochrangigen Politikern und Sicherheitsbeamten in Gandhinagar gab, zum anderen das Massaker in der Gulbarg-Society am darauffolgenden Tag. Die Entscheidung, die verkohlten Leichen der Hindutva-Pilger von Godhra nach Ahmedabad zu schaffen – deren Anblick dort maßgeblich die Wut der Hindunationalisten angefacht hat – sei nicht die »persönliche Entscheidung« Modis gewesen, sondern die von allen bei dem Treffen anwesenden Ministern, Regierungsbeamten und Polizeioffizieren, heißt es im Bericht der Sonderermittlungskommission. Auch habe Modi nicht gesagt, dass man den »Hindus erlauben solle, ihrer Wut freien Lauf zu lassen«. Die Aussagen von zwei Belastungszeugen, die es für diesen Abend gibt, wurden von der Ermittlungskommission als »nachträgliche Einfälle«, »schlechte Beweise« und »eigenmotiviert« abgetan.[252]

Ein dritter Belastungszeuge, Haren Pandya, ehemaliger BJP-Innenminister von Gujarat, lebte bereits nicht mehr. Der parteiinterne Konkurrent Modis hatte sich dafür eingesetzt, die Leichen nicht nach Ahmedabad zu schaffen.[253] Wenige Monate später wurde er von Modi gefeuert. Später sagte er vor einem Bürgertribunal aus, das die Pogrome von 2002 aufarbeitete. Im März 2003 wurde er von einem gedungenen Killer erschossen. Woraufhin die mittlerweile für ihre »fake-encounter« berüchtete Anti-Terror-Einheit in Gujarat Ermittlungen gegen zwölf Personen anstellte. Diese hätten sichfür die getöteten Muslime von 2002 gerächt. Im August 2011 wurden alle Beschuldigten

244 »Sohrabuddin case: Gujarat minister Amit Shah resigns«. Times of India 24.7.2010

245 Ebd.

246 »First on Tehelka: Amit Shah in the Dock«. Tehelka 31.07.2010

247 »Sohrabuddin case: Amit Shah ducks CBI posers, feigns memory lapse«. DNA 29.7.2010

248 »Supreme Court modifies bail condition of Gujarat MLA Amit Shah«. The Economic Times 12.08.2013

249 Ebd.

250 »Interview with BJP leader Narendra Modi«. Reuters 12.7.2013

251 »No evidence of Modi promoting enmity: SIT« The Hindu 9.5.2012

252 Ebd.

253 »Who killed Haren Pandya?«. Times of India Blog, 12.9.2011

254 »Haren Pandya murder case: Gujarat HC acquits all accused«. Times of India 29.8.2011

des Mordes an Haren Pandya mangels Beweisen freigesprochen.[254] Die Ermittlungen, so das Gericht, seinen »schlampig und einseitig« geführt worden.[255] Die Familie von Haren Pandya – und viele andere – stellen die offizielle Version der Ermittlungsbehörden infrage und sprechen von einem »politischen Komplott«.[256]

Um die Aussagen von Haren Pandya und die der beiden weiteren Belastungszeugen zu entwerten, heißt es im Bericht der Sonderermittlungskommission, dass sie gar nicht auf dem Treffen am Abend des 27. Februar 2002 gewesen seien. Dabei stützt sich die Kommission auf die Aussagen der anderen Teilnehmer – die von Narendra Modi und seinen Anhängern.[257] Der andere Vorwurf, dass Modi und seine Mitarbeiter Ehsan Jafris Hilferufe per Telefon ignoriert hätten, sei ebenfalls nicht zu belegen. Aber auch hier hat die Ermittlungskommission Belastungszeugen nicht gehört und wichtige Beweismittel waren verschwunden.[258]

Der Persilschein für Modi im Zusammenhang mit den Pogromen von 2002, sei »durch die Unterdrückung einer großen Menge belastender Beweise durch die Sonderermittlungskommission zu Stande gekommen«, schrieb etwa die Times of India, und nannte einen weiteren Belastungszeugen für den Abend des 27. Februar.[259]

Ein Staatsanwalt legte sogar sein Amt nieder, weil es unmöglich sei, mit der Sonderermittlungskommission zusammenzuarbeiten. »Ich benenne Zeugen, die etwas über den grausamen Fall in Jafris Haus wissen, bei dem so viele Frauen und Kinder umgekommen sind – aber es gibt keine Kooperation. Die Beamten der Sonderermittlungskommission begegnen den Zeugen ohne Mitgefühl, versuchen sie unter Druck zu setzen und halten Beweise außen vor.«[260]

Experten und Wissenschaftler sind davon überzeugt, dass Staat und Polizei 2002 Komplizen einer Gewalt waren,[261] die »außergewöhnlich brutal und im höchsten Maße koordiniert war«.[262] Führende Polizeibeamte, die versucht hatten Muslime zu schützen, sind später degradiert worden.[263] Das umfangreiche und aufwändig recherchierte Beweismaterial von Ashish Khetan ist – soweit es Modi belastet –von der Sonderermittlungskommission nicht berücksichtigt worden. Ebenso wenig die Protokolle über die Kommunikation des Modi unterstehenden Geheimdienstes während des Pogroms in Gujarat, die mehr als deutlich darauf hinweisen, dass die Mobilisierungen des VHP zumindest mit dem stillschweigenden Einverständnis der Bundesstaatsregierung einhergingen. »Vielleicht lag es daran, dass die aus den Protokollen gewonnenen Erkenntnisse nicht mit den Schlussfolgerungen der Sonderermittlungskommission in Übereinstimmung gebracht werden konnten«, vermutet Ashish Khetan.[264]

Auch der Jurist Raju Ramachandran, vom Obersten Gericht in Neu Delhi zum amicus curiae ernannt, um die juristische Verantwortung für die Pogrome zu ermitteln, kritisiert die Ergebnisse der Sonderermittlungskommission. In vielen Bereichen sei sie nicht einmal den Erkenntissen ihrer eigenen Ermittlungen gefolgt.[265]

Dass Modi im Anschluss an das Pogrom immer wieder an die Bevölkerung appelliert habe, friedlich zu bleiben und sich um die Flüchtlinge in den Lagern gekümmert habe, dieser Behauptung widersprechen so gut wie alle Berichte von Zeitzeugen, Journalisten,[266] Wissenschaftlern, Menschenrechtsorganisationen und Sonderberichterstattern der Vereinten Nationen.

Über den regionalen staatlichen Rundfunk Doordarshan verkündete Modi am 28. Februar 2002 angesichts der toten Hindutva-Pilger in Godhra: »Die Schuldigen werden ihre volle Strafe erhalten. Und nicht nur das: Wir werden ein Exempel statuieren, dass niemand – nicht einmal in seinen Träumen und Gedanken – wagen wird, ein solch abscheuliches Verbrechen zu begehen.«[267] Auch die offizielle Mitschrift seiner Rede vom 9. September 2000: »Sollen

255 Navid 2011:10

256 »Haren Pandya's wife says he could not have been shot in his car«. The Hindu 5.1.2012

257 »No evidence of Modi promoting enmity: SIT«. The Hindu 9.5.2012

258 »Plight of Gujarat riot victims shocks UN rapporteurs«. DNA 25.3.2012; »Nero Hour« Outlook India. 29.3.2010

259 »Is SIT hiding proof in Gujarat riots case«. Times of India 18.7.2013

260 »Nero Hour«. Outlook India 29.3.2010

261 Gupta 2011:34

262 Brass 2005:388

263 »India: Gujarat Officials Took Part in Anti-Muslim Violence«. Human Rights Watch 30.4.2002

264 »Exclusive: Headlines Today probe reveals Gujarat riots were not spontaneous and sudden« India Today, 15.4.2013 http://indiatoday.intoday.in/story/gujarat-riots-2002-godhra-sudden-spontaneous-backlash-frantic-police-warnings-ignored/1/262413.html

265 Muralidharan 2014:37, vgl. Bericht Ramachandran: http://de.scribd.com/doc/93423181/Interim-Report-Raju-Ramachandran

266 Mit Ausnahme der meisten Medien in Gujarat.

267 Muralidharan 2014:37

wir Flüchtlingslager unterhalten? Soll ich dort kinderproduzierende Zentren starten?«,[268] wurde von der Sonderermittlungskommission als belastendes Beweismaterial berücksichtigt.

Aus Anlass des zehnten Jahrestages 2012 hielten mehrere Organisationen den Stand der Dinge in Gujarat fest. Noch immer lebten 21.000 Muslime in Flüchtlingslagern. Entschädigungszahlungen waren nicht oder nur zum Teil bei den Opfern und ihren Angehörigen angekommen.[269] Chris Heyns, Sonderberichterstatter der Vereinten Nationen, zeigte sich besorgt »über die langatmige und alles andere als effektive Ausführung der gegenwärtigen Untersuchungen«. Nach seinen Informationen würden die »rechtlichen Untersuchungen der Ereignisse von 2002 durch die Zerstörung von Beweismitteln, Verweigerung von Ermittlungen und Einschüchterung von Zeugen behindert«. Außerdem seien Angeklagte auf Kaution entlassen worden, »die jetzt wieder in den Bezirken leben, in denen sie ihre mutmaßlichen Taten begangen haben.«[270]

Ähnlich der Bericht von Human Rights Watch: »Die Behörden untergraben das Rechtssystem, schützen Straftäter und schüchtern diejenigen ein, die sich zehn Jahre später dafür einsetzen, dass die Schuldigen der anti-muslimischen Unruhen [...] zur Verantwortung gezogen werden.« Während die Untersuchungen zum Angriff auf den Zug in Godhra »schnell vorwärts gingen, wurden die Ermittlungen in Fällen, die mit den anti-muslimischen Unruhen zu tun hatten, vorsätzlich verlangsamt oder gar nicht erst angestellt.« Die Beamten und Funktionäre des Bundesstaates, »der seit drei Legislaturperioden von der BJP unter Ministerpräsident Narendra Modi regiert wird, haben es versäumt, ernsthafte Ermittlungen durchzuführen.« Auch Modi persönlich wurden gravierende Verstöße vorgeworfen: »Modi ging gegen Whistleblower vor und hat keinerlei Anstrengungen unternommen, um die Verantwortlichen für die anti-muslimischen Unruhen strafrechtlich zu verfolgen.«[271]

Spirale der Gewalt

Im Südosten Ahmedabads liegt Citizennagar, was »Bürgersiedlung« heißt. Während eine Frau in ihrer armseligen Hütte Teig klopft und Fladenbrote zubereitet, spielen die Kinder auf der nur 100 Meter entfernten städtischen Müllkippe. Hier wird der Hausmüll der Millionenmetropole abgeladen. Auf der anderen Seite der Siedlung qualmen die Schornsteine von Chemiefabriken und einer Färberei. Etwa 500 Menschen leben in Citizennagar. 300 von ihnen stammen aus Naroda Patiya. Flüchtlinge des Pogroms von 2002. Wasser bekommen sie über selbst gegrabene Brunnen. Es ist völlig verseucht, eigentlich ungenießbar.[272] Eine Mutter zeigt mir ein Bild ihres zehnjährigen Sohns, der vor einem Jahr an Nierenversagen gestorben ist. Die schlechte Wasserqualität macht sie auch für die zahlreichen Tumorerkrankungen verantwortlich. Während der Monsunzeit stehen die Einwohner manchmal bis zu den Hüften im Wasser. Zwanzig Prozent der hier lebenden Männer arbeiten als Rikschafahrer, die Hälfte der Frauen arbeitet mehr als zehn Kilometer entfernt in einer Schwitzbude, in der sie Denim-Jeans zusammennähen – für umgerechnet 0,75 Euro am Tag. Die Kinder gehen nicht zur Schule, haben keine Perspektive.

Auch Mustakim Banusayaad nicht, der als Fünfjähriger miterleben musste, wie Menschen neben ihm regelrecht abgeschlachtet wurden. »Ich habe gesehen, wie sie einem Mann das Bein abgehackt haben. Sie haben Leute verbrannt. Auch meinen Freund haben sie getötet.«

Er ist traumatisiert. Er hat Angst, das Viertel zu verlassen, weil er dann auf Hindus treffen könnte. In Citizennagar lebt er zusammen mit seiner siebenköpfigen Familie in einem zehn Quadratmeter kleinen Steinhaus. Sein Spielplatz ist die Müllkippe. Seine Zukunft sieht düster aus. »Wenn ich groß bin, will ich Hindus töten«, sagt er mir zum Abschied. Mustakim ist noch ein Junge, aber schon radikalisiert wie viele der jungen Männer, die das Massaker als Jugendliche erlebt haben.

Fatima arbeitet mit Flüchtlingen, die seit 2002 in Juhapura leben. Fatima ist nicht ihr richtiger Name. Sie hat Angst und will ihren richtigen Namen nicht nennen. »Die Psyche der jungen Männer ist seit den Angriffen völlig gestört«, erzählt sie mir. »Das ist ein großes Problem für die Mütter, denn ihre Söhne wollen kämpfen und reden nur noch von Rache. Aber sie sind wie viele junge Männer und wollen nicht auf ihre Mütter hören. Sie haben sich hilf-

268 »News Analysis: In absolving Modi, SIT mixes up Godhra, post-Godhra perpetrators«. The Hindu 15.5.2012

269 »Gujarat riot victims still awaiting justice«. The Hindu 2.3.2012

270 Heyns 2013:11

271 »India: A Decade on, Gujarat Justice Incomplete«. Human Rights Watch 24.2.2012

272 Citzizennagar ist kein Einzelfall: Wissenschaftler und Journalisten sprechen von einer »zunehmenden Ghettoisierung« der muslimischen Glaubensgemeinschaft seit der Welle kommunalistischer Pogrome Anfang der 90er Jahre, vor allem in den Bundesstaaten, in denen die Netzwerke der Hindunationalisten besonders stark sind. Muralidharan 2014:39

los gefühlt, als sie all diese Grausamkeiten mit ansehen mussten. Sie konnten nichts tun. Wir wissen nicht, was mit ihnen passieren wird, wenn sie einmal erwachsen sind. Die Mütter und die Familien beunruhigt das sehr.«

Die Attacke auf die Wirtschaftsmetrople Mumbai Ende November 2008 war das indische 9/11[273]. Drei Tage lang hielten etwa zehn schwerbewaffnete Angreifer die Stadt in Atem, besetzten fünf Sterne Hotels, schossen im Hauptbahnhof und in Restaurants wild um sich und warfen Granaten. Das traurige Resultat: 174 Tote und 279 Verletzte. Bis 1992 – also vor der Zerstörung der Babri-Moschee in Aydohya – gab es außerhalb von Kaschmir keine Terroraktionen von Islamisten. Am 29. November 2008 übertrug der Fernsehsender India TV ein Live-Telefont mit einem der Täter, der sich zusammen mit anderen im jüdischen Zentrum im Süden Mumbais verbarrikadiert hatte. Er nannte sich Imran Babar und behauptete, 25 Jahre alt zu sein. Als Motiv für seine Tat zählte er die Traumata der muslimischen Minderheit in Indien auf: Die Zerstörung der Babri Moschee in Ayodhya, die Unterdrückung der Muslime in Kaschmir – und das Massaker in Gujarat.[274]

Knapp ein halbes Jahr zuvor, am 26. Juli 2008, explodierten innerhalb von 70 Minuten 21 Bomben in Ahmedabad, eine auch am Rand des muslimischen Stadtviertels Juhapura. Die meisten Bomben waren in Blechdosen für Mittagessen versteckt. Eine halbe Stunde nach den ersten Detonationen explodierten zwei Bomben in den Krankenhäusern, in denen die Verletzten behandelt wurden. 56 Menschen starben, 200 wurden verletzt. Die Bomben unterschieden nicht zwischen der Religionszugehörigkeit: Unter den Opfern waren Hindus und Muslime. In einer E-Mail bekannte sich eine Gruppe Namens »Indische Mudschaheddin« zu dem Anschlag. Ihr Name wird mit weiteren Bombenanschlägen des Jahres 2008 in Verbindung gebracht. Nach Angaben indischer Geheimdienste handelt es sich bei der Gruppe um militante Islamisten aus Indien, die von pakistanischen Terroristen ausgebildet und trainiert worden waren. Als Grund für ihre Anschläge nannten die Indischen Mudschaheddin fast immer Gujarat 2002. So versuchen sie, die Sympathien der muslimischen Minderheit in Indien zu gewinnen.[275]

Diese Anschläge gießen Öl ins Feuer der Hindu-Nationalisten. Die BJP zog 2009 mit dem Vorschlag einer Neuauflage der Anti-Terror-Gesetze in den Wahlkampf, die allen rechtsstaatlichen Prinzipien Hohn spricht, und die de facto Geständnisse unter Folter als Beweismittel bei Gerichtsprozessen zulässt. Auch fünf Jahre später fordern Narendra Modi und die BJP eine härtere Gangart gegen »Naxaliten und Terroristen«, und werfen der Kongress-partei vor, nicht alle Mittel auszuschöpfen.[276]

Muslime in Indien haben keine eigene politische Interessenvertretung. Bislang wählten sie mehrheitlich die Kongresspartei. Indische Politiker und Medien reagieren bei jedem Anschlag reflexartig und zeigen mit dem Finger pauschal auf »die Muslime« bzw. die »fünfte Kolonne Pakistans«. Oder, wie Narendra Modi es formuliert: »Nicht jeder Muslim ist ein Terrorist – aber alle Terroristen sind Muslime.«[277] Um nicht in die Schusslinie zu geraten, organisieren muslimische Gemeinden Demonstrationen und Kundgebungen, bei denen sie die Terrorakte verurteilen. Muslime wurden auch zunächst für Bombenanschläge auf Züge, Sufi-Schreine und Moscheen verantwortlich gemacht, für die später Hindutva-Anhänger, darunter Militärs und Abgeordnete der BJP, vor Gericht als Täter verurteilt wurden.[278]

Wirtschaftsmodell Gujarat

Die Popularität Narendra Modis im In- und Ausland gründet vor allem auf seiner Wirtschaftspolitik. Während das Bruttosozialprodukt in ganz Indien von 2005 bis 2010 durchschnittlich um 8,6 Prozent stieg, waren es in Gujarat 13,8 Prozent.[279] Der Anteil der industriellen Produktion lag dabei weit über dem indischen Durchschnitt.[280] Diese makroökonomischen Kennziffern wirken wie ein Magnet auf Investoren und ihre Stichwortgeber. Die Ökonomen Jagdish Bhagwati und Arvind Panagariya von der Columbia Universität in den USA, international bekannt als Apologeten des kompromisslosen Freihandels, loben in ihrer jüngsten Buchveröffentlichung »India's Tryst with

273 Zerstörung des World Trade Centers in New York am 11.9.2001

274 »Cellphone Calls Offer Clues to Motives of Mumbai Attackers«. Washington Post 16.12.2008

275 »29 killed as 17 bomb blasts rock Ahmedabad«. Hindustan Times 26.7.2008; »Lashkar fishes in troubled waters«. The Hindu 27.6.2004

276 »Narendra Modi attacks Nehru-Gandhi family again« live mint, 15.11.2013; »BJP will bring in strong anti-terror law: Naqvi«. Firstpost 18.4.2013

277 Kazmi, Kumar 2011:177; Rauf 2011:71

278 »2008 Malegaon blasts: NIA opposes Sadhvi Pragya Singh's bail«, Times of India, 5.2.2013; »Militant route to Hindu Rashtra«, Frontline, 31.7.2010; »Hindutva activists behind 16 terror blasts in the country?«, South Asia Mail (ohne Datum) http://www.southasiamail.com/news.php?id=100893 (Zugriff 23.1.2014)

279 »Der Freund der Wirtschaft«. FAZ 5.9.2012

280 Nagaraj, Pandey 2013:40

Destiny« ausdrücklich das »Modell Gujarat« und setzen es gegen das »Entwicklungsmodell Kerala«.[281] Letzteres sei »eine Metapher für eine Entwicklung, die hauptsächlich auf Umverteilung und staatliche Intervention setze, während Gujarat für Wachstum und privates Unternehmertum« stehe. Und Wachstum sei, da stehen die beiden Autoren nicht alleine, »das wichtigste Instrument, um die Armut zu reduzieren«. [282]

Das Wachstum in Gujarat ist Produkt einer autoritären Politik. Narendra Modi steuert den Bundesstaat nach »Gutsherrenart«, es gibt allerdings weniger Korruption als in anderen Bundesstaaten. Industrielle Projekte werden in Gujarat schneller genehmigt, Investoren erhalten Steuernachlässe über zwei Jahrzehnte und darüber hinaus günstige Kredite und logistische Infrastruktur – von Verkehrsanbindungen bis hin zu Zulieferbetrieben, berichten auch deutsche Zeitungen.[283]

Gujarat, das fünf Prozent der indischen Bevölkerung stellt, produziert knapp 17 Prozent aller indischen Industrieprodukte. Der Bundesstaat hat einige Vorzüge als Investitionsstandort gegenüber anderen Regionen Indiens: Sowohl in den Städten als auch auf dem Land gibt es über 24 Stunden des Tages hinweg Strom, und es gibt ein vergleichsweise gut ausgebautes Straßen- und Schienennetz. Die größte Raffinerie der Welt steht am Arabischen Meer, außerdem ist der Bundesstaat führend in der Produktion von Chemikalien, Molkereiprodukten, Arzneimitteln, Keramik und Edelsteinen. Narendra Modi will die Automobil-, Solar und Rüstungsproduktion ebenfalls ausbauen.[284] Das Wachstum des Industriesektors stehe aber möglicherweise auf tönernen Füßen, denn ein Viertel der Industrieproduktion sei auf die beiden Raffinerien in Gujarat zurückzuführen. Die aber seien hochgradig »importabhängig, kapitalintensiv und exportorientiert«, und ihre Profitabiltität somit abhängig von den Preisschwankungen auf dem Weltmarkt, meint der Wirtschaftskommentator P. Nagaraj.[285]

Auch die Landwirtschaft, von der nach wie vor 55 Prozent der Bevölkerung leben, wächst überdurchschnittlich. Dabei ist die in Indien weit verbreitete Subsistenz und Teilsubsistzenzwirtschaft (Selbstversorger) nicht mit eingerechnet. Das Wachstum ist auf eine zunehmende Industrialisierung der Landwirtschaft zurückzuführen, u.a. den Anbau von Zuckerrohr und gentechnisch manipulierter Baumwolle.[286]

Die sozialen Indikatoren – Kindersterblichkeit, Bildung, Gesundheit, Zugang zu Trinkwasser – haben sich trotz des imposanten Wirtschaftswachstums kaum verbessert.[287] Eine Erklärung dafür sind die Pro-Kopf-Ausgaben der Modi-Regierung für Gesundheit, Bildung und andere soziale Bereiche, die niedriger ausfallen als in vielen anderen Bundesstaaten. Die Industriesubventionen »haben ganz klar weniger Geld für den Sozialsektor übrig gelassen«.[288]

Auch angesichts der massiven Umweltschäden durch die Industrialisierung – die vor allem die Lebensbedingungen der ärmeren Gesellschaftsschichten treffen – könne nicht von einer »nachhaltigen Entwicklung« die Rede sein.[289]

Geschäftsgrundlage: Landraub

Nicht nur in den vielen dichtbesiedelten Regionen Indiens ist die Landfrage bei jeder neuen Industrieansiedlung von enormer Bedeutung, da es sich nach wie vor um eine Agrargesellschaft handelt. Angesichts schwacher bzw. fehlender sozialer Sicherungssysteme und nur wenigen Beschäftigungsmöglichkeiten im formellen Sektor stellt der Zugang zu Land eine wichtige Ressource zur Existenzsicherung dar. Das vage Versprechen »wirtschaftlicher Entwicklung« reicht häufig nicht aus, um die Kleinbauern davon zu überzeugen, für eine Entschädigungszahlung ihren Acker aufzugeben.

In Gujarat artikuliert sich der Protest vor allem gegen die Errichtung von Industrie- und Dienstleistungsprojekten in Sonderwirtschaftszonen und sogenannten Sonderinvestitionsregionen. Allein für die Sonderwirtschaftszo-

281 Das Entwicklungsmodell Kerala steht für eine hohe Alphabetenrate und vorbildliche Gesundheitsversorgung in Indien, die in den 70er und 80er Jahren trotz eines geringen Wirtschaftswachstums erzielt wurden, indem ein proportional hoher Anteil des öffentlichen Budgets in den Bildungs- und Gesundheitssektor investiert wurde. Vgl. auch Klas 2006:77ff

282 »Gujarat promises continued, accelerated and all-around progress«. The Economic Times 2.1.2013

283 »Der Freund der Wirtschaft«. FAZ 5.9.2012

284 Ebd.; Informationen der Deutschen Botschaft in Indien. http://www.india.diplo.de/contentblob/3830502/Daten/3075260/Wi_VDMA_Gujarat_Report0213.pdf (Zugriff: 20.1.2014)

285 Nagaraj, Pandey 2013:40f

286 Ebd.

287 Ebd.1

288 Hirway 2013:27

289 Ebd.

nen sollen mehr als 27.000 Hektar Land aquiriert werden. Viele der Sonderinvestitionsregionen sind Teil des Mega-Projektes »Delhi-Mumbai-Industrial Corridor«, der sich durch sechs Bundesstaaten zieht. Das Finanzvolumen der Investionen wird auf 90 Milliarden US-Dollar geschätzt. Ein Drittel des knapp 1.500 Kilometer langen und 300 Kilometer breiten Korridors liegt sich in Gujarat.

Um den schon seit einigen Jahren wachsenden Protesten gegen die Land-Akquise zu begegnen, traf sich Narendra Modi im Sommer 2013 mit Vertretern von Bauernorganisationen. Er versprach ihnen, keine Enteignungen unter Zwang durchzuführen.[290] Das widerspräche der bisherigen Praxis, denn Gujarat ist dafür bekannt, Bauern besonders schnell zu enteignen, wenn es um Industrieansiedlungen geht.[291] Erst 2010 hat es ein Gericht der Bundesstaatsregierung zur Auflage gemacht, ein Gesetz zur Landenteignung zu formulieren, dass den Eigentümern mehr Mitspracherecht einräumt und sie besser entschädigt.[292]

Geholfen hat das wenig. »Überall in Gujarat gibt es Leute, die unglücklich darüber sind, wie die Regierung Vorverträge mit der Industrie unterzeichnet«, so Chunnibhai Vaidya, ein 94 jähriger Aktivist und Gandhi-Anhänger, der im Bundesstaat Dreh- und Angelpunkt vieler Proteste ist. Er beklagte, dass es kaum Rücksprache mit der ortsansässigen Bevölkerung gebe. Vaidya war sich sicher: »Die Leute wollen ihr Land um keinen Preis aufgeben.«[293]

Damit meinte er die Bevölkerung von Bhavnagar. Während er noch protestierte, waren Bagger schon dabei, das Süßwasserbassin zuzuschütten. Dort soll eine Zementfabrik gebaut werden. Der Vorvertrag wurde bereits 2003 auf dem zweijährlich stattfindenden von Narendra Modi initiierten Wirtschaftsgipfel »Vibrant Gujarat« unterzeichnet. Das Wasserreservoir war erst im Jahr 2000 gebaut worden, um die Wasserversorgung in der Landwirtschaft zu verbessern. Seitdem ist das Land fruchtbarer geworden. Je nach Anbausorte sind es mindestens zwei Ernten pro Jahr, die die Bauern einfahren können. »Dieses Land wird die kommenden Generationen meiner Familie ernähren – warum sollte ich es für Geld hergeben, das in einigen Jahren aufgebraucht sein wird?«, fragte eine Kleinbäuerin folgerichtig.[294]

Oft wird fruchtbares Ackerland als »Ödland« deklariert, damit es enteignet werden kann. Wie zum Beispiel in der Sonderwirtschaftszone von Mundra mit mehr als 3.000 Hektar Nutzfläche. Nicht selten handelt es sich dabei um gemeinschaftlich genutztes Grasland für Kühe und Ziegen – eine wichtige Einkommensquelle der Armen und Landlosen. Mundra liegt direkt an der

Küste, und viele Einwohner lebten vom Fischfang. Zum Schutz der Industrieanlagen – Maschinenbau, Chemieprodukte, Pharmazeutika und Textilien – sowie des Hafens hat die Regierung einen 20 Kilometer langen Damm gebaut. Die Fischer hatten früher ihre Boote am Strand liegen, um sie von dort aus zu Wasser zu lassen. Nun können sie ihrer Arbeit nicht mehr nachgehen. Auch die Mangrovenwälder wurden abgeholzt.[295]

Der Reliance-Konzern, neben Tata der größte indische Global Player, hat an Gujarats Küste auf etwa 4.500 Hektar Land die weltweit größte Raffinerie errichtet. Für die gleichnamige »Reliance«-Wirtschaftszone hat der Konzern in fünf Dörfern Land erworben. Umgerechnet 30.000 Euro zahlte der Konzern pro Hektar. Das erschien vielen Landbesitzern in der wenig fruchtbaren und eher armen Region attraktiv und sie verkauften ihr Land. Die Landlosen und Fischer gingen einmal mehr leer aus. Weniger als zwanzig Prozent der Bevölkerung erhielt eine Anstellung bei Reliance. Der Landbau auf den wenigen verbliebenen Äckern ist schwierig geworden, denn Wasser und Boden sind starker Umweltverschmutzung ausgesetzt. »Im besten Falle ist der Staat ein stiller Zuschauer, wenn diese Dorfgemeinschaften marginalisiert werden und ihr Land und damit ihre Existenzgrundlage verlieren«, schreibt die Entwicklungsexpertin Amita Shah, die die Auswirkungen mehrerer Sonderwirtschaftszonen auf die ursprünglich ansässige Bevölkerung untersucht hat. »Im schlimmsten Fall arbeitet der Staat mit dem Privatsektor zusammen, der diese Marginalisierung als notwendiges Übel betrachtet, um ein Industriezentrum von ›Weltklasse‹ zu errichten.«[296]

Doch es gibt immer wieder Proteste.[297] Dörfer im Distrikt Mehsana und Ahmedabad haben Warnschilder an Hauswänden aufgehängt. Darauf wird Konzernmitarbeitern und Beamten, die Land kaufen wollen, mit Konse-

290 »No forced land acquisition: Modi assures farmers«. Times of India 12.7.2013

291 Shah 2013:56

292 »New land acquisition policy in Gujarat«. The Hindu 17.12.2010

293 »A land policy debate unfolds in Gujarat«. livemint 17.3.2011

294 Ebd.

295 Shah 2013:56ff

296 Ebd.f

297 »Land acquisition row: Voices of dissent echo in vibrant Gujarat«. Hindustan Times 5.12.2012

298 »Gujarat: Farmers protest against land acquisition by Modi government«. Indian Broadcast Network 7.6.2013

quenzen gedroht.[298] Mit einem langen Konvoi von Traktoren demonstrierten Ende 2012 Bauern aus 44 Dörfern gegen eine Sonderinvestitionsregion, in der sich vor allem Autokonzerne ansiedeln wollen. 51.000 Hektar sollen dafür akquiriert werden.[299] Auf öffentlichen Anhörungen, die seit der Gesetzesreform von 2010 in Gujarat stattfinden, wenn große Industrieprojekte geplant werden, lassen Beamte und Politiker die Betroffenen mit ihren Fragen auflaufen.[300] Und letztendlich steht fest: Sollten sich Bauern weigern, ihr Land zu verkaufen, wird es zwangsenteignet.[301]

Diese Landenteignungen sind nur der Anfang. Vor allem der Delhi-Mumbai-Industrie-Korridor soll die Urbanisierung in Indien vorantreiben. 180 Millionen Menschen werden davon betroffen sein, heißt es auf der entsprechenden Internetseite.[302] Was das bedeutet, wird nicht näher ausgeführt. Fest steht: Sollte das Mega-Projekt wie geplant umgesetzt werden, müssen Landarbeiter, Kleinbauern und Fischer weichen. Sie werden es sich kaum leisten können, in den neuen »industrial-« bzw. »smart cities«, eine Wohnung zu mieten oder gar zu kaufen. Narendra Modi ist einer der wichtigsten Promotoren dieser Projekte, und in Gujarat ist eines der ersten – die Sonderinvestitionsregion Dholera – am weitesten gediehen. Sollten sich die sozialen Konflikte im Zuge der Umsetzung weiter zuspitzen, wird Modi einen Sündenbock brauchen, um nicht selbst in die Kritik zu geraten.

Modi: Liebling der Konzerne

1998 war das Verhältnis zwischen BJP und Reliance, dem Mega-Konzern der Ambani-Brüder, angespannt. Nach den Finanzmarktreformen Anfang der 90er Jahre, die vom damaligen Finanzminister Manmohan Singh eingeleitet worden waren, stieg Reliance groß in den Wertpapierhandel ein. Der Finanzminister der neuen Regierung der National Democratic Alliance (NDA) unter Führung der BJP, Jaswant Singh, zeigte Reliance wegen Verstößen gegen das Aktiengesetz an. Daraus folgten 29 verschiedene Anklagen, u.a. wegen »betrügerischer Absichten«. Zu einem wirklichen Prozess kam es nicht, denn er wurde gegen die Zahlung eines Bußgeldes eingestellt.[303] Zwar durchsuchten Ermittlungsbeamte wenige Monate später wegen mutmaßlicher Verbindungen zur indischen Mafia das Haus der Ambanis in Mumbai, doch obwohl mehrere Dossiers mit dem Vorwurf krimineller Verflechtungen der Regierung zugespielt worden waren, wurde keine strafrechtliche Verfolgung eingeleitet.[304] Zu groß war inzwischen die Macht des Reliance-Konzerns, zu sehr war er Teil der Geschichte des neuen, »leuchtenden Indiens« und wichtiges

Identifikationsobjekt für die neue indische Mittelschicht.[305]

2001 nutzte Narendra Modi seine Chance. Neun Monate bevor er das erste Mal zum Ministerpräsidenten gewählt wurde, bebte in Gujarat die Erde. Es war eines der schlimmsten Erdbeben in der Geschichte Indiens. 20.000 Menschen kamen ums Leben, 400.000 wurden obdachlos. Modi bat den Reliance-Leiter in Gujarat, ihm das betriebseigene Flugzeug zu leihen, um nach Kutch zu fliegen, die am schlimmsten betroffene Region. »Er wollte der erste sein, um dann der Parteiführung in Neu-Delhi Bericht zu erstatten«, so der damalige Reliance-Manager in Gujarat. Der Manager verlieh sein Privatflugzeug und schaffte so die Voraussetzung für den politischen Sieg Modis über seinen parteininternen Konkurrenten.[306] Das angespannte Verhältnis von Reliance zur BJP schlug schließlich in eine tiefe Bewunderung gegenüber dem neuen Spitzenpolitiker Narendra Modi um. Eine Wertschätzung, die nun seit langem auf Gegenseitigkeit beruht.

Auf dem Wirtschaftsgipfel »Vibrant Gujarat« im Januar 2013 – eine Art indische Version des Weltwirtschaftsforums in Davos – bezeichnete Mukesh Ambani Modi als »Führer mit einer großen Vision«. Sein Bruder Anil Ambani verglich ihn sogar mit Mahatma Gandhi, und Sardar Patel, bezeichnete ihn als »Führer unter Führern und König unter Königen«. Es folgten Lobpreisungen weiterer Konzernchefs wie von Ratan Tata, Anand Mahindra und vielen anderen. Als Beleg für ihr Vertrauen in Modi hoben sie die Summen hervor, die sie in Gujarat zu investieren gedenken: 12 Milliarden Euro allein der Reliance Konzern und Tata etwa vier Milliarden. Mehr als 50.000 Teilnehmer aus Wirtschaft und Politik waren in den riesigen Glaspalast unweit von Ahmedabad gekommen, darunter auch internationale Gäste aus 105 verschiedenen Ländern. Die Vorsitzenden der amerikanischen und britischen Handelskammern in Indien lobten immer wieder das Wirtschaftswachtum

299 »Gujarat Farmers protest against land acquisition for Maruti plant«. Business Line 18.6.2013

300 »Farmers unhappy with public hearing on Dholera SIR«. The Indian Express 4.1.2014

301 »Forcible acquistionn of land is on in Modi's Gujarat«. Times of India 7.9.2011

302 http://delhimumbaiindustrialcorridor.com/

303 McDonald 2012:267f

304 McDonald 2012:273ff

305 McDonald 2012:276

306 »The remaking of Narendra Modi«. Reuters 12.7.2013

unter Narendra Modi in Gujarat. Der russsiche Vertreter wünschte Modi sogar viel Erfolg für die Wahlen zum indischen Unterhaus, obwohl dieser noch gar nicht als Kandidat aufgestellt war.[307] Patricia Hewitt, die Präsidentin der Britisch-Indischen Handelskammer, erzählte begeistert von ihrer ersten Reise nach Ahmedabad 2001, als sie das britische Handelsbüro in Gujarat eröffnete. »Ich konnte das ungeheuere Potential hier schon sehen, aber ich hätte mir niemals träumen lassen, dass Gujarat so schnell wachsen, Indiens wirtschaftsfreundlichster Bundesstaat und schließlich sogar das Wachstum in China überflügeln würde«. Über die Pogrome, die wenige Monate später Gujarat und ganz Indien erschütterten, verlor sie kein Wort.[308]

Narendra Modis Strategie geht auf. Der erste »Vibrant Gujarat« (Dynamisches Gujarat) Gipfel fand im Januar 2003 statt, wenige Wochen vor dem ersten Jahrestag des Pogroms. Damals kamen neben indischen Konzernchefs auch schon Vertreter von Shell und General Motors. Der von der Bundesstaatsregierung organisierte Gipfel ist Teil der Imagekampagne Narendra Modis. Hier präsentiert er die mächtigen Netzwerke, die er aufgebaut hat, und schließt unzählige Vorverträge mit Konzernen ab, die in Gujarat investieren wollen. 2003 beliefen sich diese Verträge noch auf einen Gegenwert von 14 Milliarden US-Dollar. 2011 waren es bereits 450 Milliarden US-Dollar.[309] Die Regierungen von Japan und Kanada sind mittlerweile offizielle Partner des »Vibrant Gujarat« Gipfels, diverse Unversitäten und die Weltbank mischen mit.

2009 hatten die Vertreter der indischen Großkonzerne ein besonderes Geschenk für den Ministerpräisidenten: Die Tatas, Ambanis, Mittals und Birlas verkündeten in aller Öffentlichkeit, Narendra Modi in naher Zukunft im Amt des Premierministers als »Indiens Nummer Eins« sehen zu wollen.

Narendra Modi hatte drei Monate zuvor, im Oktober 2008, einen Coup gelandet, der ihn endgültig an die Spitze der Beliebtheitsskale der indischen Wirtschaftskapitäne beförderte. Ratan Tata hatte gerade seinen Plan aufgegeben, das »billigste Auto der Welt« – den »Nano« – in dem von einer Linksfront regierten Bundesstaat Westbengalen produzieren zu lassen. Zu massiv war der Widerstand der lokalen Bevölkerung in Singur gegen die Ansiedlung der landverschlingenden, vier Quadratkilometer großen Produktionsanlage. Die Auseinandersetzung um die Industrieansiedlung wurde mit brachialer Gewalt ausgetragen und war jahrelang immer wieder Top-Thema in den Medien. Nach dem Rückzug Tatas schickte ihm Narendra Modi umgehend eine SMS: Suswagatham – Willkommen. Modi bot ihm über die üblichen Anreize hinaus Sonderkonditionen, von denen ein Investor nur träumen kann. Die neue Produktionsanlage durfte er in Sanand, einer 30 Kilometer von Ahmedabad entfernten Sonderwirtschaftszone errichten – mit Anbindung an den Delhi-Mumbai-Industrie-Korridor. 500 Hektar Land, durfte Tata zu einem Schleuderpreis von knapp 50 Millionen Euro kaufen und erhielt einen Kredit von mehr als 130 Millionen Euro, den er erst in zwanzig Jahren mit 0,1 Prozent Zinsen in monatlichen Raten zurückzahlen muss.[310] Bei der Unterzeichnung des Abkommens lagen sich der Ministerpräsident und der Konzernchef lange und herzlich in den Armen. »Man wäre dumm, würde man nicht nach Gujarat gehen«, erklärte Ratan Tata. Und Narendra Modi kündigte an, Gujarat zum Mittelpunkt der Autoproduktion in Indien zu machen.[311]

Er ist auf dem besten Wege, sein Ziel zu erreichen: Hyundai, General Motors und zahlreiche Zulieferfirmen sind schon da, Ford, Peugeot und Maruti sind dabei, Produktionsstätten aufzubauen.[312] Auch Investoren aus anderen Geschäftsbereichen haben sich bereits in Gujarat niedergelassen: So die deutschen Chemieriesen BASF, Bayer und Lanxess sowie ihr US-amerikanischer Konkurrent Dupont, der Autozulieferer und Maschinenbauer Bosch und der Flugzeug- und Zugbauer Bombardier, um nur einige zu nennen.[313] Auch der deutsche Mittelstand gründet jedes Jahr neue Niederlassungen in Gujarat, wie bspw. 2013 der Spezialglashersteller Schott aus Mainz.[314] Der indische Geschäftsführer der Sanitätsfirma Duravit ist begeistert von den Genehmigungsverfahren in Gujarat: Die Umweltverträglichkeitsbestätigung für seine Produktionsanlage sei nach nur acht Wochen per Post eingegan-

307 »Vibrant Gujarat Summit 2013: Anil Ambani compares Narendra Modi to Gandhi, Sardar Patel«. Times of India 11.1.2013

308 Video ihrer Rede: http://www.youtube.com/watch?v=knJgGmLrg-I (Zugriff am 20.1.2014)

309 Government of Gujarat Homepage: http://www.gujaratindia.com/business/mous-signed.htm

310 »Peugeot Citroen gets offers similar to Tata's Nano Project in Gujarat«. The Economic Times 3.9.2011

311 Ebd. Auch andere Konzerne erhielten eine ähnliche Vorzugsbehandlung: Reliance Industries und Essar Steel. Vgl. »Gujarat PSUs gave undue benefits to business houses: CAG«. Press Trust of India 2.4.2013

312 Government of Gujarat 2013:40

313 Government of Gujarat 2013, 70ff

314 »Mittelständler investieren trotz Flaute in Indien«. Impulse 25.5.2013

gen. Auf solche Zulassungen müssen Industrieansiedlungen in anderen Bundesstaaten viele Monate warten – trotz intensiver Lobbyarbeit und zahllosen Ämtergängen.[315]

Als Narendra Modi im September 2013 als offizieller Spitzenkandidat der BJP ausgerufen wurde, erhielt er so viel Besuch aus dem Ausland wie nie zuvor. Die Flugzeuge, die am internationalen Flughafen von Ahmedabad landeten, waren vollgepackt mit Politikern, Meinungsforschern, Diplomaten und europäischen Rüstungsproduzenten. Seinen Besuchern erzählte Modi, dass er in ganz Indien eine gute Regierungsführung und eine effiziente Umsetzung von Wirtschaftsreformen durchsetzen will. Sein Augenmerk liege nicht auf religiösen Unterschieden, sondern Entwicklung sei sein Ziel. Indien solle Singapur und Südkorea nacheifern.[316]

Ein Sturm der Entrüstung fegte durch die indische Öffentlichkeit, als die US-Bank Goldman Sachs im November 2013 einen Prognosebericht über die Entwicklung der Wirtschaft in Indien veröffentlichte. Schon der Titel war eine wenig subtile Anspielung auf die Präferenzen des international operierenden und auch politisch einflussreichen Geldhauses.[317] »Modi-fying our view: Raise India to Marketweight«[318] Explizit wird darin die Gujarat-Sonderinvestitionsregion Dholera im Rahmen des Delhi-Mumbai-Industrie-Korridors als positives Beispiel im Umgang mit Investoren aufgeführt.[319] Vor allem aber wird darin ein wohlwollendes Bild von Narendra Modi gezeichnet, der »ein Agent des Wandels« sei. Er gilt als Garant dafür, die immer lauter werdenden »bitteren Beschwerden der Investoren über die Weigerungshaltung der aktuellen Regierung, große Energie- und Infrastrukturprojekte zu genehmigen und durchzusetzen und die Wirtschaftsreformen zu beschleunigen«, ernst zu nehmen.[320] »Die BJP und ganz besonders Herr Modi«, so Goldman-Sachs, »haben sich in der Vergangenheit auf Infrastruktur und Investitionen konzentriert; eine von der BJP geführte Regierung wäre aus unserer Sicht für eine erhöhte Nachfrage nach Investitionen zuträglich.« Die guten Prognosen für Narendra Modi in den Umfragen waren – neben einigen sich positiv entwickelnden Wirtschaftsdaten – den Marktanalysten von Goldman Sachs Anlass genug, die Bonität des indischen Marktes heraufzusetzen.[321]

In allen indischen Medien wurde der Bericht aufgegriffen. Eine Reaktion der amtierenden Kongress-Regierung ließ nicht lange auf sich warten. »Goldman Sachs entlarvt seinen Eifer, in der indischen Politik herumzupfuschen«, schimpfte Industrieminister Anand Sharma. Die US-Bank ließ den Industrieminister ins Leere laufen. »Die Stimmung der Investoren wird von

Parteipolitik beeinflusst. Wir stehen zu unserer Aussage.«[322] Völlig zu Recht wertete die internationale Wirtschaftspresse den Goldman-Sachs Bericht als »weiteres Empfehlungsschreiben« für Narendra Modi.[323]

Der Zeitpunkt der Veröffentlichung wurde mit Kalkül gewählt, denn nur wenige Wochen später fanden in vier indischen Bundesstaaten Richtungswahlen hinsichtlich der allgemeinen Wahlen zum Unterhaus im Mai 2014 statt. Und der Goldman-Sachs Bericht hatte ausdrücklich auf die Signalwirkung dieser Wahlen hingewiesen. Als die Ergebnisse Anfang Dezember 2013 veröffentlicht waren, schossen nicht nur die indischen Aktienkurse auf ein Rekord-Hoch, sondern auch die Rupie wurde deutlich aufgewertet. Denn in Neu-Delhi und Chhattisgarh wurde die BJP stärkste Partei, in den bevölkerungsreichen Bundesstaaten Madhya Pradesh und Rajasthan sogar mit absoluter Mehrheit. »Ausländische Investoren, die einen großen Einfluss auf den indischen Aktienmarkt haben, sind angesichts der Wahlergebnisse optimistisch«, so ein Investmentbroker aus Mumbai. »Die besseren Aussichten für Narendra Modi für die Wahlen 2014 werden auf jeden Fall positive Auswirkungen auf die Märkte haben.«[324] Der politische Einfluss hat eine ökonomische Basis: Etwa die Hälfte der frei gehandelten Wertpapiere in Indien gehört ausländischen Investoren.[325] Die US-amerikanische Ratingagentur Moodys warnt sogar vor der Flucht dieses Kapitals, sollte etwa eine »Dritte Front« in Neu Delhi an die Macht kommen.[326]

Ganz unverhohlen wurde in der internationalen Wirtschaftspresse die Marschrichtung vorgegeben. Der neue Premierminister werde »gezwungen sein, drastische Sparmaßnahmen durchzuführen, um eine weitere Abwertung abzuwehren und weiter Eindruck auf die Wirtschaft zu machen«.[327]

Der machtbewusste Narendra Modi lässt keinen Zweifel daran, die Vorgaben der internationalen Geschäftswelt umzusetzen. Wirtschaftswachstum ist für ihn gleich Entwicklung, und er ist davon überzeugt, dass der Staat

315 »Supersize Gujarat«. Business Today 13.1.2011

316 »India: Modi muscles in«. Financial Times 21.11.2013

317 Ehemalige Top-Manager von Goldman Sachs haben in hohen Staatsposten und politischen Ämtern Karriere gemacht und mit dafür gesorgt, dass nicht die Banken die Kosten für die in erster Linie von ihnen verursachte Krise in Europa bezahlen müssen: Mario Monti als Ministerpräsident Italiens, Loukas Papademos als griechischer Premierminister und Mario Draghi als Präsident der Europäischen Zentralbank.

318 http://de.slideshare.net/hemantkhanolkar1/asia-pacific-strategy-modifying-our-view-raise-india-to-marketweight-3 (Zugriff am 21.1.2014)

möglichst wenig regulieren sollte.[328] Neben den Sonderwirtschaftszonen mit ihren zahlreichen Zoll- und Steuervergünstigungen will er den indischen Markt weiter für ausländische Produkte und Investoren öffnen und staatliche Unternehmen wie etwa die indische Eisenbahn privatisieren. Darüber hinaus kündigte er Investitionen im Rüstungssektor an, um Indien zu einem Waffenexporteur zu machen.[329]

Ein aufmerksamer Leser der Financial Times bemerkte, dass sich in einigen Artikeln des Wirtschaftsblattes ein neuer Sprachgebrauch eingebürgert hatte: Wäre Modi seit 2002 in allen Beiträgen als »umstrittener« Ministerpräsident bezeichnet worden, würde das Adjektiv nun durch »charismatisch« ersetzt.[330] Dann mehrten sich die Artikel, in denen er zunehmend als»Entscheider« und »Durchstarter« gelobt wurde.[331]

Diplomatische Annäherungen

Im Januar 2013 hatte die Deutsche Botschaft in Neu-Delhi die Vertreter aller 28 EU-Staaten zum Lunch geladen. Anlass war der Besuch Narendra Modis. Damit wurde das Ende eines inoffiziellen Boykotts des Politikers nach den Pogromen 2002 markiert. An der Seite des deutschen Botschafters Michael Steiner musste Modi zahlreiche Fragen zur Wirtschaft und auch zu den Massakern von 2002 beantworten. Er sollte den Diplomaten versichern, dass ein Blutbad wie damals sich nicht wiederholen werde. Der Ministerpräsident antwortete wie so oft sibyllinisch: Immerhin habe es im Gegensatz zu anderen Bundesstaaten in Gujarat seit 2002 keine kommunalistischen Auseinandersetzungen mehr gegeben.[332]

Die britische Regierung hatte bereits im Oktober 2012 den ersten Schritt getan. Der britische Botschafter James Bevan traf sich mit Modi, um einen »freundlichen Neubeginn« zu initiieren. Sie diskutierten vor allem über Möglichkeiten der wirtschaftlichen Kooperation.[333]

Auf einer Veranstaltung anlässlich des Weltfrauentages im März 2013 in der deutschen Botschaft wurde Michael Steiner mit der widersprüchlichen Haltung des Westens gegenüber Modi konfrontiert. Steiner wurde gefragt, ob es nicht fragwürdig sei, einerseits von Frauenrechten zu sprechen und gleichzeitig Modi zu unterstützen, unter dessen Amtsführung so viele Frauen gelitten hätten. Denn bis heute sind viele muslimische Frauen in Gujarat traumatisiert, die 2002 Opfer der systematischen Mehrfachvergewaltigungen geworden waren. »Die Frage, ob wir mit Modi reden, hat nichts mit unserer Haltung zu Menschen- und Frauenrechten zu tun. Wir wollen diese

Debatte nicht weiterführen«, beendete Steiner die Diskussion und verwies noch darauf, dass Modi dreimal als Ministerpräsident wiedergewählt worden sei und sich ein Gericht zehn Jahre lang mit Modis Rolle beschäftigt habe.[334] Kritiker Modis weisen immer wieder darauf hin, dass die Wahlerfolge herangezogen werden, um einer rechtlichen Ahndung vorzubeugen.[335] Eine Argumentation, die sich offensichtlich auch westliche Politiker zueigen gemacht haben.

Innerhalb der EU gibt es einen neuen Modus operandi im Umgang mit Modi: Jeder Mitgliedstaat kann selbst ermessen, ob und wie eng er mit dem Spitzenpolitiker in Kontakt treten will. Man könne, zitiert die Frankfurter Allgemeine indirekt diplomatische Kreise, »nicht einerseits von Indien als der größten Demokratie der Welt sprechen und das Land als Wertepartner preisen, und andererseits das Urteil der indischen Gerichte, wonach Modi an den Unruhen keine Schuld trage, vollkommen missachten«.[336]

Die USA hatten Narendra Modi 2005 die Einreise verweigert. Eingeladen worden, war er von einer asiatischen Hotelbesitzervereinigung in den USA, deren Mitglieder fast alle aus Gujarat kommen. Mitarbeiter des US-Außenministeriums haben noch Mitte 2013 – vor der Nominierung Modis – erklärt,

319 Ebd.

320 »India accuses Goldman Sachs of political interference«. Financial Times 8.11.2013

321 »Asia pacific portfolio strategy: Modi-fying our views: Raise India to marketweight«. Goldman Sachs 5.11.2013

322 »India accuses Goldman Sachs of political interference«. Financial Times 8.11.2013

323 »Goldman Sachs also Bullish on Modi«. Wall Street Journal 5.11.2013

324 »Indian Stock Markets Hit Record High on B.J.P. Victories«. New York Times 9.12.2013

325 »India stocks hit record on election hopes«. Financial Times 6.3.2014

326 »Threat of a sudden stop«. Economic & Political Weekly 22.3.2014

327 »Beware India's moment of Modi mania«. Financial Times 10.12.2013

328 »Quote, unquote Narendra Modi«. Reuters 12.7.2013

329 »FDI-friendly Modi shows off PM pat«. The Telegraph 17.3.2013

330 »FT's new respect for future PM Modi«. Leserbrief in der FT 21.10.2013

331 »The paradox that awaits a Prime Minister Modi« Financial Times, 1.4.2014

332 »The remaking of Narendra Modi«. Reuters 12.7.2013

333 »Germany delinks Narendra Modi's image from human rights issues«. The Economic Times 5.3.2013

334 Ebd.

335 Muralidharan 2014:37

336 »Die langen Schatten der Vergangenheit«. FAZ 20.10.2013

dass es bisher keine Entscheidung gebe, von dieser Politik abzurücken.[337] Seine Rolle bei den Pogromen 2002 diente damals als Begründung, und eine »ungewöhnliche Koalition aus in Indien geborenen Aktivisten, Evangelikalen, Juden und republikanischen Kongressabgeordneten« hatte sich dafür stark gemacht.[338] Die rechtliche Grundlage für die Ablehnung des Visums war das Gesetz über Internationale Religionsfreiheit. Es schreibt vor, dass keine Person US-amerikanischen Boden betreten darf, die sich der Verfolgung religiöser Minderheiten schuldig gemacht hat. Eine Entscheidung, die damals auch vom US-Botschafter in Indien mitgetragen wurde. »Diese Entscheidung betrifft nur Herrn Narendra Modi«, so David Mulford, »sie gründet auf der Tatsache, dass er als Regierungschef in Gujarat zwischen Februar und Mai 2002 für das Verhalten der staatlichen Institutionen verantwortlich war«.[339]

Nicht nur die Parteifreunde Modis, auch die Indische Regierung unter Führung der Kongresspartei protestierten. Die nationale Ehre war verletzt. Dieser Entscheidung der US-Behörden liege, so ein Sprecher des indischen Außenministeriums, »ein Mangel an Entgegenkommen und Sensibilität für einen gesetzmäßig gewählten Ministerpräsident« zu Grunde.[340]

Die Unterstützer Modis in den USA waren damals noch nicht so einflussreich wie heute. »Die USA sahen das damals nicht als große Sache«, so ein Modi-Kritiker aus den USA. »Heute sind viele fasziniert von Modi.« Republikanische Abgeordnete gehören nun zu seinen Unterstützern. Ein Kandidat der rechtspopulistischen Tea-Party-Bewegung kündigte an, sich für ein Visum für Modi einsetzen zu wollen. Ein us-indischer Geschäftsmann und Modi-Anhänger finanzierte im März 2013 die Reise einer Delegation von Abgeordneten nach Gujarat. Menschenrechtsorganisationen wie amnesty international in den USA sind besorgt. »Es gibt eine indische Lobby, die keinerlei Kritik an Indien hören will, seien es die Vergewaltigungen in Neu-Delhi oder die Causa Modi. Sie wollen nur Gutes über Indien hören.«[341]

Ende Dezember 2013 stellten einige Kongress-Abgeordnete, Republikaner und Demokraten, den Antrag, am Einreiseverbot Modis festzuhalten. Er wird kaum Erfolg haben, denn in den USA gewinnt das gleiche Argument an Boden wie in der EU: Die Antragsteller hätten »vergessen zu erwähnen, dass das Höchste Gericht in Indien keine Beweise gegen Modi gefunden hat«, so ein führender Politiker der Demokratischen Partei.[342]

»Viel von Herrn Modi findet auch diese Zeitung reizvoll«, schrieb das renommierte Wirtschaftsblatt The Economist. »Er ist ein Mann der Tat und ein freimütiger Außenseiter in einem politischen System, das auf Vetternwirtschaft beruht«. Im Unterschied zu anderen führenden Meinungsmachern ist die Rolle Modis als vehementer Hindutva-Verfechter bei The Economist nicht zur Randnotiz geworden. Modi müsse »zeigen, dass seine Idee eines unverfälschen Indien nicht länger nur hinduistisch ist. Wie er das macht, ist seine Sache, aber eine unzweideutige öffentliche Bekundung, dass er Diskriminierung und Gewalt gegen Muslime ablehnt, ist das absolute Minimum. Andersfalls wird ihn diese Zeitung nicht unterstützten.«[343]

Es ist bemerkenswert, wie das Wirtschaftsblatt den gebieterischen Spitzenpolitiker von seiner Hindutva-Identität abspaltet. Denn »ein Mann der Tat« ist nur eine freundliche Umschreibung des autoritären Verhaltens von Modi. Genau davon fühlen sich die Größen der globalen Wirtschaft, in Indien wie weltweit, angezogen. Modi ist der ideale Wegbereiter, um den Subkontinent im Sinne ihrer Interessen noch effizienter und gründlicher umzuformen. Als Premierminister wird er, da sind sich viele politische Beobachter einig, »rücksichtslos über demokratische Normen hinweggehen, um seine Ziele zu erreichen«.[344]

Narendra Modi setzte auch Ende November 2013 wieder auf die religiöse Karte. Auf einer Kundgebung in Agra sprach er vor 100.000 Anhängern zunächst über die wirtschaftliche Entwicklung Indiens und lobte den Bundesstaat Gujarat als leuchtendes Beispiel. Aber schließlich bemühte er auf der Kundgebung in Uttar Pradesh doch wieder die altbekannten Stereotype. Er warf der Kongress-Partei vor, sich nur um »25 Prozent der Bevölkerung zu kümmern und die restlichen 75 Prozent zu ignorieren«. In Agra wurde diese subtile Anspielung genau verstanden: 25 Prozent – das sind die religiösen Minderheiten.

Vor dem Auftritt Modis ehrte der BJP-Vorsitzende in Uttar Pradesh unter großem Beifall der Anwesenden zwei Abgeordnete seiner Partei und hängte

337 »The remaking of Narendra Modi«. Reuters 12.7.2013

338 »U.S. Evangelicals, Indian Expats Teamed Up to Push Through Modi Visa Ban«. New York Times 5.12.2013

339 Ebd.

340 »When Modi was denied the visa«. The Hindu 22.3.2011

341 »U.S. Evangelicals, Indian Expats Teamed Up to Push Through Modi Visa Ban«. New York Times 5.12.2013

342 »US-Resolution critical of Narendra Modi loses steam«. Firstpost 10.12.2013

343 »Would Modi save India or wreck it?«. The Economist 14.12.2013

344 »The man in the Modi mask«. livemint 25.7.2013

ihnen Blumenkränze um: Sangeet Som und Suresh Rana. Sie wurden als »Helden« gefeiert, die für »die Sicherheit der Hindus« gesorgt hätten.[345] Beide waren nach einer vorübergehenden Inhaftierung auf Kaution freigekommen. Sie sind angeklagt, wenige Wochen zuvor religiöse Hassreden und manipulierte Videos verbreitet und damit die kommunalistischen Auseinandersetzungen in Muzaffarnagar, einer Stadt in Uttar Pradesh, angeheizt zu haben. Dabei kamen mehr als 90 Menschen, vor allem Muslime, ums Leben. Etwa 6.000 Flüchtlinge mussten in Lagern untergebracht werden, es gab mehrere Mehrfachvergewaltigungen. Ausgelöst wurden die Auseinandersetzungen durch einen Mord an einem jungen Muslim, der angeblich eine junge Frau aus der Hindu-Nachbarschaft belästigt hatte.[346] Narendra Modi, der kurze Zeit nach der Ehrung die Bühne betrat, distanzierte sich nicht und verlor kein Wort über die vorangegangene Zeremonie.[347] Auf einer früheren Kundgebung hatte er der Regierung in Uttar Pradesh vorgeworfen, die Festnahme der beiden Abgeordneten entbehre jeder Grundlage und diene der Diffamierung der BJP.[348] Dass auch Angehörige der muslimischen Minderheit in Uttar Pradesh wegen der Ereignisse in Muzaffarnagar vor Gericht standen, spielte für Modi keine Rolle.

Der bevölkerungsreichste Bundesstaat mit seinen 200 Millionen Einwohnern ist bei Wahlen zum indischen Unterhaus eine wichtige Größe. Auf die kommunalistische Karte zu setzen, entspricht dem politisches Kalkül der BJP: Obwohl Uttar Pradesh das Epizentrum der Kampagne zur Zerstörung der Babri Moschee Anfang der 90er Jahre war, ließen sich die Hasskampagnen nicht in Wahlerfolge für die BJP ummüntzen. Das lag vor allem daran, dass es dort zwei starke Regionalparteien gab – Die Partei Bahujan Samaj Party (BSP) der Dalits, der sogenannten Unberührbaren – und die »Sozialistische Partei«, die Samajwadi Party. Zu den Wählern dieser beiden Parteien gehörten sowohl Muslime als auch Dalits und Angehörige niederer Kasten. Für die BJP sei es bei Wahlen »entscheidend«, dass diese Allianz »unterminiert« werde, meint der politische Analyst Sukumar Muralidharan aus Neu Delhi.[349] Mit den Pogromen von Muzaffarnagar ist jedenfalls ein Keil zwischen die verschiedenen Glaubensgemeinschaften in Uttar Pradesh getrieben worden und Teile der BJP – einschließlich ihrer Spitzenpolitiker in Uttar Pradesh – bekennen sich offen dazu.

Der Aufstieg der Hindunationalisten sei keinesfalls nur auf die innenpolitischen Verhältnisse in Indien zurückzuführen, meint der Politologe Achin Vanaik. »In einem Land, in dem bereits Muslime und der Islam dämonisiert werden, hat auch der sogenannte Krieg gegen den Terror diesem Trend weiter Auftrieb gegeben«, so Vanaik. »Der aggressive, gewalttätige Hindunationalismus ist Ergebnis nationaler und internationaler Ereignisse«.[350]

Dass es bei den Hindutva-Anhängern, der politischen Heimat Modis, eine Bereitschaft gebe, Gewalt gegen religiöse Minderheiten auszuüben, löse zwar in der Welt der Wirtschaft ein gewisses »Unbehagen« aus, so der Politologe, »aber mehr auch nicht, denn die Absicherung von Gewinninteressen zählt weitaus mehr als der Schutz der Muslime.«[351]

Der Hindu-Industrielle Komplex

Die Aufspaltung der Gesellschaft in »wir« und »die« schreitet voran – mit den entsprechenden Zuschreibungen und Stereotypen, die auch außerhalb Indiens übernommen werden. Die indische Mehrheitsgesellschaft, die ihre demokratischen Wurzeln im polytheistischen und toleranten Hinduismus sucht – und auf der anderen Seite die muslimische Minderheit, die gerne in Form von Gebetskappen tragenden, bärtigen Gestalten dargestellt wird – eine Minderheit, die sich in ihre Ghettos zurückzieht.[352] »Muslime sind die neuen Unberührbaren Indiens geworden«, so die Wissenschaftsphilosophin Meera Nanda.[353]

Die neuere Generation der RSS-Anhänger benutze ein »liberales Vokabular der Toleranz und Vernunft. Sie sieht monotheistische Religionen als von Haus aus intolerant und irrational an«, schreibt die Inderin. »Nur der Hinduismus, mit seinen vielen Göttern und Respekt für viele Ebenen von

345 »Riot accused are welcomed on Narendra Modi's red carpet«. The Financial Express 22.11.2013

346 »Indians push to tame Hindu-Muslim rioting with new bill«. Washington Post 22.12.2013

347 »Modi stays away from MLAs named in Muzaffarnagar riots in Agra«. rediff 21.11.2013 http://www.rediff.com/news/slide-show/slide-show-1-modi-stays-away-from-mlas-named-in-muzaffarnagar-riots-in-agra/20131121.htm (Zugriff 26.11.2014)

348 »Modi to felicitate BJP MLAs accused in Muzaffarnagar riots today«. CNN-IBN 21.11.2013 http://ibnlive.in.com/news/modi-to-felicitate-bjp-mlas-accused-in-muzaffarnagar-riots-today/435349-3-242.html (Zugriff 26.1.2014)

349 Muralidharan 2014:39,41

350 »Indien den Hindus«. Südwestrundfunk 2.10.2009

351 Vanaik 2009:157

352 Nanda 2009:1

353 Nanda 2009:168

354 Nanda 2009:161

Wahrheit, kann wirklich tolerant sein und respektiert den Unterschied.«[354] Dabei sei bemerkenswert, dass so »die Intoleranz gegenüber dem Islam und dem Christentum in Namen der überlegenen Toleranz des Hinduismus angeheizt wird.«[355]

Für den moderenen Hindunationalismus stehen auch Politiker wie Subramaniam Swamy, der ebenso wie Narendra Modi die »Freiheit des Marktes« mit der »Renaissance« des Hinduismus verbindet. Er hat an der Harvard Universität in den USA Wirtschaftswissenschaften studiert und schreibt regelmäßig für die RSS-Wochenzeitung »The Organizer«. Er ist ein lautstarker Unterstützer Modis und hat seine »Janata Party« im August 2013 in der BJP aufgelöst. Als das Oberste Gericht in Neu-Delhi im Dezember 2013 ein altes Gesetz bestätigte, wonach Homosexualität kriminell sei, konnte der marktliberale Subramanian Swamy sein Verständnis von Toleranz unter Beweis stellen. Er unterstützte das Urteil ausdrücklich und bezeichnete die gleichgeschlechtliche Liebe als einen »Defekt«.[356]

Meera Nanda beschreibt die enge Liason zwischen »Guru, Regierung und Industrie« am Beispiel der Einweihung des Shri Hari Mandir Tempels in Porbandar/Gujarat im Februar 2006. Das Bauland erhielten die Tempelpriester kostenlos von der Bundesstaatsregierung, die auch staatliche Gelder in die Bezahlung und in die Ausbildung von Hindu-Priestern steckt. Anwesend war Kokila Ambani, die Witwe des verstorbenen Reliance-Gründers; Ramesh Bahi Oza, der in ganz Indien bekannte und persönliche Guru der Industriellenfamilie; Narendra Modi und der damals amtierende Vizepräsident, Bhairon Singh Shekhawat. »Die gewählten Vertreter des nach der Verfassung ›säkularen‹ Indien waren in ihrer offiziellen Funktion gekommen und beteten vor den Göttern des Tempels. Dann folgte die Nationalhymne, später Volkstänze aus Gujarat.« Modi habe voller Inbrunst über die »Toleranz und den Säkularismus des Hinduismus« gesprochen. »Er empfahl, dass religöse Gesänge überall im Land bei allen Grundsteinlegungen die Regel werden sollten, denn der Hinduismus sei schon von Natur aus ›ökologisch‹.« Die Ambani-Witwe habe ihren Ehemann gelobt, der schon immer Spritualität, Arbeitsethik und Industrie miteinander verbunden habe. Der Vizepräsident schließlich pries »die modernen und wissenschaftlichen Hindu-Traditionen und verglich die Waffen der Götter mit modernen Raketensystemen und Militärhubschraubern«, erzählt Meera Nanda. »Wenn die geliebten und populären Götter mit dem Land und seiner Kultur identifiziert werden, dann wird der Hindu-Nationalismus zu einer banalen, alltäglichen

Angelegenheit«.[357] Die Befürchtung der Wissenschaftlerin wird auch durch Umfragen belegt. »Unser Volk ist nicht perfekt, aber unsere Kultur ist den anderen überlegen«. Dieser Aussage stimmten laut einer Befragung des renommierten Pew Research Centers unter urbanen, mittelständischen und englischsprachigen Indern, 93 Prozent der Befragten zu.[358]

Die Verbindung des Kapitalismus mit der Religion des Hinduismus nennt Meera Nanda »Karma-Kapitalismus«. Der Begriff wurde vom US-Wirtschaftsguru Vilay Govindarajan geprägt, und zieht nun auch schon im Westen Kreise. Nicht nur US-Konzerne heuern eigens indische Berater an, um ihren Mitarbeiterinnen und Mitarbeitern das universelle Zusammenspiel von Ursache und Wirkung nahe zu bringen, um so ihre Leistung zu steigern. Auch bei den Anhängern des »sozialen Unternehmertums« in Europa wird der Karma-Kapitalismus als Abkehr vom »Raubtier-Kapitalismus« und Hinwendung zu einer neuen Wirtschaftsethik interpretiert. Kooperation statt Konkurrenz, Werte statt Profit, heißt das Motto. Die Hierachien innerhalb der Konzerne werden damit freilich nicht ausgehebelt, ebenso wenig der Konkurrenzdruck und die soziale Ungleichheit auf dem kapitalistischen Markt. Meera Nandas analysiert daher: Die Rolle des Karma-Kaptialismus sei es nicht, die Reichtümer der modernen Welt infrage zu stellen, sondern die Illusion zu erwecken, sie könnten jedem zugänglich gemacht werden.[359]

Der Hinduismus mit seinem Kastenssystem ist geradezu die perfekte Rechtfertigung der sozialen Ungleichheit im Kapitalismus, ohne die letzterer nicht funktionieren kann, und die sich in den vergangenen zwanzig Jahren immer weiter ausprägt. In Indien dient der Hinduismus definitiv als einigendes Band, so Meera Nanda. »Beide, sowohl die Eliten als auch die Massen, wenden sich Gurus und Vorbetern zu, und sind mehr als willig, eine religiöse Rechtfertigung zu finden, um reich zu werden.«[360]

»Eine dem Hinduismus zugeneigte Denkweise der Mehrheit bildet sich heraus, die alle vergangenen und gegenwärtigen Errungenschaften Indiens dem ›Großen Geist der Hindus‹ zuschreibt«, so Meera Nanda. »Die Durch-

355 Nanda 2009:162

356 »In Law, gay is happy no more«. The Tribune 15.12.2013

357 Nanda 2009:141ff

358 Ebd.

359 Nanda 2009:189

360 Nanda 2009:190

dringung des öffentlichen Raums mit den Ritualen, Symbolen und dem Vokabular des Hinduismus« lasse den Raum, »in dem Bürger frei von jeder religiösen Markierung miteinander agieren können, immer kleiner werden. Alles – Wohnort, Schule, öffentliche Dienste, Arbeit, Wahlen – wird immer abhängiger von religiösen Identitäten«, warnt die Wissenschaftsphilosophin.

Gujarat ist das Versuchslabor für die Triade, die aus Staat, liberalisierten Märkten und religiösem Kommunalismus besteht. Die Liäson zwischen Bundesstaat und der nationalen und globalen Elite des Kapitals werde durch einen Hindu-Nationalistischen Populismus begleitet, der mehr und mehr Einfluss gewinne, schreibt die Entwicklungsforscherin Nikita Sud, »indem er Sicherheit und Schutz für einen ausgewählten Teil der Gesellschaft« verspreche«.[361]

Der Kapitalismus des 21. Jahrhunderts hat in Indien zweifelsohne ein vielversprechendes Modell gefunden, das auch andernorts – mit anderen religiösen und politischen Vorzeichen – umgesetzt werden kann. Nicht umsonst macht etwa Meera Nanda auf die Rolle der orthodoxen Kirche im heutigen Russland aufmerksam. Nie sei sie in den vergangenen hundert Jahren reicher und mächtiger gewesen und repräsentiere heute den »spirituellen Arm« des russischen Staates.[362]

Teilaspekte dieses Modells sind freilich aus dem 20. Jahrhundert gut bekannt. Fortschritt, Moderne und kapitalistische Entwicklung sind kein Bollwerk gegen Herrenmenschentum, Rassenhass oder Völkermord. Im Gegenteil, die Umsetzung von Ausschwitz implizierte »administrative, technische und industrielle Strukturen, also eine für den modernen Kaptialismus typische ›Rationalität‹«, betont der italienisch-französische Politologe Enzo Traverso.[363]

Ein rationales Kalkül hatten Ende der 1920er Jahre auch zahlreiche Industrielle, die Adolf Hitler als Garanten ihres Erfolgs und den Nationalsozialismus als wichtiges Bollwerk gegen die starke sozialistische und kommunistische Arbeiterbewegung in Deutschland ansahen und ihn nach Kräften unterstützten. »Aus der Geschichte Deutschlands kennt man die historische Verbindung zwischen Konzernen und Faschismus«, warnt deshalb die indische Schriftstellerin Arundhati Roy mit Blick auf die politische Situation in Indien.[364]

361 Sud 2012:114

362 Nanda 2009:172

363 Traverso 2000:10

364 »Unheilige Allianz«. Südwind Magazin, Juli 2012

»Wo sollen wir denn hin?«

»Einer der wichtigsten Erfolge der Hindutva-Bewegung in den letzten zweieinhalb Jahrzehnten ist nicht nur ihre eigene Ausdehnung, sondern auch ihr Beitrag zur Transformation des Charakters der Kongress-Partei: Die langfristige Stabilisierung dessen, was man auch ›autoritäre Demokratie‹ nennen kann.«

Achin Vanaik, Ökonom und Politologe, 2009[365]

»Es ist heute innerhalb der Wissenschaft weltweit anerkannt, dass die Menschheit – wenn wir den Kurs nicht bald ändern – vor der Aussicht eines planetarischen ökologischen Zusammenbruchs steht. Die globale ökologische Krise wird immer heftiger, während die Zeit, um sie anzugehen, schnell abläuft. Gleichzeitig sind die vorherrschenden Umweltstrategien, die ihrer Form nach eher eine Leugnung der Krise darstellen, nachweislich zum Scheitern verurteilt, wenn man sie nach ihren eigenen begrenzten Zielsetzungen beurteilt. Dieses tragische Versagen kann der Weigerung der Mächtigen zugeschrieben werden, die Wurzeln des ökologischen Problems in der kapitalistischen Produktion zu suchen, woraus sich die Notwendigkeit einer ökologischen und gesellschaftlichen Revolution ergibt«.

John Bellamy Foster, Brett Clark, Richard York: »Der ökologische Bruch«, 2011[366]

»Was passiert dann mit all den Bauern, die jetzt hier leben? Wo sollen sie hingehen? Wir werden das Land, unsere Dörfer, verlassen müssen und in den Straßen der großen Städte betteln. Wie werden wir dann unseren Lebensunterhalt bestreiten?«

Chinna Narsamma, Kleinbäuerin aus Andhra Pradesh, 2006[367]

Der Widerstand gegen Hindunationalismus und kommunalistische Gewalt ist vielfältig. Dagegen engagieren sich Menschenrechtsorganisationen, ein

365 Vanaik 2009:158

366 Foster, Clark, York 2011:401

367 Zitiert nach Klas 2006:56

Teil der sozialen Bewegungen und Gewerkschaften, zahlreiche muslimische, christliche und hinduistische Organisationen, die sich dem säkularen Vermächtnis der indischen Verfassung verpflichtet fühlen, außerdem die kommunistischen Parteien, die Naxaliten und die neue, 2012 gegründete Aam Aadmi Partei, die »Partei der einfachen Leute«, die aus Teilen der Anti-Korruption-Bewegung hervorgegangen ist. Auch einzelne Mitglieder der Kongress-Partei sind ausgesprochene Gegner der Hindunationalisten. Die Partei als solche scheut jedoch vor Sanktionen gegen sie zurück.

Teesta Setlavad, die für ihr Engagement schon viele internationale Auszeichnungen erhalten hat,[368] stellte mehrfach mit Unterstützung indischer Intellektueller und Politiker Verbotsanträge gegen den Weltrat der Hindus und weitere Organisationen des Sangh Parivar – jedoch erfolglos. Ihre Organisation war Nebenklägerin bei zahlreichen Prozessen gegen die Täter von Gujarat – auch gegen Narendra Modi. Nach dem Freispruch für den Spitzenpolitiker vor einem Gericht in Ahmedabad kündigte sie an, die nächst höhere Instanz anzurufen. Die 52-Jährige stammt aus einer Brahmanenfamilie, der höchsten Kaste der Hindus, und ist mit einem Muslim verheiratet. Sie wird Tag und Nacht von Leibwächtern bewacht, denn sie wurde schon mehrfach mit dem Tode bedroht und tätlich angegriffen.

Der lange Arm der Hindunationalisten reicht weit über ihre eigenen Organisationen hinaus, vergleicht man das rigide Vorgehen der Regierung gegen Naxaliten und islamistische Organisationen mit dem gegen die radikalen Organisationen der Hindutva. »Die indische Regierung, gleichgültig welche Partei an der Macht ist, will nicht das Risiko auf sich nehmen, hindunationalistische Organisationen zu verbieten«, resümiert Teesta Setlavad. »Denn sie fürchtet nichts mehr als einen geschlossenen Gegenschlag der BJP und der Rechten.«[369]

Einige der großen Zusammenschlüsse sozialer Bewegungen wie bspw. die National Alliance of Peoples Movements (NAPM) oder das Indian Social Action Forum, die jeweils mehrere hundert Bewegungen und progressive Nichtregierungsorganisationen unter einem Dach vereinen, schließen explizit die Mitgliedschaft kommunalistischer Organisationen aus. Es sei »notwendig, wachsam zu bleiben und den Kommunalismus auch innerhalb unserer Bewegungen zu bekämpfen«, mahnt Medha Patkar.[370]

Hindunationalistische Organisationen beteiligen sich an indienweiten Protestkampagnen und Generalstreiks. Keine politische Kraft konnte verhindern, dass etwa die hindunationalistische Gewerkschaft Bharatiya Mazdoor Sangh zu den Protesten gegen die Marktöffnung für ausländische Supermarktketten erfolgreich mobilisierte.[371] Daraus hat sich bei einigen Organisationen ein Pragmatismus entwickelt. Ein linkssozialistischer Sprecher der Bewegung gegen die Marktöffnung gestand mir, dass indienweite Generalstreiks ohne die Unterstützung wie die des Bharatiya Mazdoor Sangh kaum durchführbar wären. Er machte allerdings auch darauf aufmerksam, dass längst nicht alle Mitglieder dieser Organisationen überzeugte Hindunationalisten seien.

Eine deutlich pragmatische Haltung legen auch die Muslime im Fischerdorf Sakhri Nate an den Tag. Weil die hindunationalistische Regionalpartei Shiv Sena ihren Kampf gegen das weltweit größte AKW in Jaitapur unterstützt, haben sie dieser Partei nicht nur bei den letzten Wahlen zur Mehrheit in ihrer Gemeinde verholfen, sondern sind der Shiv Sena sogar reihenweise beigetreten. Zuvor hatten sie immer die Kongresspartei gewählt – nun zählt die aber zu den Fürsprechern des AKWs.[372] Sollte die Shiv Sena in Maharasthra jedoch wieder an die Regierung kommen und das Atomkraftwerk unterstützen, werde man sich erneut einer anderen politischen Kraft zuwenden, erklärte mir der muslimische Vorsitzende der Partei in Sakhri Nate. Eine ähnliche Haltung begegnete mir bei einer früheren Recherche in den Slums von Mumbai: Dort erzählte mir der Sprecher einer Hüttensiedlung im Stadtteil Bandra, dass sie jetzt alle Shiv Sena wählen würden, weil es die erste Partei sei, die eine Wasserleitung direkt in ihren Slum habe legen lassen. 1992 hatten die Bewohner noch zahlreiche Opfer zu beklagen, weil Anhänger dieser Partei Jagd auf Muslime machten und ihr weniges Hab und Gut niederbrannten. Es gab mehrere Tote und zahlreiche Schwerverletzte.

Vielleicht weisen diese Beispiele, so formuliert es die Wissenschaftsphilosophin Meera Nanda, auf »die alte Frage der politischen Linken in Indien« hin, nämlich ob die soziale Revolution oder aber der Kampf gegen kommunalistische Ausgrenzung und das Kastensystem an erster Stelle stehe.[373] Definitv sind sie jedoch ein Hinweis auf das geschickte politische Agieren der Hindunationalisten, die so versuchen, ihren gesellschaftlichen Einfluss weiter zu vergrößern.

368 Unter anderem den Menschenrechtspreis der Stadt Nürnberg. http://www.nuernberg.de/internet/menschenrechte/setalvad.html (Zugriff 5.2.2014)

369 »Indien den Hindus« SWR, 2.10.2009

370 In Fleig, Kumar, Weber 2013:28

371 Vergleiche Kapitel »Die Handelsinvasoren kommen«.

372 Vergleiche Kapitel »Indien strahlt«.

373 Nanda 2009:184

Neue Gewerkschaft

Die Gewerkschaftsbewegung besteht in Indien fast ausschließlich aus parteipolitisch orientierten Richtungsgewerkschaften. Sie haben weder den Kommunalismus, noch die Kastenstruktur der indischen Gesellschaft in ihren eigenen Reihen ausreichend problematisiert. Das ist ihnen zum Problem geworden.[374] Der Gewerkschaftsdachverband der Hindunationalisten hat seine Mitgliedschaft innerhalb der vergangenen 25 Jahre verdoppeln können und ist mittlerweile mit über sechs Millionen Mitgliedern der stärkste Verband. In Expertenkreisen ist die Rede von einer »Einverleibung der Gewerkschaftsbewegung durch die extreme Rechte«, deren nationalistische Parolen die progressiveren Kräfte immer mehr an den Rand drängen.[375]

Neben der Bürokratisierung ihrer Apparate stellt die ungenügende Bereitschaft, die Beschäftigten im informellen Sektor zu organisieren, ein weiteres Problem der tradionellen, linken Verbände dar. Ihre zumeist männlichen Mitglieder arbeiten vor allem im öffentlichen Sektor und in (ehemaligen) Staatsunternehmen. Und auch in multinationalen Konzernen, wo bspw. in der Automobilindustrie in den vergangenen Jahren neue Arbeitsplätze entstanden sind, stoßen die Anstrengungen der Gewerkschaften an Grenzen. Konzerne wie Skoda oder Mercedes arbeiten mit bis zu 80 Prozent Zeitarbeitern, die nur ein Fünftel des Lohnes eines Facharbeiters verdienen und einen Monatslohn von umgerechnet knapp 60 Euro erhalten[376]. Als Hindernisse für eine gewerkschaftliche Organisierung und den Aufbau von Gegenmacht werden auch dort »ethnische bzw. religiöse Spaltungen« genannt.[377]

Können diese Hindernisse dann doch überwunden werden, sehen sich aktive Beschäftigte und Gewerkschafter massiver Repression bis hin zu psychischer und physischer Gewalt durch angeheuerte Aufpasser und Schläger ausgesetzt. »Es hat in den letzten zehn Jahren keine gewerkschaftlichen Organisationsversuche in neugebauten Fabriken gegeben, die nicht zu Schikane und Opfern unter den Beschäftigten führten. Und wenn es gelang, Gewerkschaften zu gründen und diese überlebten, dann müssen sie weiter dafür kämpfen Kollektivverhandlungen führen zu können«, so der Gewerkschaftsführer der New Trade Union Initiativ (NTUI).[378]

Die erst 2006 gegründete NTUI ist keine Richtungsgewerkschaft, sondern unabhängig von politischen Parteien und setzt auf die Einheit der linken Gewerkschaften. Ihr Selbstverständnis und ihre Organisationspraxis gehen jedoch weit über das der traditionellen linken Gewerkschaften hinaus. Dem Mangel an innerer Demokratie in den anderen Gewerkschaften wollen sie mit einem basisdemokratischen Ansatz entgegenwirken.[379] Die NTUI geht Bündnisse mit anderen sozialen Bewegungen ein. Mit Fraueninitiativen, Dalits und Adivasi zusammenzuarbeiten ist für die NTUI unabdingbar, und sie begreift deren Vereinigungen als »Klassenorganisationen«.[380]

In einigen anderen Gewerkschaften ist jedoch ein gänzlich entgegengesetzter Trend zu spüren. So stellten sich einige zum Beispiel auf die Seite der Regierung in Kerala, als diese Bauern für ein Industrieprojekt zwangsenteignete. Die Vertreibung sei für die wirtschaftliche Entwicklung notwendig, meinten sie.[381] Die politische Bildungsarbeit, die zumindest bei den linken Gewerkschaften in Indien noch den Widerspruch zwischen Kapital und Arbeit einschließt,[382] schützt offensichtlich nicht davor, an der Seite von Konzernen und Regierungen als »Co-Manager« aufzutreten.

Politische Bildungsarbeit im Sinne einer Klassenanalyse macht die offiziell als Gewerkschaft registrierte Frauenorganisation Self Employed Womens Association (SEWA) nicht. Ihre knapp eine Million Mitglieder sind meist Straßenhändlerinnen oder stellen Produkte in Heimarbeit her. Sie erhalten Mikrokredite und Mikroversicherungen, betreiben in der Regel Kleinstunternehmen und werden von SEWA in ihren Fertigkeiten geschult, wie etwa durch Alphabetisierungs-, Englisch- und Computerkurse.[383] Die indische Feministin Mary E. John bezeichnet den Ansatz von SEWA als »volksnahen Kapitalismus«. Finanzielle Dienstleistungen für Frauen, die im informellen Sektor arbeiten, würden als »angemessene und pragmatische Antwort in einer Welt« betrachtet, in der es für diese Frauen keine Möglichkeit gebe, eine reguläre Arbeit im ohnehin sehr kleinen formellen Sektor Indiens zu finden.[384]

374 Mahadevan 2014:31f

375 Mahadevan 2014:33

376 Die meisten Gewerkschaften fordern einen gesetzlichen Mindestlohn von 120 Euro. Er wird in Indien von den jeweiligen Bundesstaaten festgelegt und liegt in der Regel bei weniger als umgerechnet 50 Euro für ungelernte Arbeit.

377 Köhnen 2011:3

378 Köhnen 2011:4f

379 Höllen 2011:21f

380 Köhnen 2011:5

381 Mahadevan 2014:31

382 Höllen 2011:47ff

383 Höllen 2011:50

384 John 2009:47

Gewalt gegen Frauen und Gegenwehr

SEWA ist Teil der Frauenbewegung, die Ende der 70er und 80er Jahre großen gesellschaftlichen Einfluss hatte. Aber auch schon davor gab es mehrere Hochzeiten der Frauenbewegung – erstmals während der britischen Kolonialzeit im 19. Jahrhundert, als Frauen gegen die religiös begründeten Witwenverbrennungen vorgingen.

1972 forderten die Vereinten Nationen angesichts einer erstarkenden internationalen Frauenbewegung ihre Mitgliedsstaaten auf, die gesellschaftliche Situation der Frauen eingehend zu untersuchen und Bericht zu erstatten. Daraus entstand für Indien der Bericht »Towards Equity«, der »schockierende Ergebnisse über das Versagen des Staates« hervorbrachte. Dieser Text ist zu einer Art »Gründungsmanifest« für die damalige Frauenbewegung in Indien geworden.[385]

Viele ihrer Sprecherinnen kamen aus der radikalen Studentenbewegung und gehörten zur Mittel- und Oberschicht.[386] Unter anderem erreichten sie, dass in Indien etwa zwanzig staatliche Studienzentren für Frauen eingerichtet wurden, die sich explizit feministischen Studien widmeten. Ihre Forschungsergebnisse fanden in der Öffentlichkeit große Beachtung.[387] Frauen standen häufig an der Spitze der Proteste gegen die Auswirkungen der kapitalistischen Globalisierung, die vor allem Frauen in eine weitere Verarmungsspriale und Verunsicherung führte. Mit wenigen Ausnahmen insistierten diese Frauen auf der Schutzrolle des Staates als Antwort auf die Globalisierung, ohne dessen institutionelles, patriarchal geprägtes Gefüge infrage stellen zu können.[388]

In vielen Bereichen musste die Frauenbewegung Rückschläge hinnehmen, als die National Democratic Alliance unter Führung der BJP in Neu-Delhi regierte. Während ihrer Amtszeit kam es zu einem symbolischen Akt der Übernahme, der die Gemüter der alten Frauenbewegung aufbrachte: Die Studienzentren der Frauen sollten in »Familienstudienzentren« umbenannt werden. Die feministische Historikerin Tanika Sarkar bezeichnete diesen Schritt als Versuch, die »Frauen wieder in das Konzept der Familie einzubetten« und ihre Rolle in anderen sozialen Kontexten auszublenden. Diese Maßnahme rief vor knapp zehn Jahren internationale Proteste hervor.[389]

Mittlerweile befindet sich die Frauenbewegung wieder im Aufschwung. Nach der Mehrfachvergewaltigung in Neu-Delhi im Dezember 2012, bei der eine junge Frau später ihren schweren Verletzungen erlag, demonstrierten in vielen Städten und Regionen Indiens Frauen und Männer. Sie forderten effektiveren staatlichen Schutz der Frauen vor Gewalt und eine juristische Ahndung von Vergewaltigungen, was in Indien alles andere als selbstverständlich ist. Seitdem sind viele weitere Fälle von Mehrfachvergewaltigung öffentlich geworden.

Das sind die sichtbarsten Gewaltakte, denen Frauen ausgesetzt sind. »Gewalt gegen Frauen hat ein Ausmaß, eine Tiefe und eine Häufigkeit, an die keine andere Art von Gewalt heranreicht«, schreibt der Politologe Achin Vanaik. »Während Gewalt gegen Kasten und Klassen ebenfalls üblich ist und täglich stattfindet, ist die gegen Frauen allgegenwärtig. Sie ist nicht nur episodisch und wird gemeinschaftlich begangen, sondern hat einen unverkennbar familiären, individuellen und privaten Charakter. Sie überschreitet sämtliche Grenzen. Alle Formen politischer Gewalt drücken sich auch geschlechtsspezifisch aus: Vergewaltigung, Prügel und Erniedrigung von Frauen sind Teil eines Prozesses, in dem die Autorität und Dominanz von Klassen, Kasten, ethnischen Gruppen oder Regierungen hergestellt werden. [...] Gewalt gegen Frauen ist engstens mit den gemeinschaftlichen Formen periodisch auftretender Gewaltakte verbunden.«[390]

Für letzteres stehen etwa die gezielten Mehrfachvergewaltigungen von Frauen in Muzaffarnagar im Bundesstaat Uttar Pradesh im August 2013, als es dort zu kommunalistischen Auseinandersetzungen zwischen Hindus und Muslimen kam. Deutschsprachige Medien berichteten nicht darüber.[391] Laut der Kriminalitätsstatistik wurden 2012 in ganz Indien knapp 25.000 Vergewaltigungen registriert. Die Dunkelziffer beträgt ein Vielfaches davon. Dass Frauen Vergewaltigungen gar nicht erst zur Anzeige bringen,[392] hängt mit weitverbreiteten Überzeugungen in der indischen Gesellschaft zusammen, von denen auch die Ermittlungsbehörden nicht frei sind. In einer Umfrage von 2011 gaben 24 Prozent der Männer zu, bereits sexuelle Gewalt gegen Frauen ausgeübt zu haben. 65 Prozent der Männer erklärten, dass Frauen

385 John 2009:48

386 Patel 2010:36

387 John 2009:48

388 John 2009:47

389 »Renaming ›Women's Studies Center‹«. outlook india 6.9.2003

390 Vanaik 2009:146

391 Siehe auch Kapitel »Diplomatische Annäherungen«.

392 »In India's ›Rape Capital‹ Delhi, Women turn to self-defense«. Agence France Press 4.1.2013

manchmal geschlagen werden müssten. Die Vergewaltigungen von »fremden« Frauen, die in den vergangenen anderthalb Jahren in der Öffentlichkeit problematisiert wurden, machen dabei nur einen Bruchteil der offiziell registrierten aus: In 98 Prozent der Fälle traf es »nichtfremde« Frauen, also Ehefrauen, Verwandte, Nachbarinnen oder andere, den Tätern bekannte Personen.[393]

Manchmal wird die Straffreiheit für Vergewaltigungen sogar in aller Öffentlichkeit von Politikern verteidigt. Nach der Mehrfachvergewaltigung im Dezember 2012 veröffentlichte eine Regierungskommission die Neuauflage des Strafgesetzes zu Vergewaltigung und sexueller Belästigung. Die Kommission empfahl, dieses Gesetz auch auf die Sondereinheiten der indischen Armee in den militärischen Notstandsgebieten Jammu & Kaschmir, Manipur und Nagaland anzuwenden. Bisher wird den Angehörigen dieser Einheiten faktische Straffreiheit gewährt. Bei Menschenrechtsorganisationen sind diese Armeeangehörigen keine unbeschriebenen Blätter: Willkürliche Verhaftungen, Folter, Morde und Vergewaltigungen gehen auf ihr Konto. Aber die Empfehlung der Kommission wurde von mehreren Ministern, darunter dem Justizminister, mit dem Hinweis zurückgewiesen, sie sei nicht anwendbar. Andere Regierungsvertreter argumentierten, die »Ehre der Streitkräfte« stünde auf dem Spiel und die nationale Sicherheit erfordere die unbedingte Straffreiheit für die Angehörigen dieser Einheiten.[394]

Die Rechtfertigung von Gewalt gegen Frauen ist tief verwurzelt. Auch Angehörige von Ämtern und Institutionen, die eigentlich die Interessen von Frauen vertreten müssten, rechtfertigen Vergewaltigungen als Reaktion auf ein »falsches Verhalten« der Opfer. Asha Mirje, Mitglied der staatlichen Frauenkommission in Maharashtra, erklärte: »Vergewaltigungen finden auch wegen der Kleidung, die Frauen tragen, ihres Benehmens und ihrer Anwesenheit an unpassenden Orten statt.«[395]

Was darunter verstanden wird, zeigen die von Femegerichten verhängen Mehrfachvergewaltigung als Strafe für vermeintliches Fehlverhalten. Ende Januar 2014 wurde der Fall einer 20-Jährigen Adivasi des Santhal-Stammes im Bundesstaat Westbengalen bekannt. Weil sie sich in einen Mann verliebt hatte, der nicht aus ihrer Gemeinschaft kam, wurde sie von zwölf Männern vergewaltigt, die der Vorsteher des »Gerichts« aufgefordert hatte, die junge Frau zu »vernaschen« und »Spass« mit ihr zu haben.[396]

Seit solche Fälle von den Medien aufgegriffen werden, gibt es nicht nur Demonstrationen und Proteste. Vor allem in Delhi, der Stadt, die die meisten offiziell registrierten Vergewaltigungen zählt, sind Selbstverteidigungskurse mittlerweile überbucht und Pfefferspray ist in vielen Läden ausverkauft.[397]

Aber heute organisieren sich auch Frauen der Dalits und Adivasi, um ihre Rechte zu verteidigen. Das scheint, sieht man von der Geschichte der legendären Phoolan Devi[398] ab, eine neue Entwicklung und ein wesentliches Merkmal der indischen Frauenbewegung des 21. Jahrhunderts zu sein.[399] Dafür steht die mittlerweile auch international bekannte »Gulabi Gang«, die »pinkfarbene Bande«. Die Frauen tragen pinkfarbene Saris und lernen Selbstverteidigung mit Bambusstöcken, die sie gegebenfalls auch einsetzen, um sich gegen gewaltätige Männer und ihre Komplizen zu wehren. Etwa 20.000 Frauen gehören zur Gulabi Gang, die 2006 im Distrikt Banda in Uttar Pradesh entstand.[400] Ihre Anführerin, Sampat Pal Devi, wurde schon im Alter von zwölf Jahren zwangsverheiratet und bekam ihr erstes Kind mit 13. Ihre Gang, die sich aus den Ärmsten der Armen rekrutiert, stellt nicht nur Männer zur Rede, die ihre Frauen schlecht behandeln. Sie setzen sich, so Devi, für Bildungsmöglichkeiten von Frauen ein – angefangen beim Lesen und Schreiben, wollen Kinderhochzeiten verhindern und kämpfen gegen jede Art von Korruption und Ungerechtigkeit. Als die Polizei einen armen Kleinbauern ohne Anklage für zwei Wochen in Gewahrsam nahm, überfiel die Gulabi Gang die Polizeistation und befreite den Mann.

Die Gang ist locker organisiert. Ihre Frauen melden Konflikte, die sie im Alltag beobachten. Wenn nötig, kommen mehrere hundert von ihnen zusammen, um die Probleme auf ihre Art zu lösen. Dort, wo die staatlichen Insti-

393 »Good laws, bad implementation«. The Hindu 1.2.2014

394 »AFSPA: Who rules India?«. The Hindu 12.2.2013

395 »Good laws, bad implementation«. The Hindu 1.2.2014

396 Ebd.

397 »In India's ›Rape Capital‹ Delhi, Women turn to self-defense«. Agence France Press 4.1.2013

398 Phoolan Devi war seit ihrem 11. Lebensjahr immer wieder vergewaltigt worden – von ihrem 35-jährigen Ehemann, Dorfbewohnern, Polizisten. Später führte sie eine Bande in Uttar Pradesh an, übte Rache und begab sich auf Raubzüge, deren Beute sie unter den Armen verteilte. Nachdem sie aus der Haft entlassen wurde, engagierte sie sich als Politikerin für die Samajwadi Partei, in der sich die Angehörigen niederer Kasten organisiert hatten. Hilmar König in Bibliothek des Widerstands 2012:39

399 Patel 2010:36

400 Fontanella-Kahn 2014:19

tutionen versagen bzw. Missetaten von den dörflichen Feudalstrukturen gedeckt werden, nehmen die Frauen das Recht selbst in die Hand. Sie sind eine respektierte Kraft im Distrikt, mit der sich niemand gerne anlegt.[401] Die Todesstrafe – auch für Vergewaltigungen, bei denen Frauen ums Leben kommen – lehnt Sampat Pal Devi ab. »Stattdessen sollten diese Männer chemikalisch kastriert und der Satz ›Ich bin ein Vergewaltiger‹ auf ihre Stirn tätowiert werden.«[402]

Die Farbe ihrer pinken Uniform haben die Mitglieder der Gulabi-Gang bewusst gewählt: alle anderen Farben sind von politischen Parteien und Religionen in Beschlag genommen.[403] Welcher Religion eine Frau angehört, ist völlig unerheblich. Alle können mitmachen.

In ganz Indien gibt es allerdings keine gemischtgeschlechtlichen politischen Organisationen oder Parteien, die einen so hohen Anteil an weiblichen Mitgliedern wie einige Organisationen der Naxaliten haben.

Naxaliten: »Die größte Bedrohung«

In der bewaldeten Region Dandakaranya, die sich über knapp 90.000 km^2 im Bundesstaat Chhattisgarh erstreckt, agiert der bewaffnete Arm der Communist Party of India (Maoist), die »Peoples Liberation Guerilla Army« (PLGA). Sie zählt schätzungsweise 10.000 bewaffnete Guerillas, davon 45 Prozent Frauen.[404] Die indische Schrifstellerin Arundhati Roy nennt in ihrer Reportage, die sie nach einem mehrwöchigen Aufenthalt in dieser Region geschrieben hat, die Gründe für die relativ hohe Beteiligung der Frauen: Viele von ihnen schlossen sich der Guerilla an, nachdem sie Opfer oder Zeuginnen von Vergewaltigungen und brutaler Gewalt geworden waren, begangen von den Milizen der Salwa Judum – was etwa »Friedensmission« heißt. Diese Milizen finanzieren sich mit Hilfe der Bundesstaatsregierung und der indischen Konzerne Tata und Essar, die Interesse an der Waldregion und ihren reichen Bodenschätzen und Ressourcen angemeldet haben.[405]

Trotz des hohen Anteils und auch wenn der 8. März als internationaler Frauenkampftag in den Wäldern von Dandakaranya von der PLGA symbolisch gefeiert wird, genießen die Frauen nur ein begrenztes Mitspracherecht: Im Zentralkomitte und dem Politbüro der Partei CPI (Maoist) sitzen ausschließlich Männer.[406]

Die CPI (Maoist) strebt einen gewaltsamen Umsturz des Staates an. Sie ist wie einige andere Gruppen 1967 aus der Bewegung der Naxaliten hervorgegangen. Der Begriff geht auf die blutige Unterdrückung des damaligen Aufstandes von Landarbeitern im Dorf Naxalbari durch die erste kommunistisch geführte Regierung des Bundesstaats Westbengalen zurück. Vor allem viele junge Kader verließen daraufhin enttäuscht die Partei und setzten auf den bewaffneten Kampf. Zwischenzeitlich stark geschwächt, hat sie in den 90er-Jahren – mit der Marktöffnung Indiens und dem Erstarken der Hindunationalisten – wieder an Einfluss gewonnen. Ihre bewaffneten Einheiten – schätzungsweise insgesamt 20.000 Guerilleros und ein Vielfaches an Milizen – liefern sich Gefechte mit der Polizei, überfallen paramilitärische Einheiten und töten »Verräter«, Politiker und Mittelsmänner von Bergbaukonzernen, die in den Wäldern Bauxit und Eisenerze abbauen wollen und dafür billigend die Vertreibung der einheimischen Bevölkerung in Kauf nehmen.[407]

Premierminster Manmohan Singh bezeichnete die Naxaliten 2006 als »größte Bedrohung der inneren Sicherheit« und kündigte die Aufrüstung der Polizei und den Aufbau von Spezialkräften an, um sie zu bekämpfen. Sie sollen in 160 indischen Distrikten aktiv sein, um dort befreite Zonen zu errichten.[408] Schon seit längerem setzt die indische Regierung unbewaffnete Drohnen zur Beobachtung der Maoisten ein und denkt darüber nach, auch mit bewaffneten Drohnen gegen sie vorzugehen.[409] Kritiker bezeichnen dieses Vorgehen als »Krieg gegen die eigene Bevölkerung«.[410] Narendra Modi, der Spitzenpolitiker der BJP, hat eine »Null Toleranz« Politik gegenüber den Naxaliten angekündigt.[411]

Arundhati Roy beschreibt die Akzeptanz, die die Naxaliten in den befreiten Zonen bei der Bevölkerung genießen, aber auch die Konflikte, um den Aufbau einer eigenen Verwaltungsstruktur und Gerichtsbarkeit, der sich an

401 »India's ›pink‹ vigilante women«. BBC News 26.11.2007

402 »Rapist should be castrated, branded: Gulabi Gang«. Times of India 29.12.2009

403 Fontanella-Khan 2014:30

404 Roy 2011:16

405 Roy 2011:12

406 Roy 2011:15

407 Roy 2011:12

408 »PM's speech at the Chief Minister's meet on Naxalism«. Government of India 13.4.2006

409 »Drone fever«. Economic and Political Weekly 30.11.2013

410 »Im Geiste Maos«. Deutschlandfunk 15.8.2011; Roy 2011:2

411 »Narendra Modi calls for zero tolerance towards Naxalism«. DNA 26.5.2013

den organisatorischen Prinzipien der chinesischen Revolution und des Vietcong orientiert. Über die Äußerung des Premierministers zeigte sie sich erstaunt, denn kurz zuvor hatten die Maoisten im Rahmen einer militärischen Offensive 1.600 Kader im benachbarten Bundesstaat Andhra Pradesh verloren und befanden sich dort in Auflösung. Die Aussage von Manmohan Singh interpretierte die Schriftstellerin als »ein Signal an die Medien, dass die Maoisten Freiwild seien, die jeder nach Belieben verfolgen könne«. »Die Maoisten«, fügte Arundhati Roy hinzu, »sind nicht die einzigen, die den indischen Staat abschaffen wollen. Er ist bereits mehrfach von den Hindu-Fundamentalisten und dem wirtschaftlichen Totalitarismus abgeschafft worden.« Die Sicherheitskräfte pflegen im Übrigen eine sehr weite Definition dessen, was Maoisten sind. Sie errichteten unzählige Camps, die von den Salwa Judum kontrolliert wurden, und der BJP-Ministerpräsident des Bundesstaates Chhattisgarh, Raman Singh, erklärte jeden zum Maoisten, der nicht bereit war, in diese Camps zu ziehen. Ein Dorfbewohner, der zu Hause blieb, war also ein Maoist.[412]

Später wurden Adivasi, die sich gegen die Bergbau- und Industrieansiedlungen zur Wehr setzten, tagelang von der Polizei unter dem Vorwurf gefoltert, sie seien Naxaliten. Besonderes Aufsehen erregte 2011 der Fall der Lehrerin Soni Sori, die während einer Gewahrsamnahme von mehreren Beamten gefoltert und vergewaltigt worden war.[413] Während Soni Sori schwerkrank im Gefängnis lag, obwohl zahlreiche Menschenrechtsorganisationen – darunter amnesty international und Human Rights Watch – ihre sofortige Freilassung forderten,[414] wurde der Polizeiinspektor, der diese Gewalttaten angeordnet hatte, mit einer Tapferkeitsmedaille der Zentralregierung ausgezeichnet.[415] Frauen und Studierende gingen in den Großstädten für Soni Sori auf die Straße. Erst im Februar 2014 kam sie auf Kaution frei.[416] Ihr ebenfalls inhaftierter schwerkranker Mann wurde nach einem Freispruch aus einer dreijährigen Untersuchungshaft entlassen. Kurz darauf erlag er seiner Krankheit.[417]

Die Polizei nimmt sogenannte Unterstützer der Maoisten in der Regel wegen »Aufwiegelung« fest – ein Gesetz, dass noch aus der Kolonialzeit stammt und der Kriminalisierung der Unabhängigkeitsbewegung dienen sollte. Dieser Vorwurf wurde auch gegen den Arzt und stellvertretenden Vorsitzenden der indischen Menschenrechtsorganisation PUCL, Binayak Sen, erhoben. Er wurde zu lebenslänglicher Haft verurteilt und kam 2011 nach internationalen Protesten auf Kaution frei – der endgülte Prozess vor dem indischen Bundesgericht in Neu-Delhi ist noch anhängig.[418]

Ebenso wie die Adivasi, einige NGOs und Menschenrechtsorganisationen fordern die Naxaliten Land für die Kleinbauern und Landlosen. »Land« ist immer noch der zentrale Fokus der Naxaliten. Aber oft sind es nicht mehr die klassischen Großgrundbesitzer, die den Kleinbauern und Landlosen das Leben zur Hölle machen. Ins Visier der Maoisten sind heute vielmehr indische und mulitnationale Konzerne gerückt, die auf die Vertreibung von vielen tausend Menschen setzen, um ihre Industrie- und Bergbauprojekte zu realisieren. Und die BJP-Regierung im Bundesstaat Chhattisgarh, der zu großen Teilen von Adivasi bewohnt wird, fördert diese Entwicklung nach Kräften. So hat sie Absichtserklärungen zum Bau von Industrieprojekten mit über 120 Bergbau-, Stahl-, Zement- und Energieunternehmen unterzeichnet.[419]

Dazu gehören viele der schmutzigsten Industrien. Vor allem der Bauxitabbau und die Aluminiumverhüttung sind mittlerweile fast vollständig aus Europa und Nordamerika verschwunden und in Länder wie Indien verlagert worden. Der enorme Flächen-, Wasser- und Energieverbrauch sowie die gigantischen Mengen toxischer Abfälle sind unter den strenger werdenden Umweltgesetzen in Europa zu teuer oder nicht mehr durchsetzbar.

Die Naxaliten sind nicht nur in den Wäldern Zentralindiens aktiv. Sie versuchen, auch in den Städten Fuß zu fassen, vor allem die gemäßigtere CPI (ML) Liberation, die auch zu Wahlen kandidiert und eher im Bundesstaat Bihar aktiv ist. Sie hat auch zahlreiche Anhänger unter den Studierenden, die sich in der Studierendenorganisation AISA durchaus mit Erfolg organisieren. So stellen sie etwa in der Jawaharlal Nehru Universität von Neu-Delhi häufig die größte Fraktion im Studierendenparlament. Ihre Kader nennen sich ganz bewusst nicht maoistisch, u.a. weil sie mit dem Primat des bewaffneten Kampfes gebrochen haben.[420]

412 Roy 2011:10f

413 »Court anguished at Soni Sori's medical report«. The Hindu 3.12.2011

414 »India: Release Soni Sori on International Women's Day«. amnesty international 7.3.2012

415 »India: Prosecute Security Forces for Torture«. Human Rights Watch 31.1.2012

416 »Supreme Court grants bail to tribal teacher Soni Sori«. The Indian Express 7.2.2014

417 »Soni Sori's husband dies«. The Hindu 4.8.2013

418 »SC grants bail to Binayak Sen«. Times of India 15.4.2011

419 »Performacne Indicators«. Department of Commerce, Chhattisgarh http://industries.cg.gov.in/performanceindicators.htm (Zugriff 10.2.2014)

420 »AISA sweeps JNU student union polls«. The Hindu 16.9.2013; vgl. auch Klas 2006:113f

Die Unterschiede zwischen der CPI (Maoist) – bzw. den Organisationen, die sich in dieser Partei vereinigt haben und der CPI (ML) Liberation, bestehen auch in ihrer Bündnisfähigkeit: Während sich erstere weigerte, 2004 am Weltsozialforum in Mumbai teilzunehmen, weil dies eine »imperialistische Vorfeldorganisation« sei, nahmen zahlreiche Kader der Liberation daran teil, um das Potential des Forums für den Widerstand auszuloten.

Und die Maoisten kritisierten zu Recht einige Schwachpunkte: Das Sozialforum sei zahnlos, weil es keine verbindlichen Entscheidungen treffen wolle und sei zudem von Nichtregierungsorganisationen aus dem Norden dominiert, die zum Teil beträchtliche Geldsummen von konzereignenen Stiftungen erhielten[421] – weshalb sie eine Parallelkonferenz, das »Mumbai Resistance Forum«, veranstalteten. Die Maoisten begriffen das Weltsozialforum nicht als einen Ort der Auseinandersetzungen um verschiedene politische Konzepte, die noch längst nicht entschieden waren: Zwischen etablierten Nichtregierungsorganisationen, die das Modell der »guten Regierungsführung« adaptiert hatten und am Tropf staatlicher Entwicklungsagenturen hingen, sozialen Bewegungen, die auf Massenmobilisierung setzten und linken Organisationen und Parteistrukturen, die sozialdemokratische bis sozialistisch-revolutionäre Positionen vertraten.

Lutz Getzschmann, der 2011 ein Standardwerk zu den Naxaliten auf Deutsch veröffentlichte, beschäftigt die Popularität der Maoisten bei der indischen Bevölkerung trotz zahlreicher Menschenrechtsverletzungen, die auf das Konto der Maoisten gehen und denen Getzschmann ein langes Kapitel widmet. Er weigert sich dennoch, den Naxaliten einfach den Stempel »Terrororganisation« aufzudrücken. Dabei bedient er sich der Definition des Politologen Herfried Münkler. Die Naxaliten entsprächen demnach eher einer klassischen Partisanenbewegung, denn ihre militärischen Angriffe zielen nicht darauf ab, die Zivilbevölkerung zu terrorisieren. Sie haben vielmehr eine soziale Basis und sind lokal verankert. Viele ärmere Dorfbewohner im sogenannten »Roten Korridor«, der sich von Nepal bis ins südindische Andhra Pradesh zieht, nehmen die Naxaliten als ihre Interessenvertretung wahr.[422] Auch der Schriftsteller Ilija Trojanow bezeichnet »den wohl bedeutendsten Guerillakrieg unserer Zeit« als einen »in Essenz [...] Selbstverteidigungskampf der Adivasi«.[423]

Trotz der von ihnen begangenen Gewalttaten, z.B. auch gegen vermeintliche Verräter oder nicht willfährige Dorfbewohner, verlieren die Maoisten nicht den Rückhalt in der armen, marginalisierten Bevölkerung. »Ich finde es richtig, was die Maoisten machen«, erklärt eine Kleinbäuerin aus Andhra Pradesh. »Wer kämpft denn für die Armen? Sie kämpfen für eine gerechte Verteilung des Landes und des Wohlstandes und wollen den Reichen etwas wegnehmen.«[424]

Aam Aadmi – Partei der »einfachen Leute«

Seit 2012 gibt es eine neue Partei in Indien, die sich dem Kampf für die »Aam Aadmi«, die »einfachen Leute« widmen will. Die erste Kundgebung der Partei fand 200 Kilometer von der Wirtschaftsmetropole Mumbai entfernt in der ländlichen Region der Kleinstadt Roha in Maharashtra statt. Diese aus der Anti-Korrputionsbewegung hervorgegangene Partei weckte von Beginn an großes Interesse. Am 2. Dezember 2012 kamen viele tausend Nicht-Mitglieder, die den Rednerinnen und Rednern der zehnstündigen Kundgebung am aufmerksam folgten: Bauern, Fischer, Frauen aus Frauenorganisationen, Adivasi und kleinere, linke Regionalparteien wollten wissen, was es mit dieser neuen Partei auf sich hat. »Ganz egal ob Hindu, Muslim oder Christ, ihr alle seid willkommen«, wurden sie von der Moderatorin begrüßt. Gekommen waren auch Zuckerrohrfarmer, die bessere Preise forderten, Anti-AKW-Aktivisten aus Jaitapur, Zeitarbeiter, die in Indien für einen Hungerlohn die Drecksarbeit in den Industrieanlagen der multinationalen Konzerne verrichten müssen und Gegner der geplanten Großstaudämme in Maharashtra. Das westliche Entwicklungsmodell mit seinem Fokus auf die Großindustrie wurde in zahlreichen Reden abgelehnt. »Wo sollen die vielen Millionen Menschen denn hin?«, fragte ein Redner, der die Vertreibung der ansässigen Bevölkerung durch den geplanten Delhi-Mumbai-Industriekorridor[425] kritisierte.

Überall auf dem Platz hatte eine lokale, kommunistische Partei rote Fahnen mit Hammer und Sichel angebracht. Rund um den Kundgebungsort hingen Anti-AKW Plakate und solche, auf denen sich die Aam Aadmi Partei als »erste grüne Partei Indiens« bezeichnete. Sie ist tatsächlich die einzige Partei, die Atomkraft glaubwürdig ablehnt. Die kritische Haltung der anderen

421 »The Economics and Politics of the World Social Forum«. September 2003 http://rupe-india.org/35/contents.html (Zugriff 12.2.2014)

422 Getzschmann 2011:16

423 In Fleig, Kumar, Weber 2013:10

424 Klas 2006:61

425 Siehe auch Kapitel »Industrialisierung, Enteignung, Vertreibung«.

Parteien generiert sich aus dem typischen Opportunismus von Oppositionsparteien gegenüber großen Bewegungen, oder weil einige Parteien in alten ideologischen Fahrwassern schwimmen, z.B. die Communist Party of India (M), die das russische AKW in Kodankulaam begrüßt, das in Jaitapur – weil französisch und imperialistisch – aber ablehnt.

Arvind Kejriwal, Sprecher der Aam Aadmi Partei, bat die Teilnehmer der Kundgebung, ihm weder Blumenkränze umzuhängen noch seine Füße zu küssen. Denn im Gegensatz zu den Politikern der BJP oder der Kongresspartei lehne er solche Unterwerfungsgesten ab. Und anders als Anna Hazare, dem schillernden Anführer der Anti-Korruptionsbewegung, unterzog Kejriwal auch die Geschäftspolitik der Ambani Brüder, der Eigentümer des Reliance-Konzerns, einer scharfen Kritik.[426] Um unabhängig von den Spenden der großen Konzerne zu sein, rief Kejriwal seine Anhänger auf, Spenden bei Freunden und Bekannten zu sammeln und sich selbst aktiv in die Parteiarbeit einzubringen. Im Gegensatz zu anderen indischen Parteien veröffentlicht die Aam Aadmi Partei die Quellen ihrer Spenden.[427]

Die schiere Existenz der Partei sei »ein Ausdruck der Unzufriedenheit der Bevölkerung mit zwei Jahrzehnten der Liberalisierung und sechs Jahrzehnten von Entwicklungsplanung, dem Parteisystem und den Wahlen sowie schlechter Regierungsführung. Die neue Partei wird als Versuch wahrgenommen, eine neue politische Kultur zu etablieren, die aktives Bürgertum ermutigt«, meint der Soziologe Anand Kumar.[428]

In der Geschichte des unabhängigen Indien gab es schon öfter den Versuch, neue Parteiformationen ins Leben zu rufen. Aber eine gesamtindische Repräsentanz einer Alternative zur Kongresspartei und BJP gelang im System des Mehrheitswahlrechts nicht. Die kommunistischen Parteien, die in den Bundesstaaten West Bengalen, Kerala und Tripura stark vertreten sind, waren schon mehrfach die treibende Kraft für eine »Dritte Front« und hatten es vergleichsweise weit gebracht. In der Legislaturperiode 2004 bis 2009 zog ihre »Linksfront«, die aus mehreren Parteien bestand, als drittstärkste Kraft ins indische Unterhaus ein, und tolerierte die ersten vier Jahre die Koalitionsregierung der United Progressive Alliance unter der Führung der Kongress-Partei. Im Juli 2008 – der endgültigen Verabschiedung des Nuklearabkommens mit den USA – kündigte sie allerdings ihre Unterstützung auf.

Das Wort »Kommunismus« im Namen der Parteien täuscht: Jenseits ihrer manchmal radikalen Rhetorik betreiben die kommunistischen Parteien eher eine sozialdemokratische Politik. So heuerte die CPI (M), die im Bundesstaat

Westbengalen mehrere Jahrzehnte die linke Regierungskoalition anführte, die US-Unternehmensberatung McKinsey an und setzte deren Empfehlungen um. Also förderte sie fortan Industrieprojekte und Sonderwirtschaftszonen: Ihre Parteimitglieder gingen sogar mit brutaler Gewalt gegen Kleinbauern in Singur und Nandigram vor, die ihr Land nicht aufgeben wollten. Seitdem ist die Popularität der »Dritten Front« auf dem Nullpunkt angelangt und sie musste 2009 eine erhebliche Wahlniederlage einstecken. »Die Linke bleibt bei den großen Mobilisierungen der Bauern, Adivasi und Arbeiter ein randständiger Faktor im heutigen Indien und – das ist Besorgnis erregend – stellt sich manchmal gegen sie auf.«[429]

Als Hoffnungsträgerin für eine dritte politische Kraft galt auch viele Jahre die Bahujan Samaj Partei (BSP) der Dalits von Kumari Mayawati. Sie war die erste Dalit, die es ins Amt einer Ministerpräsidentin schaffte. Bis 2012 regierte sie Uttar Pradesh, dem mit knapp 200 Millionen Einwohnern größten Bundesstaat Indiens. Statt einer Umverteilung des Reichtums betrieb sie jedoch symbolische Politik und ließ 150.000 Statuen des legendären Autors der indischen Verfassung und Dalit-Anführers Bhimrao Ambedkar und von sich selbst errichten. Die Gesamtkosten für die Statuen beliefen sich auf eine Milliarde US-Dollar,[430] die den Bildungsprogrammen und der Gesundheitsversorgung in Uttar Pradesh verlorengingen. Dies stelle »den Extremfall einer Identitätspolitik dar, die nicht, wie Ambedkar es wollte, die jeweilige Kaste abschafft, sondern sie stolz bestätigen möchte. Bei ihrem Erwachen als Wähler machen die Armen aus den erblichen Käfigen politische Gemeinschaften, anstatt sie zu demontieren«, meint der Politologe Perry Anderson.[431]

Mit der Aam Aadmi Partei soll nun alles anders werden. »Sie hat die Hoffnung der einfachen Bevölkerung beflügelt, dass sich das verottete politische System verändern lässt.«[432] Besonders genährt wurde die Hoffnung, als die Aam Aadmi Partei im Dezember als zweitstärkste Kraft aus den Regionalwahlen in Neu-Delhi hervorging. Es war ihr gelungen, sowohl einen Teil der

426 »Kejriwal holds rally at Roha, hits out at Maharashtra government«. Times of India 2.12.2012

427 Kumar 2013:14

428 Kumar 2013:12

429 »A logical defeat for the Left«. Economic and Political Weekly 23.5.2009

430 »India minister Mayawati seeks police squad for statues«. BBC 28.1.2010

431 Anderson 2012b:116

432 Teltumbde 2014:10

korruptionsmüden Mittelschicht, besonders aber die Armen und Slumbewohner für sich zu gewinnen. Die Aam Aadmi Partei hatte sich an den Protesten gegen Vergewaltigungen beteiligt und Kampagnen gegen die Preiserhöhungen von Strom unterstützt. Die AAP kündigte an, Slumsiedlungen zu legalisieren, sie also vor der permanent drohenden Zerstörung zu schützen, die ersten 666 Liter Wasser pro Tag und Haushalt kostenlos abzugeben und die Strompreise zu halbieren. Die Rechnung ging auf und die bisher in Delhi regierende Kongress-Partei musste eine dramatische Niederlage einstecken. Die BJP zog als stärkste Partei ins Parlament, sah sich aber angesichts der als sicher erwarteten absoluten Mehrheit als Verliererin. Eine Pattsituation war entstanden. Eigentlich hatte die Aam Aadmi Partei angekündigt, mit keiner der beiden anderen Parteien zusammenarbeiten zu wollen. Als die Kongress-Partei aber ihre Bereitschaft signalisierte, die Aam Aadmi Partei zu tolerieren, rief Arvind Kejrawal ein informelles Referendum aus, um diese Frage innerhalb von wenigen Tagen zu entscheiden. Mit Telefonanrufen, E-Mails und auf zahlreichen Treffen wurden die Mitglieder und Unterstützer befragt: Sie wollten, dass die Aam Aadmi Partei regiert – und ihre Politiker fügten sich dem Votum.[433]

Innerhalb weniger Wochen begann die Partei mehrere ihrer Wahlversprechen umzusetzen, und verbot außerdem ausländische Supermarktketten. Die nationale und internationale Wirtschaftswelt reagierte empört, internationale Zeitungen wie die Financial Times sprachen von »Wirtschaftspopulismus«.[434] Mit jedem Wahlversprechen, das die Aam Aadmi Partei umsetzt, wurden indische Konzernchefs unruhiger. Arvind Kejriwal nennen sie einen »altmodischen Ideologen«. Sie sind bestürzt über die »linke Wirtschaftspolitik«, die dem »freien Markt feindlich gesinnt« sei. Sie fürchten sich davor, dass die Partei sie »in das Indien vor 1991« zurückführe. »Kejrawal sollte sich um Wachstum, Jobs, [...] und Investionen in die Infrastruktur sorgen – aber darüber hat er nie geredet«, echauffiert sich Gurcharan Das, der neoliberale Essayist und ehemalige Vorstandsvorsitzende des US-Konzerns Procter & Gamble in Indien.[435] Er warnt vor einer »unstabilen Regierung, wenn die Aam Aadmi Partei zu viele Stimmen von Narendra Modi und der BJP« auf sich ziehe. Auch wenn die BJP in wirtschaftlichen Fragen manchmal »etwas konfus ist«, sei Modi »entscheidungsfreudig, wirtschaftsfreundlich und erledigt seine Aufgaben«.[436]

Im Januar 2014 lancierte die Aam Aadmi Partei eine offensive Werbekampagne um neue Mitglieder und löste damit einen regelrechten Ansturm aus.

Innerhalb weniger Wochen gewann sie nach eigenen Angaben mehrere Millionen Mitglieder,[437] darunter Dutzende von namhaften Aktivisten, u.a. der Bewegung gegen den Narmada-Staudamm, der National Alliance of Peoples Movements, der Überlebenden der Giftgas-Katastrophe von Bhopal, Gewerkschaften, Gandhi Anhängern und linken Kleinstparteien. Auch Künstler und Intellektuelle treten der Partei bei – ebenso Banker und Konzernmanager aus der zweiten Reihe. Ob der Aam Aadmi Partei auf Dauer der Spagat zwischen einer zwar korrputionsmüden, aber doch mehrheitlich marktwirtschaftlich orientierten Mittelschicht einerseits und den städtischen Armen anderseits gelingt, ist schwer vorherzusagen. Ganz zu schweigen von der Landbevölkerung, die mannigfachen Angriffen auf ihre Existenz ausgesetzt ist. Dort hat die neue Partei noch keine nennenswerte Anhängerschaft.[438]

Für die neue Partei spricht, dass ihre Anführerinnen und Anführer noch nicht im korrupten politischen System Indiens verbrannt worden sind. Im Gegenteil: Als langjährig engagierte Menschenrechtsanwälte, Umweltschützer und Gewerkschafter haben sie sich in Indien einen Namen gemacht und genießen eine hohe Glaubwürdigkeit.[439] Auf ihren Kundgebungen präsentieren sie sich nicht als radikale Gegner des Staates, sondern verteidigen die 1949 verabschiedete Verfassung, die Indien als »souveräne, sozialistische, säkulare und demokratische Republik« definiert, und mit 395 Artikeln die längste Verfassung der Welt ist.[440] Die Aam Aadmi Partei hat sich viel vorgenommen. Sie will den öffentlichen Bildungs- und Gesundheitssektor auf ein gutes, qualitatives Niveau bringen, sie will die Korruption drastisch bekämpfen, Dorfräten ein Vetorecht bei der Landakquise durch die Regierungen einräumen und soziale Gerechtigkeit herstellen.[441]

433 »From movement to government«. Economic and Political Weekly 4.1.2014
434 »Anti-corruption party to govern Delhi«. Financial Times 23.12.2013
435 »Indian business takes aim at AAP's economic policies«. Financial Times 16.1.2014
436 »Aam Aadmi is not the reforming party India needs«. Financial Times 26.1.2014
437 http://www.aamaadmiparty.org/news/aap-membership-touches-50-lakhs 22.1.2014 (Zugriff 9.2.2014)
438 »AAP gears for Lok Sabha polls, to contest all seats in Gujarat, Haryana«. Indian Express 5.1.2014
439 Kumar 2013:11
440 »Fashioning a vision of the future«. The Hindu 14.1.2014
441 Vision Booklet der Aam Aadmi Partei: https://app.box.com/s/ls7ft1xi1h4316468wg2 (Zugriff 10.2.2014)

Mit welchen Mitteln ihr das gelingen kann, lässt sie offen. Trotz des Aufschreis in der Wirtschaftswelt ist es längst nicht klar, welche Wirtschaftspolitik die Aam Aadmi Partei verfolgen will. Der Sozialwissenschaftler Yogendra Yadav, ein führendes Mitglied der Partei, findet, dass auch »Deregulierung [...] und ein faires Verhalten der Marktkräfte« die Interessen der Armen bedienen könnte, und misst dem Wirtschaftswachstum eine bedeutende Rolle zu.[442] Die Financial Times zitiert ein Mitglied der Partei, das anonym bleiben will: »Wir sind nicht die Linken der Linken, auch nicht für die komplette Verstaatlichung von allem und jedem, solche Dinge sagen wir nicht – ausländische Direktinvestitionen lehnen wir ebenfalls nicht ab. Es wird ein pragmatischer Ansatz sein.«[443]

»Unser Ziel ist es, lösungsorientiert zu arbeiten«, so Arvind Kejriwal. »Wenn sich eine linke Lösung für ein Problem anbietet, freuen wir uns, sie in Betracht zu ziehen. Das gleiche gilt für Lösungsvorschläge von rechts oder aus der Mitte. Ideologie ist etwas für Gelehrte und die Medien, die dann hochtrabend darüber berichten«.[444]

Kritiker wie der Demokratieforscher Anand Teltumbde aus Mumbai geben zu, dass die Aam Aadmi Partei damit vor allem auf die jüngere Generation anziehend wirke, die mit dem Diktum vom »Ende der Geschichte« und vom »Tod der Ideologie« aufgewachsen sei. Aber dieser vermeintlich pragmatische Ansatz greife zu kurz, um die sozialen Probleme langfristig anzugehen. Im Perspektivenpapier der Partei sei zwar die Rede von »dem wachsenden Graben zwischen reich und arm, der Ausbeutung der natürlichen Ressourcen durch Konzerne und Politiker, Erwerbslosigkeit, Preiserhöhungen und natürlich auch von Korruption, es wird aber vermieden, die neoliberale Politik der Regierung als Ursache dafür zu benennen.« So könne die Aam Aadmi Partei sich nicht über die schlechte Qualität der öffentlichen Bildungs- und Gesundheitseinrichtungen beklagen, ohne die Kommerzialisierung des Sektors zu problematisieren, findet Teltumbde.[445] Denn auch in Indien wurde – wie in anderen Ländern des Südens im Rahmen der durch IWF und Weltbank aufgenötigten Privatisierungs- und Strukturanpassungsprogramme – der öffentliche Sektor abgebaut und vernachlässigt. Die zuständigen Politiker und Verwaltungsbeamten haben in der Regel kein Interesse, daran etwas zu ändern, denn sie selbst suchen Privatkliniken auf und schicken ihre Kinder in Privatschulen.

Die Aam Aadmi Partei wecke die Illusion, mit einer Anti-Korruptionsbehörde, die von einigen »guten Männern« geleitet werde, könne Indien seine gravierendsten Probleme in den Griff bekommen, ohne das institutio Gefüge des Staates zu verändern, schreibt etwa Satya Sagar, Menschenrech aktivist aus West Bengalen, der auch die viel zu enge Definition der Aam Aadmi Partei von »Korruption« kritisiert. Zudem sei nicht klar, wie sich die Aam Aadmi Partei zum indischen Nationalismus und den Autonomiebewegungen in Kaschmir und den nordöstlichen Bundesstaaten verhalte.[446]

Anfang Januar 2014 wurde er eines besseren belehrt. Als sich der Menschenrechtsanwalt und führendes Mitglied der Partei, Prashant Bushan, in einem Interview für ein Referendum über den militärischen Notstand in Kaschmir aussprach, demolierten am darauffolgenden Tag nicht nur Hindunationalisten die Aam Aadmi Parteizentrale in Ghaziabad bei Neu-Delhi. Auch die Parteifreunde Bushans ließen keine Zeit vergehen, um sich laut und deutlich zu distanzieren. Daraufhin erklärte der Menschenrechtsanwalt, dass er für sich, nicht für die Partei gesprochen habe.[447] Wer Indiens Anspruch auf Kaschmir bestreitet – und damit die »nationale Integrität« Indiens – »wird mit einer Massenhysterie konfrontiert«.[448] Das musste nicht nur der mutige Anwalt Bushan schon mehrfach erfahren, sondern auch die Schrifstellerin Arundhati Roy, gegen die deshalb sogar Anklage wegen »Aufwiegelung« erhoben wurde.[449]

Aber selbst die schärfsten Kritiker der Aam Aadmi Partei sehen in ihr eine Verbesserung der politischen Landschaft in Indien. Immerhin habe sie bis jetzt ihr Versprechen gehalten, die feudalen Strukturen der indischen Politik anzugreifen. »Allein das ist ein großer Dienst an der Bevölkerung«, findet der Demokratieforscher Anand Teltumbde.[450] »Die Aam Aadmi Partei verdient die vollste Unterstützung der indischen Bevölkerung«, denn sie rücke den Widerspruch zwischen »der Rhetorik von der indischen Demokratie

442 »Jobs, economic growth as important as labourers‹ rights: Yogendra Yadav«. firstpost 28.12.2013

443 »Indian business takes aim at AAP's economic policies«. Financial Times, 16.1.2014

444 Zitiert nach Teltumbde 2014:11

445 Teltumbde 2014:10f

446 »AAP: Subversion by Innocence«. Countercourrents.org 21.12.2013 (Zugriff 15.2.2014)

447 »After facing extreme reactions on Prashant Bushan's AFSPA remark, AAP keeps silent«. The Economic Times 9.1.2014

448 Anderson 2012b:121

449 »Case registered against Arundhati, Geelani«. The Hindu 30.11.2010

450 Teltumbde 2014:11

…chen Alltagsrealitäten der Bürger« in den Mittelpunkt, schreibt …ya Sagar. Er fordert auch die Skeptiker auf, mit der neuen Partei …arbeiten. »Gute Politik ist mit einem Liebesroman vergleich- …mer besser, jemanden geliebt zu haben und dann wieder zu verlieren, als niemals geliebt zu haben.«[451]

Mitte Februar 2014 machte die Aam Aadmi Partei wieder Schlagzeilen: Nur 49 Tage amtierte ihre Minderheitsregierung. Als sie ein Anti-Korruptionsgesetz im Regionalparlament durchsetzen wollte, verweigerte ihr die Kongress-Partei die Unterstützung. Viele ihrer Politiker sind selbst in Korruptionsaffären verwickelt. In dieser Situation setzte Arvind Kejriwal, der Chef der Aam Aadmi Partei, nicht auf Machterhalt, sondern auf Glaubwürdigkeit und verkündete den Rücktritt seiner Partei von allen Ämtern der Regionalregierung in Neu Delhi. [452]

Kommunistische Parteien, die zur potentiellen »Dritten Front« gehören, forderten die Aam Aadmi Partei daraufhin auf, sich eine Mitarbeit in dem alternativen Parteienbündnis offen zu halten. Spitzenpolitiker der Aam Aadmi Partei lehnten das ab, gaben aber hinter vorgehaltener Hand zu, dass sie einige Parteien der »Dritten Front« als ihre natürlichen Verbündeten betrachten.[453]

Arvind Kejriwal scheint jedenfalls einen Weg einschlagen zu wollen, der bei den Kommunistischen Parteien in Indien zumindest auf rhetorischen Widerspruch treffen wird. In einer Rede vor der indischen Vereinigung der Industrie (CII) Mitte Februar 2014 pfiff er erneut seinen Mitarbeiter Prashant Bhushan zurück: »Die Partei ist nicht mit ihm einverstanden, wenn er alle Betriebe verstaatlichen will.« Nur ein kleiner Teil der Industriellen wolle das Land ausplündern. »Die Wirtschaft soll vom Privatsektor bestimmt werden. […] Wir sind nicht gegen Kapitalismus, aber gegen Vetternwirtschaft.«[454]

Wer den Preis zahlt

Das Schicksal der Aam Aadmi Partei wird auch davon abhängen, ob sie die Landlosen- und Bauernbewegungen für ihre Sache gewinnen kann. »Indien lebt in seinen Dörfern. Ohne die Entwicklung und den Wohlstand der Dörfer kann Indien nicht gedeihen. Wenn wir unser Land retten wollen, müssen wir die Dörfer retten«, heißt es im Perspektivenpapier der Partei. In Haryana, einem kleineren Bundesstaat nördlich der Hauptstadt Delhi, unterstützte die Bharatiya Kisan Union (BKU) den Wahlkampf der Aam Aadmi Partei und stellte Listenkandidaten für die Regionalwahlen.[455] Die Bauernorganisation ist Mitglied der internationalen Landlosen- und Kleinbauernbewegung La Via Campesina und in acht weiteren Bundesstaaten vertreten.

Politisch ist die größte Bauernorganisation Indiens nicht homogen. Den mitgliederstärksten Verband hat die BKU in Uttar Pradesh. Dort ist es nach den kommunalistischen Auseinandersetzungen in Muzaffarnagar zu einer Spaltung gekommen. Viele Muslime verließen die BKU und gründeten eine eigene Vereinigung.[456] Dem Anführer der BKU in Uttar Pradesh, Naresh Tikait, wird vorgeworfen, seit seinem Amtsantritt 2011 eine »Hinduisierung« der BKU voranzutreiben.[457] Nach den Auseinandersetzungen erließ die Staatsanwaltschaft gegen ihn einen Haftbefehl wegen »aufhetzerischer Reden«.[458] Bei den Wahlen zum Unterhaus in Neu-Delhi (also schon bei den Regionalwahlen in Haryana) dürfe kein Mitglied antreten, hieß es nach einem Treffen der BKU-Anführer Anfang Februar 2014.[459]

Ramesh Sharma, ein Sprecher der großen Landlosenbewegung Ekta Parishad, die in elf Bundesstaaten aktiv ist und mehrere hundertausend Landlose und Kleinbauern mobilisieren kann, begrüßte zwar den Aufschwung der Partei, ist aber skeptisch, ob sie den Armen tatsächlich nützt. »Die Bevölkerung in Delhi ist sehr opportunistisch«, erklärte er nach einem Treffen mit Politikern der Aam Aadmi Partei, »sie haben einen neuen Vorstandsvorsitzenden ernannt, damit sie vom Staat bekommen können, was sie wollen«.[460]

Diese für die neue Partei wenig schmeichelhafte Anspielung auf den Wahlerfolg in Neu-Delhi verdeutlicht den Interessenkonflikt zwischen der

451 »AAP: Subversion by Innocence«. Countercourrents.org 21.12.2013 (Zugriff 15.2.2014)

452 »Delhi CM Kejriwal resigns over delay in Jan Lokpal bill«. Reuters 14.02.2014

453 »Can AAP be the nucleus of a Third Front govt at Centre?«. rediff.com 25.2.2014 (Zugriff 3.4.2014)

454 »AAP against crony capitalism, not capitalism: Kejriwal«. Indian Express 18.2.2014; »AAP against crony capitalism, not capitalism: Kejriwal«. Outlook India 17.2.2014

455 »AAP will start white politics in Haryana: Yogendra Yadav«. The Times of India 30.12.2013

456 »Riots shadow on BKU's protest«. The Indian Express 30.11.2013

457 »Politics behind the Muzaffarnagar Riots«. Tehelka 8.9.2013

458 »Muzaffarnagar riots: BSP, BJP MLAs arrested«. Hindustan Times 21.9.2013

459 »Bhartiya Kisan Union activists not to contest Lok Sabha polls«. The Economic Times 7.2.2014

460 »India's Own »Occupy«: How a New Political Party is Battling Corruption–and Winning«. Yes Magazine 22.1.2014

urbanen Mittelschicht und der ländlichen Bevölkerung. Die Urbanisierung Indiens wird von der wohlhabenderen städtischen Bevölkerung mit ganz wenigen Ausnahmen kritiklos als natürliche Entwicklung hingenommen, während ein großer Teil der Landbevölkerung versucht, sich dagegen zur Wehr zu setzen: Landlose besetzen brachliegende Ländereien, um sich eine Existenzgrundlage zuverschaffen, Bauern verwüsten Felder, auf denen gentechnisch manipulierte Pflanzen angebaut werden und legen in ihren Dörfern Depots mit eigenem, traditionellem Saatgut an, um nicht in Abhängigkeit der westlichen Agrarindustrie zu geraten.

In diesen Konflikten prallen völlig unterschiedliche Fortschrittsmodelle aufeinander. Die Regierung kopiert das westliche Entwicklungsmodell mit dem Primat des Wirtschaftswachstums. Viele indische Befürworter dieses Modells stellen folgende Gleichung auf: Je kleiner der Anteil der Bevölkerung, der mit der Produktion bzw. dem Sammeln von Nahrungsmitteln beschäftigt ist, umso fortschrittlicher ist die Gesellschaft. Das ist eine offene Kampfansage an die Mehrheit der indischen Bevölkerung und wird von vielen auch als solche verstanden. Zu Recht, denn es gibt kaum eine Perspektive für die 500-600 Millionen Menschen, die dann ein neues Auskommen finden müssen.

Die Industrialisierung Europas, die vor 200 Jahren ebenfalls viele Opfer forderte, fand unter völlig anderen Bedingungen statt: Damals gab es tatsächlich einen nennenswerten Bedarf an Arbeitskräften in den neu entstehenden Industrien. In Indien ist heute – wie mittlerweile auch in den Industrieländern – von einem »jobless growth« die Rede, einem Wirtschaftswachstum, das nicht nur auf Kosten der Umwelt geht, sondern auch keine Arbeitsplätze schafft.[461] Es gibt auch kein »gelobtes Land« mehr, in das wie damals die enteigneten Kleinbauern auswandern könnten. Heute bestimmen rigorose Visa-Bestimmungen und martialisch befestigte Grenzen über die Auswanderungsoptionen von Menschen, während die Grenzen für Kapitaltransaktionen jeder Art weit geöffnet sind.

Allein wegen ihrer schieren Anzahl stehen auch in Indien die vielen Millionen Kleinbäuerinnen und Kleinbauern faktisch an der Spitze der Bewegung gegen den globalisierten Kapitalismus. Viele von ihnen setzen auf Ernährungssouveränität, d.h. sie wollen die Kontrolle über ihre Produktionsmittel erhalten oder wiedererlangen. Nahrungsmittel sind für sie nicht primär eine Ware, sondern Grundlage des menschlichen Lebens. Ihnen geht es nicht um Wirtschaftswachstum, sondern darum, in Würde leben und überleben zu können.[462] Das Schicksal der Kleinbauern in Indien wird auch die Weichen für die globale Landwirtschaft stellen.

Nicht nur die Kämpfe der KleinbäuerInnen bedienen sich dabei bisweilen einem bunten Potpourri anarchistischer, sozialistischer und gandhianischer Argumente. Statt Alleinvertretungsansprüchen und theoretischem Reinheitsgebot nutzen viele Organisationen und Bewegungen die besten Ansätze verschiedener radialdemokratischer, ökologischer und revolutionärer Traditionen.[463]

Dieses Engagement war punktuell erfolgreich: Das 100-Tage-Arbeitsprogramm für die ländliche Bevölkerung; das 2005 verabschiedete Informationsfreiheitsgesetz, das allen Bürgern – außer denen in Jammu und Kaschmir – Einsicht in die Dokumente der Regierungsbehörden garantieren soll; das Moratorium für die Gen-Aubergine des Monsanto-Tochterunternehmens Mahyco; das Verbot des Bauxit-Abbaus in den Niyamgiri-Bergen des Bundesstaates Odisha und vieles mehr.

Aus Sicht der Regierungen in Neu-Delhi – ob Kongress-Partei oder BJP – ist solches Engagement jedoch größtenteils gegen das »öffentliche Interesse« gerichtet, das heißt, es verhindert »Entwicklung« und Wirtschaftswachstum.

Im Februar 2012 warf der indische Premierminister Manmohan Singh in einem Interview mit der US-amerikanischen Wissenschaftszeitschrift Science Atomkraftgegnern und Gentechnikkritikern vor, sie seien aus dem Ausland finanziert und hätten »kein Verständnis für die Entwicklungsherausforderungen unseres Landes«. Und einen Satz später versucht er, potentieller Kritik an seinem demokratischen Gesinnung den Wind aus den Segeln zu nehmen: »Aber wir sind eine Demokratie, wir sind nicht wie China.«[464]

Wenige Tage nach dem Interview entzog das Innenministerium vier Nichtregierungsorganisationen – angeblich aus formalen Gründen – die Kontolizenz für Hilfsgelder aus dem Ausland.[465] Diese NGOs engagierten sich seit

461 »India must be aware of the dangers posed by jobless growth«. The Guardian 14.7.2011

462 Vgl. Klas 2006:51ff

463 Fleig, Kumar, Weber 2013:19ff

464 »India's Scholar-Prime Minister Aims for Inclusive Development«. Science 24.2.2012

465 Jede NGO, die Gelder aus dem Ausland erhält, ist nach dem Gesetz zur Registrierung ausländischer Geldmittel (FCRA) verpflichtet, ein vom Innenministerium genehmigtes und kontrolliertes Konto zu eröffnen. Grundlage für eine Kontosperrung können nach einer Reform des Gesetzes nun auch ›politische Aktivitäten‹ sein. Insgesamt sind 22.000 Organisationen unter FCRA registriert.

Jahren gegen das derzeit größte indische Atomkraftwerk im südindischen Koodankulam, das mit Hilfe des russischen Konzerns Rosatom errichtet wurde.[466]

Solchen Attacken sind NGOs, die z.B. Mikrokredite vergeben oder industrielle Landwirtschaft mit dem Argument der vermeintlich höheren Produktivität fördern, nicht ausgesetzt. Im Gegenteil erfreuen sie sich bester Kontakte zu indischen Politikern und wurden sogar noch von ihnen in Schutz genommen, nachdem einige ihrer hochverschuldeten Kreditnehmerinnen Suizid begingen.[467]

Diese Vorgänge werfen die Frage auf, mit welchen Mitteln solidarische Organisationen im Westen zukünftig die (Überlebens-)Kämpfe in Indien überhaupt noch unterstützen können. Mit den 1991 eingeleiteten »Wirtschaftsreformen« fand jedenfalls auch eine klare Aufteilung der Nichtregierungsorganisationen in zwei Gruppen statt, schreibt »act alliance«, ein Zusammenschluss von 130 christlichen Hilfswerken, die in einer englischsprachigen Broschüre das Vorgehen einiger Regierungen gegen zivilgesellschaftliche Organisationen analysiert haben: Die indische Regierung unterscheide seitdem zwischen jenen, die im Sinne der Marktreformen kooperierten und jenen, die opponierten. »Diejenigen, die für wirtschaftliche, soziale und kulturelle Rechte kämpfen, sind Ziel der Repression geworden.«[468]

»Wohnungslosen Decken schenken, arme Kinder unterstützen oder Kuhställe bauen, ist akzeptiert«, sagte mir Wilfried D'Costa vom Indien Social Action Forum. »Aber es soll keinerlei Unterstützung für Kampagnen geben, die den Staat kritisieren oder die für die Landrechte derjenigen kämpfen, die den Interessen der mächtigen Bergbaukonzerne entgegenstehen.«

Organisationen und soziale Bewegungen, die aus guten Gründen die Umsetzung industrieller Großprojekte oder Handelsabkommen behindern, betrachten die Regierungen in Neu-Delhi und die vieler Bundesstaaten als potentielle Staatsfeinde und gehen mit allen Mitteln gegen sie vor. Sie lassen Organisationen finanziell ausbluten, überziehen sie mit juristischen Verfahren und Verleumdungskampagnen, schüchtern sie ein, inhaftieren ihre Mitarbeiterinnen und Mitarbeiter und setzen im Zweifel auch Schusswaffen gegen Demonstrierende und Streikende ein.

Davon profitieren, wie beim geplanten Handelsabkommens mit der EU, auch westliche Investoren – von Supermarktketten bis hin zu Autobauern. Sie sehen in den 300 Millionen MittelschichtsinderInnen unter anderem das Kompensationspotential für die arm gesparten Märkte in südeuropäischen

Ländern und versprechen sich satte Gewinne.[469] Und die indische Regierung setzt auf neue Absatzmärkte für die heimische Software- und Textilbranche in Europa. Eine Win-Win-Situation für die wohlhabenden Eliten in beiden Ländern. Den Preis zahlen diejenigen, denen nichts anderes übrig bleibt, als ihre Haut zu Markte zu tragen.

466 »Centre orders filing of cases against four NGOs«. The Hindu 29.2.2012

467 »Kehrseite einer Vision – Geschäfte mit Mikrokrediten«. SWR 25.11.2008

468 act alliance 2011:55f

469 Vgl. Kapitel »Die Handelsinvasoren kommen«.

Literatur

Act alliance: »Shrinking political space of civil society action«, Juni 2011

Adivasi-Koordination in Deutschland e. V. (Hg.): »Verraten und verkauft in Rourkela. Zeitzeugen berichten von der Enteignung durch das deutsch-indische Stahlwerksprojekt Rourkela«, Draupadi Verlag, Heidelberg 2011

Adivasi-Koordination in Deutschland e.V. (Hg.): »Rourkela und die Folgen«, Draupadi Verlag, Heidelberg 2007

Ali Engineer, Ashgar: »Bombay-Bhiwandi Riots in National Political Perspective«, Economic and Political Weekly, Bombay 21.7.1984

Ali Engineer, Ashgar: »Communal Riots in Post-Independence India«, Sangam Books 1991

Ali Engineer, Ashgar: »Resolving Hindu-Muslim-Problem – An approach«, Economic and Political Weekly, Mumbai 13.2.1999

Amnesty International: »India: A pattern of unlawful killings by the Gujarat police. Urgent need for effective investigation«, Mai 2007

Anderson, Perry: »Die Tragödie der Teilung« in Lettre International, Herbst 2012 (a)

– »Idee und Realität Indiens«, Lettre International, Winter 2012 (b)

– »Die indische Ideologie«, Berenberg, Berlin 2014

Bhagwati, Jagdish; Panagariya, Arvind: »India's Tryst with Destiny. Debunking Myths that Undermine Progress and Adresseing New Challenges«, Harper-Collins India 2012

Bibiliothek des Widerstands »Phoolan Devi – Die Rebellin«, Laika, Hamburg 2012

Brass, Paul R.: »The Production of Hindu-Muslim Violence in Contemporary India«, University of Washington Press 2005

Breman, Jan: »Communal Upheaval as Resurgence of Social Darwinism«, Economic and Poltical Weekly, Mumbai 20.4.2002

Brown, Judith M.: »Modern India: The Origins of an Asian Democracy«, Oxford University Press 1994

Corporate Europe Observatory/ India FDI Watch: »Trade invaders – how big business is driving the EU-India free trade negotiations«, 2010

Delfs, Tobias: »Hindu-Nationalismus und europäischer Faschismus: Vergleich, Transfer- und Beziehungsgeschichte«, EB-Verlag Hamburg, 2008

Ecofair Trade Dialogue: »Right to food impact assessment of the EU India Trade agreement«, 2011

Ecorys, Cuts, Centad: »Trade Sustainability Impact - Assessment for the FTA between the EU and the Republic of India«, TRADE07/C1/C01 - Lot 1, Final Report. Client: European Commission, DG-Trade 2009

Fleig, Elina; Madhuresh Kumar; Jürgen Weber (Hrsg.): »Speak up - sozialer Aufbruch und Widerstand in Indien«, Assoziation A, Berlin/Hamburg 2013

Fontanella-Khan, Amana: »Pink Sari Revolution - Die Geschichte von Sampat Pal, der Gulabi Gang und ihrem Kampf für die Frauen Indiens«. Hanser, Berlin 2014

Foster, John Bellamy; Brett Clark, Richard York: »Der ökologische Bruch«, Laika Verlag Hamburg 2011

Getzschmann, Lutz: »Die Naxaliten in Indien. Agrarrevolution und kapitalistische Modernisierung«, Neuer ISP Verlag, Köln/Karlsruhe 2011

Granswurzelrevolution (Hg.) »Das andere Indien«, Verlag Graswurzelrevolution, Heidelberg 2000

Golwalkar, M.S.: »We or Our Nationhood Defined«, Nagpur India 1939

Gopal, S.: »Anatomy of a confrontation. The Babri Masjid - Ram Janmabhumi Issue«, Penguin India 1993

Gosh, Sengupta, Roychoudhury: »The Impact of macroeconomic change on employment in the retail sector in India: Policy implications for growth, sectoral change and employment«, International Labour Organisation, New Delhi 2007

Government of Gujarat: »Manufacturing Sector Profile - Vibrant Gujarat 2013«

Graefe, Steffen: »Der neue radikale Hinduismus - Indien im Kampf der Kulturen«, Lit-Verlag Berlin 2010

Gupta, Dipankar: »Justice before Reconciliation: Negotiating a ›New Normal‹ in Post-riot Mumbai and Ahmedabad«, Routledge, New York 2011

- »On the Indian Readers of Hitler's Mein Kampf«, Economic and Political Weekly, Mumbai 17.11.2012

Heyns, Christof: »Report of the Special Rapporteur on extrajudicial, summary or arbitrary executions - Mission to India«, United Nations 26.4.2013

Hirway, Indira: »Partial View of Outcome of Reforms and Gujarat ›Model‹«, Economic and Political Weekly, Mumbai 26.10.2013

Höllen, Florian: »Die indischen Gewerkschaften der Linken«, Rosa Luxemburg Stiftung, Berlin 2011

Human Rights Watch: »›We have no orders to save you‹ - State Participation and Complicity in Communal Violence in Gujarat«, New York 2002

– »The ›Anti-Nationals‹ – Arbitrary Detention and Torture of Terrorism Supects in India«, New York 2011

Imhasly, Bernard: »Abschied von Gandhi – Eine Reise durch das neue Indien«, Herder 2006

Islam, Shamsul: »The Freedom Movement & The RSS: A Story of Betrayal«, Neu-Delhi 1999

Jaffrelot, Christophe: »Gujarat 2002: What Justice for the Victims?«, Economic & Political Weekly 25.2.2012

Jahangir, Asma: »Report of the special rapporteur on freedom of religion or belief – Mission to India«, United Nations 29.1.2009

Jain, Neeraj: »Nuclear Energy – Technology from Hell«, aakar books, Delhi 2012

Janpahal/India FDI Watch: »A Future of Coexistance? Hawkers & the impact of corporate & chain retail«, 4th Dimension 2011

John, Mary E.: »Reframing Globalisation: Perspectives from the Women's Movement«, Economic and Political Weekly, 7.3.2009

Kabir, Ananya Jahanara in: »Feminism, Literature and Rape Narratives: Violence and Violation«, hrsg. Sorcha Gunne, Zoe Brigley Brigley Thompson, Routledge Oxford/New York 2011

Karat, Prakash: »Subordinate Ally – The nuclear deal and India-US stratetic relations«, Leftword Books 2007

Kazmi, Fareed; Kumar, Sanjeev: »The Politics of Muslim Identity and the Nature of Public Imagination in India: Media and Films as Potential Determinants«, European Journal of Economic and Political Studies, Vol 4. No.1 2011, Instanbul

Khosla, Romi; Vikram Soni: »Delhi-Mumbai Corridor – A water disaster in the making?«, Economic and Political Weekly, Mumbai 10.3.2012

Klas, Gerhard: »Die Mikrofinanzindustrie – Die große Illusion oder das Geschäft mit der Armut«, Assoziation A, Berlin/Hamburg 2011

– »Zwischen Verzweiflung und Widerstand – Indische Stimmen gegen die Globalisierung«, Edition Nautilus, Hamburg 2006

Klas, Gerhard und Phil Mader (Hrsg.): »Rendite machen und Gutes tun? – Mikrokredite und die Folgen neoliberaler Entwicklungspolitik«, Campus Verlag, Frankfurt 2014

Köhnen, Heiner: »Umbruch der indischen Automobilindustrie und die Rolle der Gewerkschaften«, Standpunkte, Rosa Luxemburg Stiftung Berlin, September 2011

Kumar, Anand: »A Constructive Challenge to the Political Class«, Economic and Political Weekly, Mumbai 16.2.2013

Lütt, Jürgen: »Der Hinduismus auf der Suche nach einem Fundament«, in Kochanek (Hg.) »Die verdrängte Freiheit - Fundamentalismus in den Kirchen«, Freiburg 1991

Magdoff, Fred: »Twenty-First-Century Land Grabs - Accumulation by Agricultural Dispossession«, Monthly Review, Vol 65 No 6, New York 2013

Mahadevan, Kanchana: »Essays on India's Working Class«, Economic and Political Weekly, Mumbai 4.1.2014

Mander, Harsh: »Fear and Forgiveness: The Aftermath of Massacre«, Penguin New Delhi 2009

Mann, Michael: »Sinnvolle Geschichte - Historische Repräsentationen im neuzeitlichen Südasien«, Draupadi Verlag 2009

McDonald, Hamish: »Ambani & Sons«, Roli Books, Neu-Delhi 2012

Mendonca, Clemens: »The Role of Women in Hindutva«, Jnanadeepa: Pune Journal of Religious Studies, Pune 2004

Mishra, Pankaj: »Which India matters?«, The New York Review 21.11.2013

Mukhopadhyay, Nilanjan: »Narendra Modi - The Man, The Times«, Tranquebar, India 2013

Muralidharan, Sukumar: »Modi, Mulaya, Muzaffarnagar - The communal riot and the electoral politics of the ghetto«, Economic and Political Weekly, Mumbai 15.2.2014

Nagaraj, R., Pandey, Shruti: »Have Gujarat and Bihar Outperformed the Rest of India?«, Economic and Political Weekly, Mumbai 28.9.2013

Nanda, Meera: »The god market - how globalisation is making India more Hindu«, Random House India, 2009

Navid, Sarim: » The Haren Pandya Judgment: Dissection of a Botched Investigation«, Economic and Politcal Weekly, Mumbai 17.9.2011

Nussbaum, Martha: »Values and Violence: Intangible Aspects of Terrorism«, Springer 2009

Panikkar, K.N.: »An Overview« in S. Gopal (ed.) »Anatomy of a Confrontation: Babri Masjid-Ramjanmabhumi Issue«, Neu-Delhi 1991

Patel, Vibhuti: »Dynamics of Womens's Studies and Women's Movement«, Economic and Political Weekly, Mumbai 14.8.2010

Patnaik, Utsa: »Unbequeme Wahrheiten - Hunger und Armut in Indien«, Draupadi Verlag 2009

Poonchana, Veena: »Hindutva's Hidden Agenda – Why women fear religious fundamentalism«, Economic and Political Weekly 13.3.1993

Puniyani, Ram: »Contours of Hindu Rashtra«, Kalpaz, Neu-Delhi 2006

Ramana, M.V.: »The power of promise – Examining nuclear energy in India«, Viking, India 2012

Ramaseshan, Rakhika: »Narendra Modi's ›revealing‹ speeches«. Economic and Political Weekly, Mumbai 22.2.2014

Rauf, Taha Abdul: »Violence Inflicted on Muslims: Direct, Cultural and Structural«, Economic and Political Weekly, Mumbai 4.6.2011

Rothermund, Dietmar: »Krisenherd Kaschmir: der Konflikt der Atommächte Indien und Pakistan«. C.H. Beck, München 2002

Roy, Arundhati: »Wanderung mit den Genossen – In den Dschungeln Zentralindiens mit der Guerilla«, übersetzt von Einar Schlereth, Hrsg. Fausto Guidice, 2011, http://www.tlaxcala.es/pp.asp?reference=10317

– »Kapitalismus – Eine Gespenstergeschichte«, Blätter für deutsche und internationale Politik, 7/2012a; 8/2012b; 9/2012c

Sapra, Ipsita: »Nicht für alle«, Entwicklung und Zusammenarbeit, Frankfurt/M. 11/2013

Sarkar, Sumit: »The facism of the Sangh Parivar«, Economic and Political Weekly, Mumbai 30.1.1993

Sarkar, Tanika: »The gender predicament of the Hindu right«, The Concerned Indian's Guide to Communalism,

K.N. Panikkar (Hrsg.), Viking, New Delhi 1999

– »Semiotics of Terror: Muslim Children and Women in Hindu Rashtra«, Economic and Political Weekly, Mumbai 13.07.2002

Sarkar, Tanika und Urvashi Butalia (Hrsg.): »Women and Right-Wing Movements: Indian Experiences«, Zed Books, London and New Jersey 1995

Setlavad, Testa: » Impunity Punctured – The Naroda Patiya Verdict«, Economic and Political Weekly 22.12.2012

Shah, Amita: »Mainstreaming or Marginalisation – Evidence from Special Economic Zones in Gujarat«, Economic and Political Weekly, Mumbai 12.10.2013

Shah, Ghanshyam: »Caste, Hindutva and Hideousness«, Economic and Political Weekly 13.4.2002

Sharma, Shankar: »Integrated Power Policy – A frame for people-centric, environment-friendly and sustainable power policy«, CNDP, Neu-Delhi 2012

Singh, Sukhpal: »Implications of FDI in Food Supermarkets«, Economic and Political Weekly 21. August 2010

Smith, David: »Hinduism and Modernity«, Blackwell Publishing Ltd., Oxford 2003

Sud, Nikita: »Liberalisation, Hindu Nationalism and the State: A Biography of Gujarat«, Oup, Neu-Delhi 2012

Teltumbde, Anand: »AAP's Chimera of Change«, Economic and Political Weekly, Mumbai 8.2.2014

Traverso, Enzo: »Nach Auschwitz«, Neuer ISP Verlag, Köln/Karlsruhe 2000

Vanaik, Achin: »Indias paradigmatic communal violence«, Socialist Register, Vol.45, 2009

Wessler, Heinz Werner: »Ist die Bildung noch zu retten? Penguin India gibt der Forderung nach Einstampfen einer renommierten Geschichte des Hinduismus nach«. Südasien, Bonn 1/2014

Yagnik, Achyut; Sheth, Suchitra: »Whither Gujarat?«, Economic and Politcal Weekly 16.3.2002

Gerhard Klas

Die Mikrofinanz-Industrie
Die große Illusion oder das Geschäft mit der Armut

Die große Illusion oder das Geschäft mit der Armut Das Buch ist die erste umfassende Studie in deutscher Sprache, die sich kritisch mit der Mikrofinanz-Industrie auseinandersetzt. Klas schreibt über Allianzen von Investoren, Banken und NGOs, zeichnet den Paradigmenwechsel der »Entwicklungshilfe« nach, räumt mit den Mythen der Mikrofinanzwelt auf und zieht nicht zuletzt die Querverbindungen zum reichen Deutschland.

Mit dem Buch »Die Mikrofinanz-Industrie« des Kölner Journalisten Gerhard Klas ist ein umfassendes kritisches Porträt des globalen Kleinkreditsektors auf Deutsch erschienen. ... Klas macht aus seinen weltanschaulichen Vorbehalten keinen Hehl, doch das nimmt seinen Erkenntnissen nicht die Gültigkeit. Er lässt, im Gegensatz zu vielen sonstigen Berichten, vornehmlich Akteure aus dem »globalen Süden« sprechen, was teils ungeahnte Fragen aufwirft. ... Sein kritischer Blick, der konsequent die Schattenseiten beleuchtet, wird vielen Lesern zwar nicht gefallen. Aber er belegt eindrucksvoll, wie sich die Situation an der Basis von den in reichen Ländern verbreiteten Positivnachrichten unterscheidet.

Mikrokredite auf dem Prüfstand, Börsen-Zeitung (03.01.2012)

Platz 1 der Sachbuch-Bestenliste im Februar 2012

ISBN 978-3-86241-401-7
320 Seiten
18 Euro

Fleig / Kumar / Weber (Hg.)
Speak up!
Sozialer Aufbruch und Widerstand in Indien

»India Shining«, so heißt der offizielle Slogan, der den Aufstieg des 1,2 Milliarden Einwohner_innen zählenden Subkontinents zur bald drittstärksten Volkswirtschaft der Welt beschreiben soll. Es ist ein gigantisches Modernisierungsprojekt, das die Lebensgrundlagen von Millionen von Menschen zu zerstören droht - versinnbildlicht in den Tausenden Selbstmorden verzweifelter Bäuerinnen und Bauern. Doch dagegen regt sich massiver Protest und Widerstand - organisiert in neuen sozialen Netzwerken und Initiativen lokal, landesweit und international agierender Akteure. So ist ein kaleidoskopisches Spektrum unterschiedlichster Bewegungen entstanden, die dieses Buch vorstellt und zu Wort kommen lässt.

Das Buch hinterlässt einen tiefen Eindruck, mit welchem Mut und welcher Verzweiflung eine Milliarde InderInnen um ihr Überleben kämpfen müssen, während sich rund hundert Millionen Mittel- und OberschichtlerInnen hauptsächlich für Machterhalt, Reichtum, Konsum und Bollywood interessieren. Unglaubliches Indien!

Horst Blume, Incredible India, GWR 387 (März 2014)

ISBN 978-3-86241-423-9
320 Seiten
18 Euro